『粵西府縣舊志叢書』整理編輯委員會

主　編：孫長軍

副主編：蔡　平（执行）　鄧　建　劉　剛

編　委：（以姓氏筆畫爲序）

李玉晶　沈曉梅　閆　勖　張蔚虹　彭潔瑩　董國華　趙永建　蔡　平

裴夢蘇　鄧　建　劉世傑　劉　剛　劉　嵐　閻懷蘭　鍾嘉芳

粤西府縣舊志叢書

孫長軍　主編

道光吳川縣志

（清）李高魁　葉載文　修　林泰雯　纂

董國華　整理

暨南大學出版社
JINAN UNIVERSITY PRESS

中国·广州

『粵西府縣舊志叢書』總序

一、『粵西』所指及叢書範圍

『粵西』與『粵東』相對，本是一歷史地名。《中國歷史地名大辭典》：『粵西，指今廣西壯族自治區，為廣西之別稱，因位於古百越（粵）地西部而得名。』『粵東，指今廣東省地，因位於古百越（粵）地東部而得名。』清人汪森所輯《粵西通載》一百三十卷（《粵西詩載》二十五卷，《粵西文載》七十五卷，《粵西叢載》三十卷），書名『粵西』即指今廣西。其《粵西詩載序》曰：『凡系粵西之事，形之詩與文者，抄撮成一編。』雖然其中所錄詩文的書寫並非盡為今廣西之事，以廣西視角的觀照是明確的。至民國陳柱編輯明末清初至民國十三年十四家詩，則皆為廣西人詩作。今人曾德珪所編《粵西詞載》網羅清宣統三年以前廣西歷代詞作而成。以上所稱『粵西』，均屬史的稱謂。即便是當代學者面對廣西的歷史文化問題研究，仍有以『粵西』名之者，胡大雷《粵西文化與中華文化研究·前言》說：『之所以稱粵西文化而不稱廣西文化，則是出於我們的研究比較多地是注重文化史研究的考慮。』明清時期的廣東，有『粵中』『粵東』之稱。清乾隆時期范端昂輯撰的《粵中見聞》，是一部以廣東風物為記述内容的筆記散文。乾隆時期順德人溫汝能纂輯《粵東詩海》，則以清代廣東省域為範圍，收錄廣東本土詩人之詩作。吴永光《粵東詩海・前言》指出清代廣東的政區範圍：『粵東，或稱東粵，以其地處古百粵之東，故有此稱。含今廣東省、海南省及廣西欽州地區。』

現代意義上的粵西，一般是地理、經濟、文化等的綜合指稱，包括湛江市、茂名市、陽江市、雲浮市及肇慶市和江門市的部分地區。《廣東省今古地名詞典》：『粵西，泛指廣東省西部地方，包括肇慶市、湛江市、茂名市及陽江市。』隨着改革開放四十年廣東經濟社會的發展，珠三角地區向外的逐漸輻射，粵西的指稱範圍相應地也在縮小，今通常指廣東西部四個地級市，即湛江、茂名、陽江、雲浮。四市於明清時期分屬於雷州府、高州府、肇慶府及羅定州，其中湛江市所轄地域在明清時期盡歸於高、雷二府，徐聞、海康、遂溪屬雷州府，廉江（石城）、吴川屬高州府。雷州府三縣位處雷州半島，是雷州文化孕育、發展的主體區域，與雷州府毗鄰的高州府是雷州文化的輻射區域。故將高、雷二府所包含的舊志作為『粵西府縣舊志叢書』整理的對象，叢書名稱中的『粵西』僅指今湛江、茂名二市。

粵西府縣舊志整理所依據的底本為《廣東歷代方志集成》之『雷州府部』『高州府部』所收編的舊志。『雷州府部』含本府縣舊志十一種，即《萬曆雷州府志》《康熙雷州府志》《嘉慶雷州府志》《康熙海康縣志》《嘉慶海康縣志》《民國海康縣志》《康熙遂溪縣志》《道光遂溪縣志》《康熙二十六年徐聞縣志》《康熙三十七年徐聞縣志》《宣統徐聞縣志》。『高州府部』含本府縣舊志三十五種，即《萬曆高州府志》《康熙高州府志》《乾隆高州府志》《道光高州府志》《光緒高州府志》《嘉慶茂名縣志》《光緒茂名縣志》《康熙二十六年茂名縣志》《康熙三十八年茂名縣志》《康熙十二年電白縣志》《康熙二十五年電白縣志》《道光電白縣志》《光緒電白縣志》《民國電白縣志稿》《康熙十三年信宜縣志》《康熙二十六年信宜縣志》《乾隆信宜縣志》《光緒信宜縣志》《康熙九年化州志》《康熙二十五年化州志》《乾隆化州志》《道光化州志》《光緒化州志》《康熙八年吴川縣志》《康熙二十六年吴川縣志》《雍正吴川縣志》《乾隆吴川縣志》《道光吴川縣志》《光緒吴川縣志》《康熙六年石城縣志》《康熙二十五年石城縣志》《康熙五十一年石城縣志》《嘉慶石城縣志》《光緒石城縣志》《民國石城縣志》。合高、雷府縣舊志總為四十六種，除其中少部分因版面字蹟漫滅不具備整理條件外，均納入叢書之内。

二、舊志整理——地域歷史文化研究的基礎工作

從人類發展史看，任何一個民族或族群，在求得自身生存、發展的歷史進程中，都必然依賴於某一特定的地理空間，在這一地理空間内繁衍生息，既接受大自然的賜予，適應特定的地理環境，又在一定程度上影響甚至改變着周圍的自然地理環境，這種雙向互動便產生各式各樣的、帶有人的影響印蹟的、物質性的或非物質性的形態，我們通常將這些形態稱作『文化』。一種生命體與其生存的環境發生互動是普遍存在的，並非僅有人類如此，但其他生命體與環境互動產生的結果都不能稱作『文化』，惟獨人與環

境互動的衍生物才是『文化』。或者也可以這樣説，『文化』是人類的特有屬性之一。這種對『文化』内涵所指的認定，是以人與自然的二元存在為觀照點的，更傾向於人的主體地位。常言道『一方水土養一方人』，這是立足於自然空間環境的説法，將人看作自然的一部分。因為一方水土並非只養一方人，還養育着這方水土上的其他生命體。一方水土上的人受一方水土的滋養，反過來一方水土也在一定程度上受到人的影響，這一方水土的人與這方水土的互動，便構成地方文化，或稱作區域文化。

中國幅員遼闊，民族衆多，各地有各地獨特的文化形態和文化生成脈絡。從较大地域空間而言，湛江地方特色文化屬嶺南文化的構成部分，而今廣東政區所屬又是嶺南文化孕育、生成、發展的最主要區域。在這一區域中，由於早期百越民族的外遷與不同歷史時期中原漢民族族群的南下，北方漢民族和嶺南百越民族或融合，或獨立發展，形成了多樣化的族群文化形態，這些不同形態的族群文化有着特定的存在空間，諸如廣府民系所代表的廣府文化主要分佈在珠三角地區、客家民系所代表的客家文化主要分佈在粤東北地區、潮汕民系所代表的潮汕文化主要分佈在粤東沿海的潮汕地區。今湛江政區所屬區域最具特色的文化形態被人們界定為『雷州文化』，而且『雷州文化』在一定話語層面被指稱為廣東四大地方文化板塊之一。然而，雷州文化是怎樣性質的地域文化，是否如同廣府文化、客家文化、潮汕文化一樣主要基於三大漢族族群稱謂的文化類型，哪些方面的特質決定了它可與其他三大文化形態並列指稱，都缺乏必要而有力的註腳，常常給人以比附甚至是『攀附』的印象。再者，長期以來，官方話語和學術話語中，提起湛江的地域文化，往往籠統地以『雷州文化』概之，這種觀念所帶來的結果，一方面造成更廣大社會層面人們的誤讀，以為湛江的歷史文化就是雷州文化，連帶而來的是吳川、廉江兩地對雷州文化的排斥；另一方面，從事湛江地域文化研究的學者，多重視和傾向於雷州文化研究，而忽略了不能納入雷州文化圈層的廉江和吳川的地域文化，造成湛江地域文化發掘和研究上的不平衡局面。

之所以形成湛江地域文化話語中的諸多疑問（爭議），不少專家學者或地方文化人參與研究與闡釋地域文化，卻似乎沒有誰能說得更明白，也沒有哪一家說得更令人信服。究其原因，最根本的是長期以來看似越來越多的地域文化研究成果，卻僅僅是對部分舊有史料的反復使用和轉抄，對這部分被人們用熟了的材料轉換視角進行再闡釋和再使用，其結果就是無論文章還是著作，都給人似曾相識感。地域文化研究，並非純屬學術層面的基礎研究，而是一種綜合研究，是基礎性研究、闡釋性研究、傳承性研究、創新性轉化的應用研究的綜合。當下的湛江地域文化研究，僅僅停留在文化現象的闡釋性研究層面，基礎性研究不夠，闡釋性研究是片面的、缺乏整體性和客觀性的；缺乏和忽視傳承性研究與創新轉化研究，則失去了闡釋性研究的存在意義和價值。在基礎性研究、闡釋性研究、傳承性研究、應用性研究這一綜合研究體系中，所有研究都必然是從基礎研究做起。對於湛江而言，頭等重要的基礎性研究課題便是要弄清楚今日湛江政區範圍內，在歷史時期留下了怎樣的文化遺產，包括物質性文化遺產和非物質性文化遺產。這裏談到的文化遺產，是指今天仍見在的文化遺產，需要政府部門進行頂層設計，整合人力、物力資源進行全面普查。這是一項非常浩大的文化建設工程，涉及人的生存發展所旁及的一切方面，即留下甚麼就調研甚麼，並搜集、記錄、闡釋甚麼，最終以文字或圖片的形式將其固定下來，從而成為本土文化傳承後世的文獻源。地域文化研究的另一項基礎性研究工作，是要弄清中外各類文獻（主要是指歷史時期的文獻遺存）中究竟有哪些關於今日湛江政區範圍内的各方面文獻記載與文字呈現，並將其中所有相關文獻全部編輯出來，這就是湛江地方文化研究的文獻集成工作，進而利用現代技術手段將集成性湛江歷史文獻數字化，建立湛江地域文化研究文獻資料庫，為未來湛江地域文化的綜合研究提供第一手資料。

由以上表述可知，湛江地域文化研究的步驟是由基礎性研究到闡釋性研究、傳承性研究、應用轉化性研究層遞推進的。基礎性研究為後續研究提供第一手可信度強的文獻資源；闡釋性研究是對個體文化形態的認知研究；傳承性研究是對優秀的物質性和非物質性文化遺產的生態保護和傳承，使之血脈不斷；應用轉化性研究是在客觀認知和呈現文化遺產的前提下，進行基於個體文化遺產的現代創新和轉化研究，即歷史文化遺產的市場化運作，進入文化産業發展層面。

湛江地域文化的基礎性研究，包括『湛江地域文化研究文獻集成與數字化』（湛江歷史文化研究文獻集成）和『湛江歷史文化遺産普查與數字化』兩大工程。粤西府縣舊志整理屬湛江地域歷史文化研究文獻集成的重要内容，也是最主要的部分。

三、舊志整理與區域文化研究的學科歸屬

區域歷史文化元素的發掘、整理、研究與傳承，前提是必須摸清特定區域內的歷史遺存，由歷史存在文化元素所屬的門類，結合現代學術研究的學科分類，提煉歸納出一個地方歷史文化研究方向。在物質性的歷史文化遺產中，紙質文獻相對是最豐富的，也是區域歷史文化研究最重要的依據。紙質文獻包括歷代地方舊志、方志以外歷代本土與外來人士的本土書寫、歷代地方譜類文獻、歷代地方碑刻、歷代正史及地理總志的本土史事人物載錄等。其中，歷代地方舊志能相對最全面、最集中、最細緻地呈現一地經濟社會發展狀況。故地方歷史文化研究理應從方志整理做起。

就今湛江政區而言，其涉及的府縣舊志，雷州府所屬《雷州府志》三部、《海康縣志》三部、《遂溪縣志》兩部、《徐聞縣志》三部，高州府所屬《高州府志》五部、《吴川縣志》六部、《石城縣志》六部。雷州府部全部十一種及高州府部吴川、石城二縣十二種，是湛江本土府縣舊志，高州府部中的五種《高州府志》載錄了吴川、石城史事，以上總計二十八種，是湛江歷史文化研究資料的直接來源。另外高州府所屬《茂名縣志》四部、《電白縣志》五部、《信宜縣志》四部、《化州志》五部，總十八種，是湛江歷史文化輻射最近區域遺存的志書。

今收編粤西高、雷二府舊志的大型叢書主要有三種：一是上海書店等三家出版社合作出版的《中國

地方志集成·廣東府縣志輯》；二是臺灣成文出版社所出《中國方志叢書》；三是嶺南美術出版社出版的《廣東歷代方志集成》。前二者體例相像，於每一府縣僅收編一種志書。如成文版《中國方志叢書》收編《萬曆雷州府志》《萬曆高州府志》《光緒吳川縣志》《民國石城縣志》《宣統徐聞縣志》《道光遂溪縣志》《康熙二十六年海康縣志》，大致均為一府一縣歷代志書中較有代表性或較為完善的一種。惟《廣東歷代方志集成》不擇巨細，收錄一府一縣傳世所有舊志，為舊志校勘和研究提供了極大的方便。以往湛江本土舊志整理已有部分成果，主要有劉世傑、彭潔瑩點校《萬曆雷州府志》，蔡平點校《道光遂溪縣志》，廉江市地方志辦公室點校《民國石城縣志》，廉江市志編纂委員會辦公室點校《光緒石城縣志》。上述數種舊志整理本，啓動整理方考慮到普及和方便使用，均採取簡體橫排形式。『粤西府縣舊志叢書』的整理編輯工作，對所有高、雷二府遺存府縣舊志進行全面整理，包括之前已經整理出版的部分舊志，採用繁體竪排形式，以更貼近古籍原貌。

提及地方歷史文化研究，人們想到的往往是一地之風俗、人物、民間藝術、獨特的景觀等，故常見的地方歷史文化研究成果大都呈現為幾個人物、幾種民俗、幾類藝術形式、幾處文化景觀的學術書寫或文化書寫。實際上，這與地方歷史文化元素發掘研究的要求是存在很大距離的。一地的歷史文化構成究竟有甚麽，在哪里，如何表述，最可靠的依據就是文獻的載錄。地方舊志是一地過去時代經濟社會發展狀況的真實記錄，是百科全書式的，它可成為地方歷史文化研究學科體系建構的重要依據。古代地方政區建置主要基於人口數量的盈縮、人口的民族構成而變化，政區沿革與歸屬的變遷是區域歷史文化研究的首要問題，它是地域文化得以孕生發展的地理空間。與區域政區沿革相伴的，是這一特定地理空間中人們賴以生存的自然環境，它包括陸海格局、氣候狀況、山川分佈等。舊志中的《縣圖》《圖經》《沿革》《星野》《氣候》《風候》《潮汐》《山川》等屬此，歸於歷史地理學的研究範疇。特定地理空間的物產是人們賴以生存的物質資源，保持物產充足和可持續發展，又需要相應的水利設施、防災減災設施建設，這就是舊志中呈現的《土產》《井泉》《陂塘》《堤岸》《珠海》《貨物》等門的記述，為地方農業史研究的資料來源。一方水土、一方物產養育一方人，從而形成特定地域的習俗，體現在舊志中即《習尚》《言語》《居處》《節序》等，是民俗學研究的對象。在『普天之下莫非王土，率土之濱莫非王臣』的時代，王朝必設官以分理天下，舊志中的《秩官》詳盡地載錄了一地各級官府的職官設置，是制度史研究的內容。『為官一方，造福於民』，歷來是王朝對地方官員的勸勉，也是方正官員的夙願。於民造福之事，體現在各種與民生相關的舉措中，舊志中《城池》《公署》《亭館》《坊表》《驛鋪》《橋渡》《塔宇》等相當於今之市政建設之屬，歸於《建置》一門。地方官員履行安民職事的同時，還須大力發展地方經濟，並代為王朝抽取，上繳賦稅，《戶役》或《食貨》揭示的是稅制問題，當為地方經濟史內容。經濟發展了，百姓安居樂業了，又需要對其施以教育，於是學校之建是必不可少的。舊志中的《學校》提供的是古代一地的教育史料。為確保一方平安，軍事防禦是必須的。粵西背山面海，既要防山賊，又須禦海寇，《兵防》門提供的是古代的軍事史料。舊志中佔很大篇幅的是人物，具體分為《名宦》《流寓》《鄉賢》《勳烈》《貞女》等，是一地人物研究的重要文獻。《藝文》通常居舊志文本之末，為本土或異地官宦、文士、鄉賢等對當地的詩文書寫，既是開發地方旅遊資源的重要文獻依據，更是書寫一地文學史的重要研究文本。仍有《古蹟》《寺觀》《名僧》《壇廟》等，反映了一地的民間信仰和宗教信仰，是地方宗教等問題研究的基本材料。

四、粵西府縣舊志整理的路徑

粵西高、雷二府舊志整理工作分為兩個階段：

第一階段是將四十六種府縣舊志中凡具備整理條件的全部整理出來，作為『粵西府縣舊志叢書』的構成；第二階段是以整理本為基礎，將其中史料按現代學科視角分門別類，進行分類資料彙編。

本叢書編訂屬方志文獻的集成性工作，是分類資料彙編和地方文獻資料庫建設的基礎，故對整理對象不分內容粗細、篇幅大小、前後承襲狀況，均加以整理。整理方式為只分段、斷句、標點，而不校勘，文字忠實於底本，對底本明顯錯漏之處，一仍其舊，並以頁下注形式標示。舊志的斷句、標點工作，先雷州府部，後高州府部，先今湛江政區所屬各地舊志，後今茂名政區所屬各地舊志。

各舊志體例大同小異，名目不同，內容相類。各卷次排列及其所屬各門順序，始於《輿圖》，終於《藝文》。這一體制特點為舊志文獻的分類彙編提供了方便。同一府、縣不同時期舊志，後代志書對於前代志書內容多為承襲，補入前代志書所未涉及時間斷限中的史料。有的舊志編纂向後延伸到民國，有的只是至清代的某一個時期，如《石城縣志》和《海康縣志》都延及民國，而《遂溪縣志》僅修至清道光朝。舊志修纂和傳世狀況直接決定了府、縣史料的系統與否。資料的分類彙編，是將府、縣舊志中某一類型文獻編輯成卷，如《湛江舊志教育史料彙編》《湛江舊志海洋史料彙編》《湛江舊志文學史料彙編》《湛江舊志民俗史料彙編》等，以此作為地方歷史文化研究的課題選項和深層研究的依據。

本叢書的整理出版，得到湛江市文廣新局、廣東海洋大學科技處的大力支持，雷州市地方志辦公室、遂溪縣地方志辦公室在文獻資料上的支持也保證了整理工作的順利展開，出版方暨南大學出版社將本叢書列入其重點出版項目，亦是對整理工作的極大鼓勵。各舊志整理工作主要由廣東省雷州文化研究基地人員承擔，在先期文字錄入過程中得到廣東海洋大學文學與新聞傳播學院的學生幫助，在後期定稿時的技術處理上得到不少有關專家的指導，在此一併致以謝意。限於各種因素，雖然我們堅持以嚴謹審慎的態度對待舊志文本，並盡最大可能避免錯漏和斷句、標點問題，但仍然會存在這樣或那樣的不盡如人意之處，敬希讀者不吝指教，以便日後完善補正。

蔡　平

二〇一八年九月

『粵西府縣舊志叢書』凡例

一、今粵西湛江、茂名二市政區所轄，自古代至一九四九年前編纂之府志、縣志之刊刻本、鈔本等，均為本叢書整理出版對象。一地而成於不同歷史時期之舊志，盡予收錄，以明當地之沿革變遷與志書承續之脈絡。

二、所錄志書不論容量大小，均按府、縣傳世志書獨立分卷。

三、各志書整理，概以尊重原著、保持原貌為原則；原書之題記、序跋、圖版、註釋、引文等，悉予保留；不得不刪減之重複者，保留原目，以明全貌；原書字蹟漫漶，缺損嚴重者，據本地其他志書同類內容補入，以求完備。

四、部分舊志目錄與正文有異，均按正文釐定。圖版按原書所在位置排列，不作另行調整。

五、整理者按現行現代漢語規範對原書文字進行標點，一般不分段，原則上不作校勘，不出校記。原文明顯錯訛者保持原貌，以頁下注形式予以說明。原文使用的避諱字或缺筆字徑改，異體字一般不改，俗字均改為通行的繁體字。

六、各書有版本不同者，均以工作底本為基準作文字對勘；遇有內容較大差異者，擇其要者於『前言』中交代。

七、標點者所撰『前言』，主要交代編修者、修纂過程、内容、該書重要價值、整理工作情況，以及其他必要的説明等。

八、叢書採用繁體字竪排，原書用於敬稱、謙稱時之特定格式，均予取消。

九、各舊志原書在序跋、凡例、目録等的順序上多有不同，本叢書均釐為統一格式。

十、各舊志整理本目録包括兩部分：一是叢書總序、叢書凡例、整理者前言；二是原書各構成要素。原書目録融入整理本目録中，不再重複。

前言

吳川，古名吳江，因地納三川之水（鑒江、袂花江、梅江），故名。吳川地處三江匯合入海處，包含今湛江市坡頭區、麻斜、特呈島、南三島、硇洲島和調順島等地。吳川之地，唐虞時代屬南交，《禹貢》屬荊揚南裔，殷商、西周屬南越，周末屬百粤。秦征嶺南，設桂林、象、南海三郡，吳川之地屬象郡，秦末漢初屬南越國。漢元鼎六年，漢武帝平定南越國，置九郡，吳川之地屬合浦郡高涼縣；建安二十五年，立高興郡，隨屬高興郡；東漢時屬交州。三國至南朝宋、齊時期，吳川之地屬廣州高涼郡高涼縣。元嘉年間，宋置高涼郡平定縣，為吳川前身。隋朝開皇九年春，廢平定縣，改置吳川縣，吳川之名始見於《隋書》。自此以降，史書中始有關於吳川縣地理區域、建制沿革的零星記錄。

唐武德五年，馮盎降唐，以其領地分設八州，吳川屬八州之羅州招義郡。五代時，吳川屬南漢羅州。宋開寶五年廢羅州，吳川改隸辯州；太平興國五年，改辯州為化州，吳川隸化州。元仍舊制，屬化州路。明洪武元年，化州路改為化州府，吳川屬之；洪武九年，改屬高州府。清沿明制，吳川仍屬高州府。

吳川縣之舊志，今見於文獻載錄者七部，屬明代者一部，屬清代者六部。明本《吳川縣志》乃明吳川縣令周應鰲於萬曆庚子修成，今已散軼，僅留存二序一跋（周應鰲序、樊玉衡序與吳廷彥跋）於清代諸本中，三文均為萬曆庚子年（明神宗萬曆二十八年）所撰。《道光吳川縣志·周志原序》中，存留周序曰：『黿、茂、石、信各有志，而邑獨無，間求之故府，佚久矣。于是不佞複志其椎……』可知周志實為《吳川縣志》肇始之作。

關於周應鰲，《廣東通志》中記載：『知吳川縣，有周應鰲，江西泰和人，進士，萬曆二十五年任。』周應鰲，字如春，別號章南，江西吉州泰和人，明萬曆丙戌年進士。初任丹陽知縣，後陞吏部稽勳司主事，明萬曆二十五年出宰吳川，察邑野，安社稷，訪彥士，廣泛接受邑民意見，以振興吳川、造福百姓為己任。據蔡平研究，其主要功績有革弊政、興教化、課農桑；啟建雙峯塔與江陽書院；啟建與重修正疑書院及其他坊、亭、廟、橋等。而主持纂修縣志，並成為後代範本，此亦是周應鰲重要的歷史功績。周應鰲勤政愛民，功績卓宏，德澤一方，故得列於『名宦』：『周應鰲，江西泰和人，萬曆丙戌進士。初任丹陽，調繁吳縣，陞吏部稽勳司主事論謫。萬曆二十五年補吳川，德器宏深，才識敏練。甫下車，即革弊政。建正疑書院，講課文藝，建雙峯塔于限門，收郡邑之水塔下。建江陽書院，置田租，資諸生膏火。復因舊址築樓構亭，方欲啟學宮縣署為西向，以納山水之秀。尋遷南京刑部主事，不果。邑人至今猶追思焉。』

清代六部《吳川縣志》均得传世，分別為康熙八年刻本、康熙二十六年刻本、雍正九年刻本、乾隆五十五年刻本、道光五年刻本和光緒十四年刻本。為敘述之便，以下皆以清帝號略稱之，惟康熙因有二本，故別之以年。

明本《吴川縣志》已於雍正朝之前散軼。康熙八年本《吴川縣志》序曰：『嗟乎吴川一志，雖肇自周侯，不幾泯滅……』（高州知府蔣應泰序）雍正九年本《吴川縣志》序曰：『吴之志，自明以前無征者，固可無論。相傳昉於前令泰和周公章南，修之者閬中黄公碧生，然皆不可得而見。』（吴川縣令盛熙祚序）今僅能從周序及其後諸本縣志序跋所涉及之一二言中窺知其『始星野，終災祥，凡十卷』。康熙《吴川縣志》序曰：『志吴志者誰？廬陵周公應鰲也……凡吴之天經地紀，風俗山川，靡不周知，宜乎其考之詳，而志之博已夫。』（吴川縣令黄若香序）明本《吴川縣志》於後代吴川縣舊志之纂修實有開創之功，清代諸本《吴川縣志》皆以此本為宗，無疑。

本次《道光吴川縣志》整理所據，系《廣東歷代方志集成》『高州府部』之第十二册（收有道光五年刻本和光緒十四年刻本兩部《吴川縣志》），道光本乃據上海圖書館藏本影印，題簽『甲申年重修吴川縣志，板藏吴川縣署內』之字樣。原書為蝴蝶裝，版框高一四一毫米，寬一〇九毫米，版心左右各九列，每列可排二十字。每頁版心之魚尾上方署有『吴川縣志』四字，而卷次、目錄與頁碼自上而下依次書於版心之象鼻處。書前先有序跋各一，其序為主持編修此志之吴川縣知縣李高魁所撰，其跋實為參編乾隆本《吴川縣志》之歲貢生林式中所撰，可知道光本有序無跋，編修者將乾隆本跋置前為用。

次為編修者之職名。道光本由吴川縣知縣李高魁、儒學教諭歐陽禮與儒學訓導葉載文總理，庚寅辛卯副榜東安學教諭林泰雯主筆，舉人吴河光、李玉茗、吴家駿、吴懋基，貢生林德夫、陳國光、吴士奇纂修，廩生鄭宇榮、莫比道、黄元律、吴揮猷、李昌泗、陳秉文、林昌裘，生員黄偉光、黄嶂、易河成、李偉光分輯，增生林居有督修，廩生黄華與生員林蔚林校閲。其中道光本主筆林泰雯曾參與纂修乾隆本。

次為輯録歷代縣志之序跋，凡十三篇。明代已軼本有明吴川知縣周應鰲序一、前監察御史編管雷陽樊玉衡序一與邑舉人吴廷彦跋一。康熙八年本三序三跋，其中知縣黄若香序跋各一、高州知府蔣應泰序一、高州知府事黄雲史序一、邑舉人吴士望跋一與知縣王如恒跋一。康熙二十六年本僅知縣李球隨序一。雍正本有知縣盛熙祚序一與知縣章國録跋一。乾隆本有知縣沈峻序一與貢生林式中跋一。

次為此本之凡例。由凡例中所述，並览前代各本可考知：

其一，舊志分十卷，依次為天經、地紀、王制、文教、官師、民事、人物、武備、藝文與雜志，各卷規模不一，繁簡懸殊。道光本為求各卷停匀，便於觀覽，調整了舊志卷目次序，詳見下文，於此不贅。

其二，不以己見竄易前人，對於舊志所載，即便有疑，若其與通志郡志所紀相符，悉不與更易，亦不濫加注，悉為保存舊志原貌。

其三，為表德行、彰名教，廣為搜採近今數十年間吴川之人物、節婦，即便其善行微小，悉以收録，故此卷較之舊志頗有增擴。

其四，有關於吴川一邑典故之詩文，皆録入藝文志。而邑人關於他邑之題詠序記，以及載入家集之銘誌誄詞，則從畧不收。

其五，本朝仕宦誥敕止録其姓名，誥章一概不録，僅存留明代蕭、林、吴三公誥敕而未删却。

其六，舊志中以編年體例將災異收於雜志卷，道光本對其進行了增補，並更名為『事蹟紀年』。

次為目錄，可知道光本凡十卷。卷一為輿圖、建置沿革、疆域、星野、氣候，卷二為山川、城池、坊都（附墟市）、里甲、戶口、賦役、屯田（附外額）、鹽課、津梁、水利、郵傳、恤政，卷三為學校、祀典、官署，卷四為壇廟、坊表、古蹟、塋墓、風俗、土產，卷五為職官、名宦，卷六為武備、武職，卷七為選舉、貤封、流寓，卷八為人物、節婦，卷九為事蹟紀年，卷十為藝文。

亂之：道光本吳川志十卷，凡十四萬九千一百八十一字，另有插圖十一頁。整理所據嶺南美術出版社影印本脫漏凡十五頁：其中卷一《輿圖》缺第十一、十二兩頁。卷四《塋墓》缺第二十四至二十六頁，《土產》缺第三十四、三十五兩頁。卷七《選舉》缺第十一下、二十五上、二十六上三頁，《貤封》缺第十一、十二兩頁，《流寓》缺第一、二兩頁，卷八《人物》缺第三十二頁，卷九《事蹟紀年》缺第二頁。以上所缺之頁，均已據哈佛燕京圖書館藏影印本補。嶺南美術出版社影印本之卷四『土產』與卷七『選舉』『貤封』之章多有漫漶難辨，而哈佛燕京圖書館藏本則版心處多有脫印，以致整列缺漏。兩本參校補正，補苴罅漏，仍餘八十字未能辨識者，皆暫以『□』志之，以存其原貌。

是為前言。

董國華

二〇二〇年六月

目録

『粵西府縣舊志叢書』總序……一
『粵西府縣舊志叢書』凡例……一
前　言……一
續修吳川縣志序（李高魁）……一
重修吳川縣志後跋（林式中）……三
周志原序（周應鰲）……六

周志樊序（樊玉衡）……八
周志跋（吴廷彦）……一〇
黄志原序（黄若香）……一二
黄志蔣序（蔣應泰）……一四
黄志黄序（黄雲史）……一五
黄志黄跋（黄若香）……一七
黄志吴跋（吴士望）……一八

黄志王跋（王如恒）……一九
李志原序（李球隨）……二一
盛志原序（盛熙祚）……二三
盛志章跋（章國錄）……二五
沈志原序（沈峻）……二八
吴川縣志凡例……三一
吴川縣志卷之一
輿圖……三四
建置沿革……四四

疆域……四六
星野……四六
氣候……四七

吴川縣志卷之二

山川……五〇
城池……五二
坊都……五五
里甲……六九
戶口……六九
賦役……七〇
屯田……七四
鹽課……七七
津梁……七八
水利……八一

郵傳……八三
恤政……八五
吳川縣志卷之三
學校……九〇
祀典……一〇六
官署……一二二
吳川縣志卷之四
壇廟……一二八
坊表……一三七
古蹟……一四〇
塋墓……一四四
風俗……一四七
土產……一四九

吳川縣志卷之五
職官……一六四
名宦……一九八
吳川縣志卷之六
武備……二〇四
武職……二二〇
吳川縣志卷之七
選舉……二五六
貤封……三〇二
流寓……三一三
吳川縣志卷之八
人物……三一八

節婦……三五二
吴川縣志卷之九
事蹟紀年……三九〇
吴川縣志卷之十
藝文……四一四

續修吴川縣志序[一]

邑之有志，盖以記一邑之實事也。然制度之沿革、户口之登耗、風俗之淳浇，上下数百年，可以識興衰，察治忽，顾不重與？吴川處嶺南之極徼，廣袤不過数十里，實海濵一大聚落耳。然我國家重熙累洽，釀化之所覃敷，聲教之所暨訖，百餘年間，田野日闢，文運日新，士秀民麗，家弦戶誦，骎骎與中土争烈。

癸未之冬，余膺簡命，來視斯土。公餘之暇，取其志乘而詳閲之，始悉其創自前明泰和周君，至本朝康熙間閬中黄君重爲修輯，自是洛州之李、嘉興之盛、析津之沈數君子陸續纂修，至於今不廢。何不憚煩哉！亦欲後之守土者覽之，於疆域、户口而思所以撫綏焉，於學校、祀典而思所以修明焉，於民風、物產而思所以愛養焉，於氣候、災祥而思所以節宣焉。由一邑之小，以上副聖天子一道同風之盛，治意至沵遠也。

[一] 整理本序所據嶺南美術出版社影印本，高出版框的雙抬字或不清晰，或被截爲單抬字，版框內的字也有漫漶或被藏書印遮蔽者，皆據哈佛燕京圖書館藏本補。

余以榆景谫材，原不足以光賛前烈，兹因黄郡尊以木天椽筆重修郡志，下徵六州邑志，以備採輯。念吳志自沈令以來，至今三十餘年，雖山川、疆域、城池、古蹟無改於昔，而賦役、學校、職官、選舉、人物、節孝、災祥等類皆时有增損，日有變更，倘不及今纂補，不特無以使後之作者得所考據，且何以上備郡□□筆之□遠。

林太翁名泰雯，休致里居，公正淹博，爲邑中尊宿，廼敦請主局，集邑中群彦開局於義學，自客腊至今夏而告竣。不過增補闕畧，闡發幽潛，備三十餘年之典故，一切義例，悉從舊本，示不敢作也。是役也，雖不足以媲美於数君子，然補前人之闕畧，以作一邑之實錄，使郡尊不遺葑菲，俯賜采擇焉，亦猶觀海之先百川也夫。

時道光五年歲次乙酉仲夏月，杏園李高魁撰。

重修吳川縣志後跋

志乘之作也，由來尚矣。莫爲之前，雖美而弗彰；莫爲之後，雖盛而弗傳。考吳邑自明以前雖有志而弗傳，傳之自萬曆廬陵周侯始。越六十餘年，修之者則國朝蜀閬黄侯。又越六十餘年，洛州李侯、嘉興盛侯相繼纂輯。是二志者，承周黄之舊，詮次有體，掇拾無遺，義極詳明，詞歸簡要，誠足爲一邑之龜鑑，大有裨于政教者也。乃距今又六十餘年矣，其天經地紀、人情物產雖無變更，而時異制殊，且人文節義紛然日出，不可無紀。及今不續，後將無所考稽，是文獻不足而觀風問俗者將曷徵焉。

幸際吾侯蒞任茲土，才高學足，識見超群，于公餘而覽邑志，每以六十年之闕畧爲憾，爰屬合邑紳士諸生，命中以續志之。夫志之與史同而異，異而同也。苟非夙擅三長，不能以勝其任。如温公居洛十九年，始成通鑒一書。其研思索慮，既不同率爾之操觚。而其更事之多，閱世之久，又有以窮其變。然帝魏寇蜀，相沿不改，後日猶有遺憾焉。中何人斯，而敢膺是命哉！但辭不獲已，乃不揣譾陋，襲前志之成書，參以郡志之採錄，畧者補之，疑者闕之。此數十年間人事錯出，或有傳聞未確者，皆與諸君周爰咨詢，務核其實，秉直以書。雖見淺辭陋，要皆一一請命于吾侯，未嘗擅專其事。既類編而成帙，是爲跋以表衷。所謂附驥尾而名顯，非以干譽也，而後之君子未必不借是以爲考稽云。

時龍飛乾隆五十五年歲在庚戌季冬之吉，邑歲貢林式中拜手敬撰。

總理

吳川縣知縣　李高魁

吳川縣儒學教諭　歐陽禮

吳川縣儒學訓導　葉載文

主筆

庚寅辛卯副榜東安學教諭　林泰雯

纂修

舉人　吳河光

李玉茗

吳家駿

吳懋基

貢生　林德夫

陳國光

吳士奇

分輯

廩生 鄭宇榮
莫比道
黃元律
吳揮猷
李昌泗
陳秉文
林昌裘
生員 黃偉光
黃 嵉
易河成
李偉光
督修
增生 林居有
校閱
廩生 黃 華
生員 林蔚林

周志原序〔二〕

不佞往起家縣令，謬推擇郎吏部，愚不任毀以波及，外補吴川。吴川不當曩所筮丹陽、吴什一，而故斗入海絶远，高凉俗輕剽椎埋，民不知有官吏，各以意自爲法，上下羯狨，雖邑自隋以來列職方乎，然固初縣也。予不佞，罔敢鄙彝初視之，以丹陽、吴從事。比三年，而廢頗興，墮頗舉，奸宄頗戢，人民頗漸興起，以得肩于電、茂、石、信間，率及考績以稱。一日，吏民上顧電、茂、石、信各有志，而邑獨無，問求之故府，佚久矣。

于是不佞復志其椎，手自拮据，始星野，終災祥，凡十卷。將付剞劂，乃作而言。世稱州縣吏徒勞無爲者，顧予嘗三爲令，而今乃知爲之不易也。夫丹陽、吴，劇矣，品式具而難爲守。吴川耿矣，法紀疎而難爲創。予以丹陽之治治吴，合者什八。以丹陽、吴之治治吴川，離者什九。因其離而任之，則不勝弛。求其合而强之，則不勝張。將以守爲創，則紛更之患作；抑以創爲守，則因循之弊滋。譬之弈然，局屢變而法不必同。譬之醫然，症相疑而方不可執。要于風俗自移，而耳目無駭焉耳矣。予不佞其

〔二〕本序原書漫漶數十字，無法辨識，均據康熙八年《吴川縣志》補。

何狀及此。顧常一不勝而股幾折，其能無志于斯乎。

茲志亦所以志也。上自天經地紀，下及人民物產，一切掌故之舊，而惟利害興除，所有志焉而未之逮者，稍稍附見其間。世不察，其以予不佞爲自功而多之乎哉，則過矣。雖然，椎輪非大輅之質，而輿衛生焉。簣桴非簫箾之響，而均度出焉。斧衮始于疏練，傾宮肇于巢枝。後有作者，不以予不佞之無當，而緣飾潤色之，其于吳川尚庶幾乎？惟實與一二有藉焉，予不佞，其又何敢避不作，而辭不文爲。若曰彈邑無所事事，而託于筆札，以文其寂而掩其陋，則偏記短部，何幽遐蔑有，而必以翰墨爲動績也，非予志也已。

時萬曆庚子歲孟夏，江右吉州周應鰲如春父譔。

周志樊序〔二〕

吴川距海不二里，故未有城。城之自成化戊戌陶公魯爲植，陳白沙先生記之，而故有志不傳。即傳，當亦疏畧牴牾，于後何觀。志之自今勳部泰和周侯。侯，故革除純臣文烈公是修之仍孫，生穎異，有祖風，弱冠舉其鄉，乙酉丙戌即成進士，筮令丹陽。丹陽于天下爲劇，侯治之，若習于丹陽也者。未期年，以最調吴縣，吴視丹陽更爲劇，侯治之，又若習于吴也者，于是海内嘖嘖，推侯治平第一，積薦剡至數十餘，首薦至十餘，而入郎吏部司勳。無何，以事波及，中含沙之口，竟補外。侯杜德山澤五載，廹太夫人命，起就選，又得吴川。

吴川，海上一大聚落耳，名爲縣，實則鄙也。視吴、丹陽不啻百一，而顧賦未有程，役未有經，奸宄未有禁，寇賊未有防，商賈未有歸，譽髦之士未有造，其視吴、丹陽亦不啻什一。乃侯不以鄙視吴川，而以吴、丹陽視吴川，宵治簿書，訓其子伊吴至丙夜，日晏坐堂，皇吏捧牘貫魚進食，頃罷兩造，片言立就，剖邑中無聲，四境稱爲『道不拾遺』。諸所杷梳劖剔，一無吴川以前數千百年之所有，而其大指在

〔二〕本序原書漫漶十餘字，無法辨識，均據乾隆五十五年《吴川縣志》補。

興學育才，亟得人，爲縣官用。如學田、文峯塔、江陽書院之類，成不淹月而人不告勞，則又一有吳川以後數百年之所無。侯之於吳川亦以勤矣。政成行報最，朝夕待遷而猶手自削牘，勒成斯志，凡十卷。

予不佞，適放海上，嘗僂行訪侯，侯介其邑人都闈錢君海，孝廉吳君廷彥，諸生吳子夢顔、林子學行，懋績嚴然，問序不佞。不佞曰：『爾君侯既已舉吳川，而卓魯之矣。其又將卓魯後之爲吳川者于無窮哉。夫法施于一邑易，使人人師吾法難。被澤于一時易，使世世溉吾澤難。楚子文三仕爲令尹，而舊政必以告新者，子忠之蓋其所存者，貞也。顧子文能告于新之所及，而不能告于新之所不及，君子猶遺憾焉。今侯既以身闢吳川，而又手創斯志，以爲所不知之後令告其爲子文不既大乎，藉令夫子而在，即以仁許侯可也。』

吳川國于天地，而自侯始有立，與始有傳陶之築，陳之記，于茲志三矣。予往歲侍殿中，與聞侯吳丹陽之政，而茲且行墟里中，目擊侯于吳川愈益甚，故不辭而樂爲之序，其有以吳丹陽之舊，一一附者，非以駢枝。侯要于嗣，侯而卓魯者，有厚望焉。雖然，非故侯意也，二君子與諸生意也。

時萬曆庚子歲孟夏，賜癸未進士第前監察御史編管雷陽黄岡樊玉衡序。

周志跋

我明肇造，區夏一統，有志。方國郡邑，有志。吳陽雖叢蕞爾，亦宜勒紀載，以昭龜鑑，而故獨闕焉。長老紳逢嘗嗛然歎曰：『孰與再造我吳而乘之也者？』歲丁酉，徼天幸，周大夫來宰是邑，大夫吉泰和世胄也，以丙戌上第兩試劇邑，治行冠三吳，晉銓部郎，已復爲令。夫以大夫瑯琊之質，飈霆之才，泰華喬岱之望，冰壺秋魄之操，視彈丸吳，何異函牛之鼎烹雞，而顧不鄙夷其風土，昕夕拮据，蠧宿蠹、剔積猾，陶甄衿韋，噢咻黎赤，臂無攘而隅無向，下擔未浹，歲而弊掃風恬，厥有寧宇。又嘗憫邑之凋敝，而俊髦鮮耀也，山水口不鑰，乃建浮屠七級，障狂瀾而扃之。他如創書院、表節義、飭亭池津梁，三祼內百度改觀，而獨于邑乘未新。

蒿目于邑者久之，不肖彥乘間跪而請曰：大夫蒞茲土也，桃李笑春風，桑麻舒綠埜。傑構鱗錯，自有吳來覯所未覯，不借巨椽，爲我吳史，其若城社父老之靈何？于是大夫䩄然曰：何且治簿書，宵篝燈磨，勘考圖經，摭故實，自天紀地維，以迄建置文物，銖纍櫛比，犂爲十卷，一僅五旬，既擬壽剞劂。會直指樊公自雷陽入吳，大夫介廷彥偕錢君海問序焉。彥呰窳謬附大夫門牆，飫聆點雪之秘，目擊大夫所爲，再造我吳者，萬年如一日也。而斯志行精嚴詳核，書法逼左狐班諸名家，且獲直指公鐘呂聳悅，其論真足不朽哉。又寧我二三紳逢躍戴鴻裁，即童白有知，且加額明賜，而尸祝焉。語曰：『善建者不拔。』又曰：『得全者全昌。』大夫峻績竑猷，今膺特陟台垣，載筆承明之廬，標寰寓而節鉞之，則波及一吴者，固其嚆矢耳。敢不揣狂瞽，次第大夫功，能以爲將來左券。萬曆庚子端陽吴廷彦譔。

謹附編校姓氏：

縣丞李慎思

署教諭化州訓導張守約　訓導謝夢豹

邑人舉人吴廷彦　選貢李　旻　韓悦思

生員吴夢顔　林學行　林仲輝

王　蛟　林有譽　吴紹鄒

李　昴　黄大擢　陳紹選

王　貂　楊一英　李惟標

麥　峻　李兆龍　吴光裕

陳帝詔　陳在宸　張元志分校

黄志原序

志吳志者誰？廬陵周公應鰲也。公飲吳水者三年，吏行冰上，人在鏡中。凡吳之天經地紀，風俗山川，靡不周知，宜乎其考之詳而志之博已夫。

何癸巳之役，祝融爲難，遂失其傳。邑子彭生毓祥始以藏編示余曰：『此吳初志也，侯其緣故而鼎新與？』予謝不敏。彭子同孝廉吳君士望，明經吳君夢伯、陳君春第、林君廼熠、吳君鼎羹、龍君正伸、梁君挺秀，黌士李孫虬、林閒挺、林玉瑩、吳遂、林震煜、吳仲超，額手于余曰：『吳陽雖陋，列于職方，吾侯奉揚聖天子休命，尹茲海邦社稷，人民尚其邀惠，不靳筆削，以爲邑乘光，吳民且世世化于黿玉焉。』予又謝曰：『不敏雖然亦既飲吳之水矣，周公之澤，去今二世，考其遺跡，靡不具舉，獨是剔蠹賦役，利弊纖悉，有造于吳，今昔不同，沿革遞變，凡可舉行不憚何規晉守焉。他如里役絲棼，杼柚已竭，一切裁省，大率以便民爲第一。夫民爲邦本，本固邦寧，如徒此利彼病，漠不關志，則秦越人肥瘠視吳民也。胡志之修，況我皇上沖睿，柄政日昃，不遑兢兢于天心補救，專務愛民，以迎天庥。文武諸大吏尤急急于子惠兆民，惟恐旦夕之不即安衽席。今日之志，首在求民之瘼矣，其他廢興舉墜，存乎其人，予不敢必。惟有心周公之心，志周公之志，與二三君子損益變通，而某壽剞劂焉耳。如其執是而課魯山中牟之績，知經而不知權，知常而不知變，通宜民之術端，有賴于後之繼守是邦者。』

時康熙歲在己酉仲夏上浣之吉，文林郎知吴川縣事蜀閬黄若香碧生甫書于静山堂。

黄志蔣序

古稱三不朽業，功德外，立言尚矣。學士大人服官涖政，興利祛弊，不能取舊章而釐正潤色之，于治道奚裨？增修郡志，予爲先六屬而總緝也。付鎸，肇戊申冬，越春夏告竣，聿觀厥成，均有望古遙集先民是式之思。

一日，吳川黄令持縣志請序曰：郡志成矣，如邑乘何職責也，若綱在綱，有條不紊，大綱舉而節目未張，是何異于觀海若而罔溯百川也。余曰：嘻！志異從同，志分從合，郡縣雖別，而同條共貫，流源歸一也。

先是，吳川海上一大聚落也，未城，城之。成化戊戌中，陶之築，陳之記，有志不傳。繼萬曆庚子周令聿新厥志而爲三，嗚呼都哉，莫爲之先，雖美弗新；莫爲之後，雖盛弗傳。周後七十年來，邑志一散于鼎革，再佚于遷析，不有纂輯其人，光贊前烈，微論大者，天經地紀，諸彙無由衷次，而人物風土節槩無由悉，而文獻不足，邑非其邑，氣運隨之滋薄，善作不必善成，統將安歸。茲志成而補偏救敝，古道猶存，人志風俗當不與世道而俱湮，識者知邑將興也。立言爲不朽業，郡志得，吳志而益彰矣。

時康熙八年己酉仲夏，中憲大夫知高州府事古燕蔣應泰譔。

吴川舊雖有志而弗傳，傳之自萬曆庚子周侯始，樊公玉衡序之詳矣。夫高州一郡，在幅員之内不幾斗大，而吴川居六之一，其爲寬廣又何如哉！周侯兩試繁劇，八居勳部，出宰斯邑，宜其綽有餘裕而爲是舉也。侯以後迄今復六七十年，其間饑饉洊及，兵燹頻仍，且屢屢矣。雞犬人民，罹于喪亂，城頭屋角，披自荆榛，又何有于志。當今承平日久，百廢具舉，既有作于前，必有繼其後。黄令手輯是編，此蓋不容或緩者，書成于己酉夏月迨壬子冬。

今上因輔臣請搜羣籍，用昭一統，命各省郡縣增修乘志採擇令，猶懼前此之未盡周詳，不足以應也，重加校讎，略者補之，疑者闕之。嗟乎！吴川一志，雖肇自周侯，不幾泯滅，今博求聞見，廣詢都人，緣求鼎新，既昭文獻于足徵矣，而又自周侯以後，增綴其六七十年間事，豈易言哉？此令所以鄭重而再三竄易歟？

兹且繕寫一册，前質于予，予因拜手颺言曰：『方今四海九州，罔有内外，率主率臣，教化行而刑罰措，禮樂興而政事舉。雍雍在上，肅肅在下，何莫非唐虞之致治乎？』紀事有史，山川有籍，紀事之書，史官掌之，山川版籍，隸于大司徒，專其職守。伏覩我皇上大寶初授，遂命臣工纂修實錄，典禮告成，藏諸内府矣。惟是編年紀善之書，以垂奕世而共千載。其京畿以外，金湯以内，山川形勢，土俗民風，行將彙爲一書，儲之外府，以宏觀覽。則吳川雖蕞爾一邑，苟非志載修明，亦烏以備纂裁而垂永遠哉。此令之所以重有是役也。雖然，惟書有曰：『惟乃知民德，亦罔不能厥初，惟其終。祇若兹，往敬用治。』余竊爲令誦之。

時康熙十二年，歲次癸丑仲春，知高州府事昆陵黄雲史譔。

黄志黄跋

往歲戊申奉命入吳，冬杪即荷皇恩展界，旋有修志之舉。茲壬子冬杪，復蒙王命，有大修皇清一統志之役，展誦檄文，切切問者，山川形勢，風俗人物，戶口丁繇。是役也，美哉！其永清大定之休徵乎？

余復以昔日所修者，詳加纂輯，删煩增要，綜核備至，寧質不文。昔夫子嘗曰：『無徵不信。不信，民弗從。』子將以異日之信且從者，載而弗畧。是志也，不特有當于一邑文獻，行且有徵，一代文獻。我聖天子于宵旰之暇，省覽吳陽邑志，不幾爲薄海煢民，廑東顧之憂乎？

吳陽蕞邑瀕海，數年之內，田賦漸廣，戶口漸增。然海利未興，民用未足，司民牧者雖極意撫綏，其何能于既庶之後，而亟議既富也耶？予心裕力綿，惟有仰藉聖天子洪恩，暨諸憲司如天之德，爲吾民作休養元元之助而已。

語曰：『千金之裘，非一狐之腋。』吳陽遭遇盛朝汪波，繼是而興者，起斯民于哀鴻，而更加之袵席。安知周泰和之舊澤，不可復見于今日乎！是予之志也夫，是予修志之志也夫。

時康熙癸丑春王正月，知吳州縣事蜀閬黄若香書于靜山堂。

黄志吴跋

康熙戊申夏，蜀之閬中黄公奉簡命來視吴篆，觀風振俗，稽獻考文，將以爲维新政教之助，而深慨乎邑乘之殘缺也夫。志固史也，古史無官，自太史、小史、内史、外史之官設，而史始不見于郡縣，此志之所由以作也。是故有一統志，有府州志，有屬縣志。而吴陽以兵燹变更之後，其放佚遺棄者，二十餘年于兹矣。雖然，豫章周令公之編述猶可考而知也，但其中時異制殊不可無紀，人文節義不可無紀，及今不续，後將淪遺，而觀風問俗者曷徵焉。但侯以其事開鉅典，遂請命于郡侯，而郡侯怡然俞曰：『可爰屬望侣以志之。』

夫志，重事也，固尚其識之明，尚其學之充，既尚其志之正，望何人斯而敢勝是任哉。兼之南宫試逼，應制靡遑，苐辭弗獲。已乃摸寫府志之成蹟，發揮周令公之遺意，而掇拾其事，采輯其文，類編成帙，少俾邑人觀感而興起焉，初不敢飾詞而干譽也。邑乘，嚴國史之實錄也。後之君子，欲徵文獻之蹟，而濬史記之源者，未必不以是爲餼羊，而或繾綣於兹志云。

時康熙己酉仲夏之吉，邑舉人吴士望拜手敬跋。

黄志王跋

志乘之書，古尚之矣。人情物產、治亂興衰、災異因革于是焉。載所以攷其正淫，別其土俗，當事者因之，以施政教焉。故邑有志，郡有志，省會有志，皆列于編年記事，據事直书，书成而献之天子，以備採輯爲一代之史，誠哉尚矣。

若夫吳邑之志，創始則有廬陵周公，續編則有蜀閬中黄公。其書詮次有體，捃摭不遺細微，于事無掛漏，于詞無浮誇，于義無偏駁，可謂備極三長，參酌允當，有裨治亂者也。然時日遷流，事有二公所不及見者，不能不俟之後人，以爲續編，無少緩也。

余之蒞斯土者，蓋兩載於兹矣，於二公始有續編之責，且身歷亂離者，不知凡幾。其間如大奸大惡，叛逆不道，亦應舉事直書，以爲天子獻。不寧惟是海氛作亂，庶民失業，流徙他方，有鄭俠不盡繪之圖，書之以儆告後人，固所願也。不幸家遭多難，戊午臘而丁先嚴之大故，遂有志未逮，殆缺如焉。謹贅一詞于編末，志予負罪于二公暨後人也。是爲跋。

時康熙十八年，歲次己未三月，知吳川縣事中都王如恒譔。

附編校姓氏

儒學訓導穗城陳龍光雲夫校正

邑舉人吳士望渭韜參訂

貢生吳夢伯長西　陳春第賔廷

龍正伸際飛　林廼熖山宗

吳鼎羹理衢　梁挺秀稟佳

彭毓祥吉臣

廩生李孫虬猶龍　林間挺篤生

吳　遂今直　林震煜肅子

吳仲超邵綸　林震乾健子分校

李志原序

邑乘將以垂遠也，然有所作于前，不可無所繼于後。苟年遠而不修，則事蹟失編，豈惟無以昭文獻之徵，而亦何以備朝廷典籍之儲乎。

吳陽舊有志，弗傳，傳于前莅吳之泰和周侯。後六七十年，蜀閬黄君令茲土而重修之。是二公者，一以創始爲功，一以增修爲任，固彰彰哉。自今溯黄君所修目，尚未及黄與周相距年數之半，而其間時日遄更，亦幾二十載，詎無逸事。矧聖天子撫有萬方，用昭一統，彙羣志以備采擇，而不可復爲增綴耶。

余奉命尹茲邦，覽邑志，即以十九載之闕畧爲憾，作竊比黄君之想，而時以簿書未遑，付諸邑之賢紳士共成之。屈指計，客歲孟冬，迄今半載間，未敢云撫字心勞，而催科實拙，國賦攸關，焦思何限，未獲片晷，把筆手爲編輯，不亦有愧黄君耶？是用以爲弁言。

時康熙丁卯歲孟夏之吉，知吳川縣事洛州李球隨循齋甫譔。

儒學教諭仙城郭　斌憲邦甫

訓導辛山廖緒耀牧受甫參訂

貢生林廼焰山宗

林間挺篤生
李孫虬猶龍
林震煜肅子
梁挺秀稟佳
吳仲超邵倫
林震乾健子
生員林魁英　李葯苞
林中松　吳匡世
吳士灝　李作舟
林魁彥　吳載錫
林其翰　林中檜
吳騰雲　李冲漢
吳觀韶　林其斐
林其芹　梁麗觀分校

邑之志，猶古列國之史，尚矣。三代以上，建侯開國不過百里，吳川雖蕞爾，寧不得比于子男之國乎？由此言之，志之作也，亦綦重矣。

吳之志，自明以前無徵者，固可無論。相傳昉於前令泰和周公章南，修之者閬中黄公碧生，然皆不可得而見。猶幸序記緣起之文尚存，則今之傳者，洛州李君所纂輯者也，乃距今已四十餘年，其簡冊之存者亦無幾。石門吳君輔舟孝廉，試宰邑，慨然有志，修舉廢墜，爰屬學博駱君、許君暨邑之名彦，依做舊志所存，而差次損益之，彙萃搜討，未克成書，會授樂昌去。

熙祚猥以非才，恭逢聖明御極與闢門之盛典，得膺民社之任，初試廉之靈山。庚戌之秋，捧檄來吳，恍憶束髮，趨庭之日，熟聞先觀察，旬宣嶺表，勷歷外臺，功業光顯於時，而遺愛之在吳邑者爲尤著。今幸承乏是邦，揣揣焉恒恐不克步武，勉竭駑鈍，以承先志。奉職之暇，許君携所著録邑志，進謀卒業，以垂永久。祚雖不敏，寧可無以繼成前賢之美，用備一邑掌故之闕耶？

雖然，邑志雖小，其體例考據，紀載之難則一也。夫世遠事湮，傳聞異辭，則核實難。今不逮古，識薄詞陋，則典雅難。彰善癉惡，徵信將來，則秉直無諱尤難。祚何人斯，烏能袪此三難，用無忝是舉與哉？亦惟信者登之，疑者闕之，疑信半者存其疑，以俟後之人之考定之。譬之大匠作室，崇臺廣厦，與夫曲院精廬，下而至於茅茨蔀屋曲之陋，小大雖殊，其辨方面勢，操斤削墨，亦各隨其地與材，以爲經營審度，底於落成。若夫丹雘藻飾，則猶有待於潤色焉。邑之爲志，亦猶是焉而已，藉曰能述，則祚豈敢。

時雍正九年，歲次辛亥，九月九日，試吴川縣知縣嘉興盛熙祚晴谷甫譔。

盛志章跋

方今聖天子奠安區夏，雖海外絶島，皆入職方，矧嶺南濵海之地，距神宗纔九千里而近。肅然綱紀，所暨訖胥蜃户蛋民，盡舉而登袵席，葢統歷史所傳未有之極盛也。

吳川居高邑下流，尤稱極浦，背枕大洋，面控限門之險，海濤拍天，潮蒸颶吼，觸耳目之所接，平蕪蒼凉，視珠江内地，已自不逮。乃今幸際盛世，道一風同，至于海隅，蒼生罔不率俾。廻覽數十年前往事，殘於寇而困於徭，求如此日之吳民，實屬夢想所不到。葢于邑乘可覩焉，於此葢叹邑乘之紀載，前可鑒而後可興爲，不可闕也。

攷吳所由昉，漢通南彝，祇隷象邑。唐宋以來，屢有更置。明始奠城居，故前志率多荒畧。亦至明中葉，吾鄉周君章南，自動曹左遷下邑，百爲整頓，而志乃特傳。繼此而有閩中黃君之增修，洺洲李君之纂輯，猶賴嗣響焉。無何，版策皆已蔑如，所僅存者，亦散見於一二章縫敗簏中，壞爛而弗全者也。

迄今皇上御極之七年，石門吳君輔舟修舉廢墜，甫同邑彦搜討，將次成編，未竟，厥緒會調，輒去。復得嘉興盛君晴谷，以賢良繼膺特簡，兼擅掩雅才，實踵其事，遂復毅然取吳君之草創而釐訂之。退食之餘，一手裁定。於其舊本之殘訛蕪雜而覺有未安者，更極苔碑蠹簡之旁搜，加折衷於省郡通志之鑿據，而悉爲之补其殘、辨其訛，並芟其蕪雜。討論修飾之功爲已勤也，而潤色又无遺力焉，葢亦几与章南比烈矣。书成，既脱稿，又以優調去龍川，適不佞亦自廣寧量移茲土，踉蹌而来，亟出此稿，加商確而蒇以加也。因即囑予序其端，且曰此稿仍携赴會城，將付剞劂氏矣。

顧此志，吳志也，盛君既去吳，猶以剞劂自任者，此中又有率祖攸行之意焉。盛君之祖，觀察公諱萬年者，向嘗分節於嶺西，其有功德於吳川最著，乃省郡皆有紀，而吳志獨缺。千載不朽之績，必待表于慈孫，而吳志亦賴觀察公之靈，以成此美舉，併俾後之人亦得坐享其成，勞而遞傳不替也。

苐予更竊有感焉，邑志之作，非徒漫紀故事也。於田野山川，可以覘吳之昔荒今闢焉；於賦役戶口，可以覘吳之昔散今聚焉；於風化習俗，可以覘吳之昔澆今淳焉；於分野災祥，可以覘占吳之昔否今泰焉。凡此皆吏治得失所由關，即今聖諭所爲谆谆也。而于名宦之志，尤以壯賢勞于遐陬；人物之志，尤以奇鍾毓於僻壤；藝文之志，尤以昭精華之發越，直與海珍競采焉。而盛君皆一一釐訂之，正所謂前可鑒而後可興者也。則此志雖邑乘乎，通于史矣，若徒漫紀故事云爾也，則亦稗官雜紀、野老集談之類耳，亦焉能爲有亡而必枉費日力，又災梨棗爲哉。書此以復於盛君，亦竊尾附於末簡，因以見志云。

時雍正十年，歲在壬子，知吳川縣事章國錄書。

儒學教諭駱兆龍騰九甫校正

訓導許紹中子立甫參訂

舉人林春澤仁卿甫

吳國倫經五甫
貢生林苑蘭　吳觀韶
林紫雲　林紫芝
麥崇先　楊志行
陳首魁　李　亘
陳純修　吳飛雲
林　傑　陳道源
廩生鄭　良　黃華信
吳樹錦　林玉潤
麥國樹　陳玉表
吳位子　黃家漢
林　榮　李　培
吳國琰　李　郁分校

沈志原序

志與史異乎？載人文，紀風俗，與夫山川物宜，古今因革之事，未嘗異也。然則將毋同乎？曰：不同。史以別善惡、寓褒貶，如司馬遷傳貨殖，傳遊俠、酷吏，班固傳佞幸、外戚是也。夫志則善善從長而已，且其體裁不一，史至〔一〕則縱貫成章，志則條分縷析，總覘是邦之文獻，則又無不同也。

今天子纂修一統志，頒發宇內。葢一統志取材於省，省志取材於郡，郡志取材於邑，邑志非其根柢與？余令吳川四載，行其野則民願士秀，登其堂則賦少訟稀。因以暇日，謀之縉紳耆宿，重補六十年之缺，庶幾善善從長，與郡都人士共勉焉。如謂以史才自居，烏乎敢！

時乾隆五十五年，歲次庚戌，仲冬月，津門沈峻撰。

總理

吳川縣知縣　沈　峻直隸天津縣人副榜

吳川縣儒學教諭　歐陽梧廣東保昌縣人舉人

〔一〕至，疑爲衍文。

吳川縣儒學訓導　黎　秀廣東欽州人歲貢

進士　陳聖宗任惠州府教授

舉人　陳張元

　　　陳璋潤

　　　李元琳

貢生　林式中

　　　莫　鴻

　　　易方澍

　　　林泰雯

　　　林懋修

　　　李上猷

分輯

廪生　林紀蘊

　　　吳駿基

　　　房貴綏

生員　林鵬翀

李　政
林懋昭
李玉芳
黃天佐
林日暄
李玉華
吳宜中
楊祖期
校閱
監生　吳泰周
生員　黃武才
監刻
福建澎湖協副將　潘　韜
候銓衛千總　黃翼夫
候銓縣丞　李超桐　莫李秀校字

吴川縣志凡例

志之爲書，不越山川人物，制度文爲。然其間譔述體裁，不無先後分合之異。舊志以天經、地志、王制，迄於雜志，區爲十卷，各以類從，未免繁簡懸殊，今依盛志，仍舊志條目，而差次其先後，庶卷秩停匀，便于觀覽。

作志通弊，每存自多之見，必欲竄易前人之舊，以示更新。每一纂輯，漸亡其故，數易之後，新者日增，故者日削，遂至湮没不傳。偶有所見，嘗爲扼腕。今于舊志所載，即有可疑，而考通志、郡志相符，悉皆存而不論。

古今作志者，例于條目之下，綴以小引，其初非不綜核典要，鏗鏘可誦。沿習既久，不啻陳言相襲，幾于千手雷同，今概從李盛二志，類多直紀巔末，即間有加引者，亦不敢摭拾浮詞，致乖史體。

志一邑之事，似乎無取博徵，然而上下數千百載，亦有資于考據。海濵僻陋，苦于無書可檢，或遇一事牴牾，往往引端而不能竟其緒，每爲怏然，學殖荒落，深用自愧，惟博雅君子諒之。

志載人物節婦，以表德行，彰名教。考自宋以迄雍正間，數百年來前志所採録者，每項不過數十人。近今數十年間，德教益以昌明，風俗更加淳美。雖海隅士女，咸知重德行，崇名教，不妨廣爲搜採。占小善者，悉以錄，乃君子善善從長之意，非爲濫也。

志載古今藝文，以表風尚，存文獻，亦君子善善從長之義。然必有關于一邑之典故者，則收之，惟恐不備。若夫題詠序記，越在他境，銘誌誄詞，載之家集，非一國之書，即其文可傳正，恐不勝紀載故，從其畧云。

仕宦誥勅類，不載于志乘，葢恩榮褒美，用光存歿，固朝廷之極典，子孫所當保守。前志止錄有明蕭、林、吳三公誥敕，不敢刪却，今後則止錄其姓名，誥章一槩不錄矣。

吳川縣志卷之一

吳川縣知縣滇南李高魁杏園纂

輿圖

李志曰：先王建邦啓土，南北殊方，幅員無論廣狹，大抵各有封守，不容踰越。邑固彈丸，猶然全烝之一臠，而大裘之一腋也。辨方以治者，由分野、氣候上順天時，由形勢、山川、地產下察地利，由都隅、墟市、風俗中盡人事，而又本禮而爲之教，治道備矣。成周地理之書，有圖有志。圖以知川形勢，志以知土俗人物。圖則大司徒、職方氏掌之，志則小史、內史掌之。故繪圖于首，俾觀者按之如指掌云。

林震煜曰：吳川，古百粤地，唐虞三代皆未隸職方。秦平百粤，置桂林、南海、象三郡。吳川與雷州接壤，則屬象郡。自漢至唐，屢多沿革。宋太平改辯州爲化州，吳川屬之。明洪武，降化州爲化縣，與吳川均屬高州。十九年，陞高州爲府，化縣爲州。于是州屬府，縣亦屬府。我朝仍之，不改焉。縣治三川環帶，因其逼于吳姓，而冠之以吳也。向無城池，明洪武間，乃立寧川所，築以土城。永樂元年，始易以磚。成化間，改砌巨磚，開濠設四門：東曰鎮海，西曰延華，南曰永和，北曰朝天。至萬曆間，新闢小西門，以納水秀，名曰通川，爲五門矣。然而鎮海一門逼海，居行者少，故閉不開，則依然四門也。城則週圍五百八十丈，高一丈八尺，厚一丈二尺。東至海五里，東北至茂名分界二十里，西至化州界四十里，西南至石城分界四十里，南至限門二十里，至硇洲一百四十里。東西相距八十里，南北相距一百七十里，環疆三百餘里。其山之在城以內者，凭高爲八景之一。高不過四丈，大不過半里。城外南一里有學案山，與北山朝對。高大無幾，故志不及載也。城東三里爲文翁嶺，高三十丈，周圍一里。又雙嶺，高二十五丈，周圍一里，與文翁並峙，爲城之後樂山。城北二十五里爲高嶺，高四丈，周圍一里。西北四里爲招義嶺，高五丈，周圍一里。四十里爲南巢山，與招義相等。稍西四十里爲麗山，高三十五丈，周圍二里許，爲八景之麗山樵唱。其峯圓浄如金，故麗之。二十里爲近信山，西五十里爲特思山，高百丈有奇。周圍五里，諸峯未有並者，故稱特思焉。六十里爲三台山，他處望之如寶蓋。三台爲特思所壓，城眺弗見，志故畧之。西南八十里爲特呈山，形圓而小，勢從遂溪平落嶺而來，拱于縣南，青秀聳起。上原有温通閣，明解縉詠有『風送潮聲平落去，雨將山色特呈來』之句。北有茂暉場近焉。今閣與場俱圮，而場官移在城中矣。又一百三十里，爲馬鞍山，海中突起，形如馬鞍，其地最爲險要。南三十二里爲飛雪山，在限門之右。蓋限門飛雪，亦八景之一也。東南四里爲白象山，皆細沙堆結，高十五丈。而縣龍發祖則自北二百餘里，在電白境内，名浮山者。昔人傳爲堯時洪水不没，高不啻三百丈。落爲平陽，去縣已遠，故邑乘不及詳。其海水遶縣之東，上由陽、電，下抵雷、瓊。一望無際，惟一線通入限門。潮汐日至，朔望最稱洋溢。江水則三支，合在梅菉，一支從浮山之麓發源，一支從信宜發源，一支從粤西博陸發源，皆由梅菉。繞縣治之西名吴水者，出限門而納諸海。其西有三川，一則自山墟而來，會於吴水。一則自博棹江而來，會於吴水。一則自塘掇歷平城江而來，會于吴水。而後悉歸限門以出。而限門以内，又有上下二滘。潮乾絶流，潮長則通于五里港、新場海、廣州灣與硇洲也。其泉水惟縣北二里，有龍母井，極旱而泉不竭，往往祈雨立應，邑人立龍母廟禱祀之。其古蹟，則翔龍縣在硇洲，宋帝昺即位于此，而陸秀夫、張世傑咸在焉。原設有翔龍書院，以興學校，今皆圮。古羅州在縣西北一百一十里，係前宋鎮南將軍檀道濟所築，有城，今圮。其寺廟多建于明季，無甚勝觀。而北門外之觀音堂，水口渡之三官堂，白沙渡之興龍寺，金蓮、真如二庵，亦遊人高士之所寄跡也。至于市鎮，則梅菉爲下四府輻輳之區，百貨充陳，商賈雲集。芷芋界接限門，爲福潮商艘灣泊之所，以有易無，彼此稱便。塘㙮在化吳石之交，歸市者亦衆。然而青箬裹鹽，綠荷包飯，殊不足觀矣。關則限門一榷，舊頗稱饒，今不可問。津則有水口渡、南巢渡、川滘渡、林公渡、公子渡、白沙渡、烏坭渡。船惟一葉，僅容數人。橋梁則有城中延華橋，城北四里有通駟橋，城南芷芋有躍龍橋，城四十五里有塘祿橋，二十里有官橋、淺水橋，三十里有平定橋。而亭榭則城之西南里許有極浦亭，宋丞相陳宜中過之，有題詠焉。城南三里有演武亭，爲操練士卒而設也。限門内東三里有雙峯塔，高七級。因水自西北隨來龍至縣，直趨于海，從順流處建之，爲一郡砥柱。邑中原無設驛，而水路要害，則限門東西兩砲臺，原有水寨官兵，國朝撤寨，設水師營以鎮之。復撥哨船配兵以守，可固金湯。寧川所向在縣治之内，今奉裁歸，縣軍皆爲民。謹依圖以爲之說，按輿圖以繪形勢。顧形勢本于天定，運用在乎人爲。昔者公劉遷邠，相其陰陽，觀其流泉。文公徙楚，邱望景觀，卜之兼致，皆審形勢以爲通用也。吳邑形勢，山東峙而水西朝。舊來縣堂、學宫遵向明之義，俱從南向。傳聞前令周公精于陰陽理氣，欲改西向，而有志未逮，止建雙峯塔，以鎖長江之流。海防陳公又開小西門，以通川澤之氣，亦可謂善於運用矣，猶未全收其美也。至雍正六年，前學許君改建學宫西向。乾隆二十一年，令楊公改建縣堂西向。前學黃君又開文明門于學宫前，復塞小西門，亦依然四門也。自是縣堂學宫，後枕雙嶺之高峯，前納三川之秀氣，而特思、義、麗諸山羅列朝拱。誠能以乘地靈、毓人傑，善繼周公之志，宜乎。文風更振于前矣。並圖。

縣境

縣治

与圖

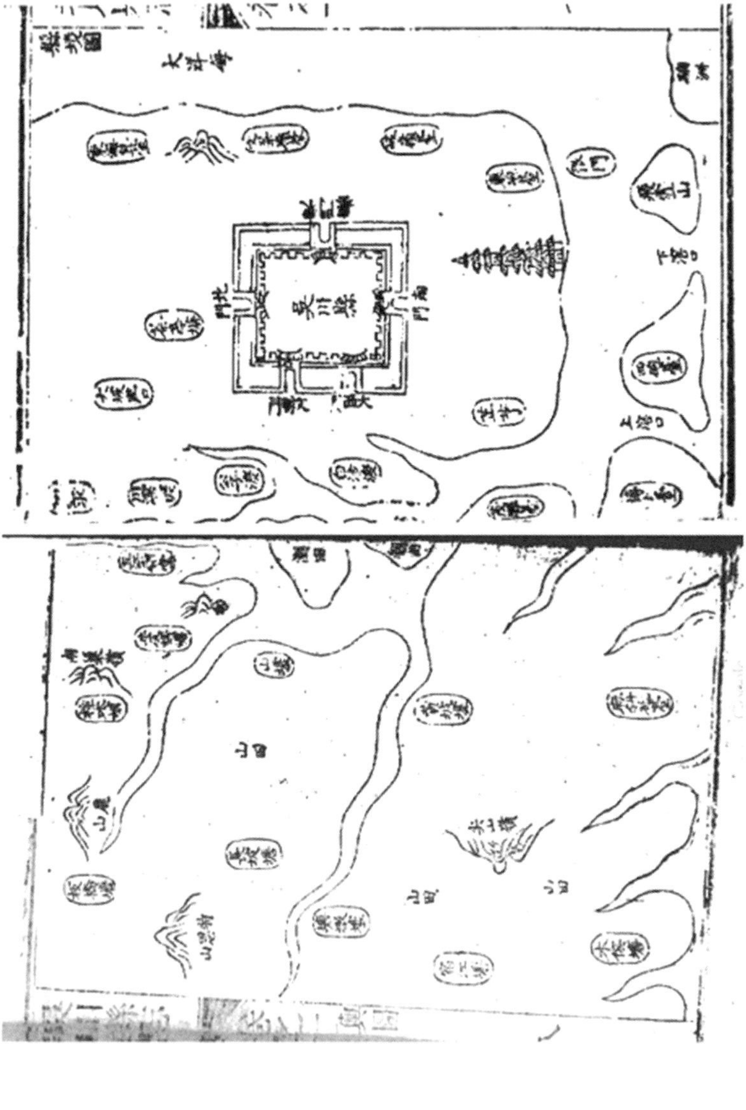
吳川縣
南門
北門

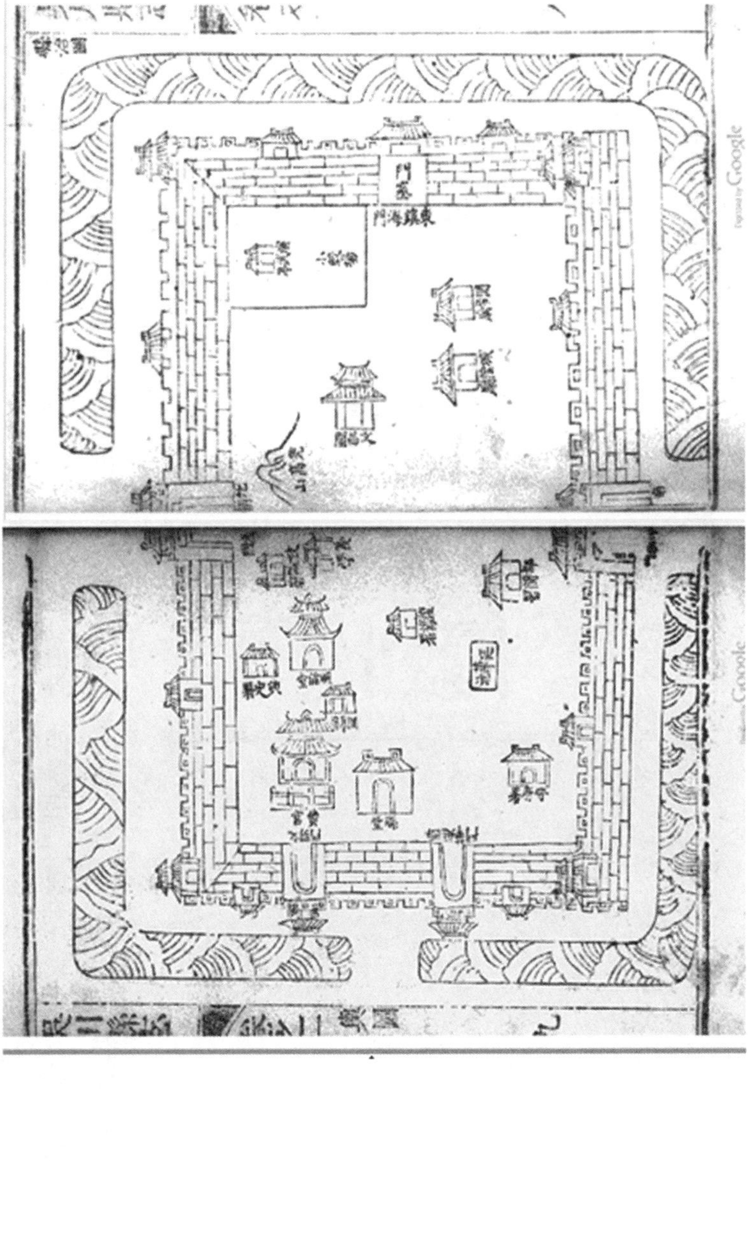
鎮海門

按：硇洲孤懸海中，東西相距十餘里，南北相距三十餘里。其地脉則自雷白暗鏡嶺穿海而來，堪輿家所謂『崩洪龍』也。四面環海，東邊怪石浮沉數十里，難以泊舟。西邊無石，通舟往來。南北亦多石，但各有港可以泊舟。其间桑麻井閭自成一區，彷佛南滇奇甸焉。國家因地設防，專營控制。與縣城雖隔洪濤，而哨船臺汛，聲勢相通，亦儼如接壤矣。並圖。

硇洲圖

吳川縣志　卷二　輿圖　十

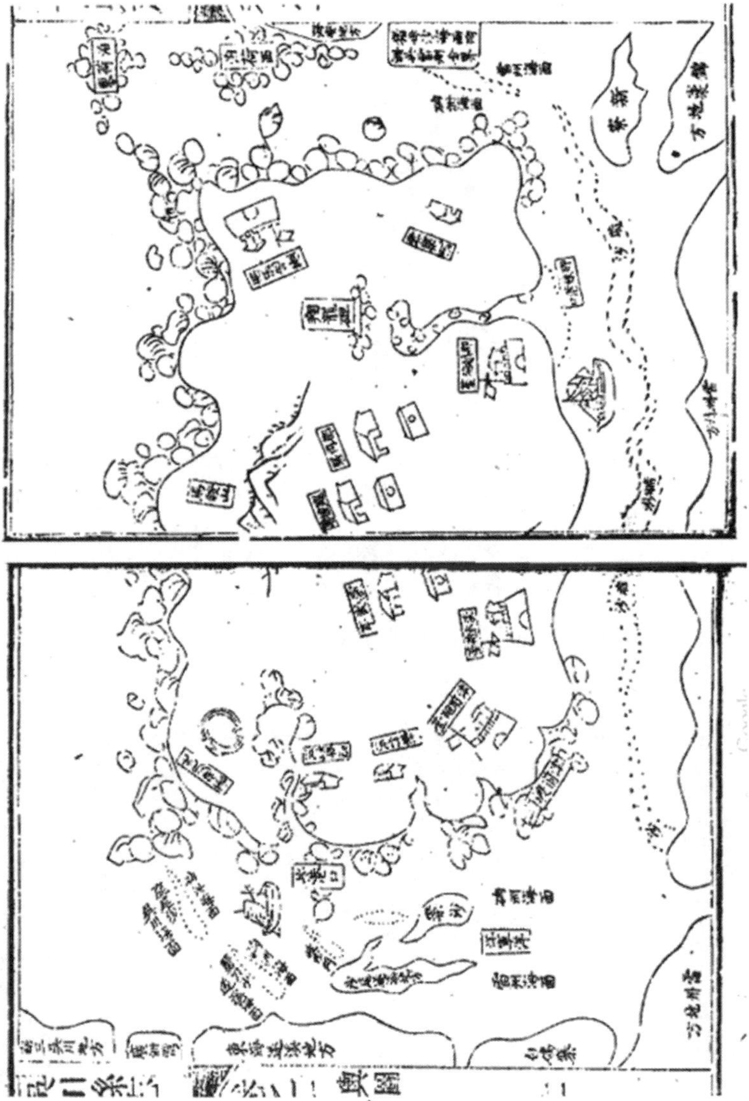

按：學校爲育才之地。考吳陽舊有正疑書院，已成茂草。康熙間，前令宋公乃倡建義學，置田米爲贍士資。至乾隆間，前令張公重修，三建其棟，兩翼其廊，增撥田米以益膏火。前令王公又立齋長四人經理之。諸公後先籌畫，雅意作人，惟願共圖久遠。庶幾元圃之材悉琢而成廟堂之器，不使嵩陽、嶽麓獨美千古也。並圖。

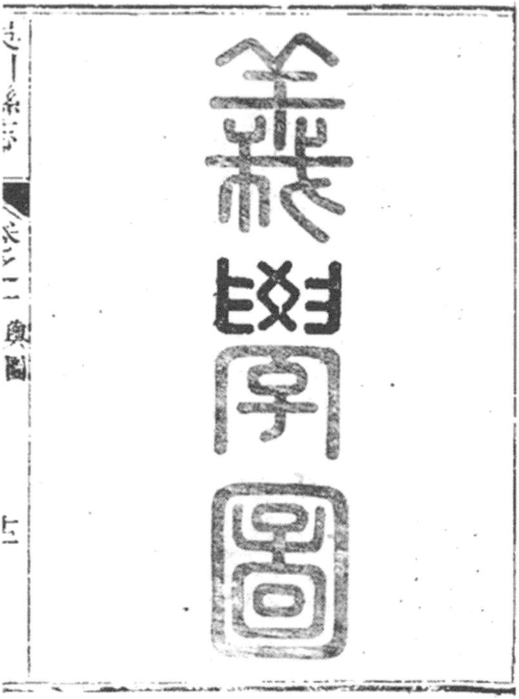

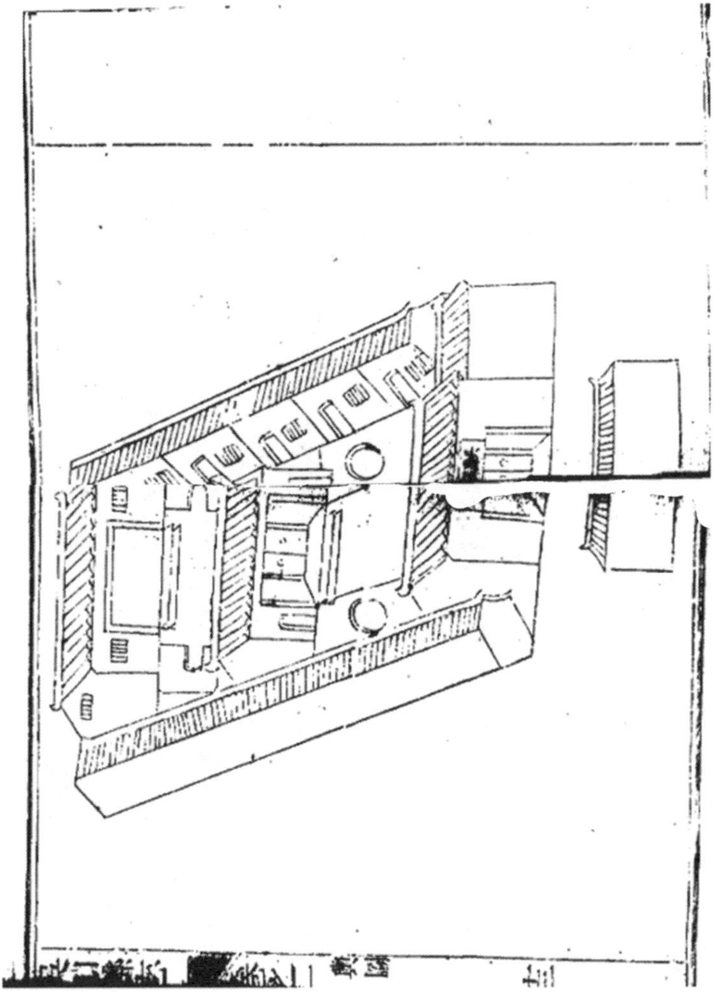

建置沿革

按：吳川建置，世遠年湮。或謂三川會流，地逼吳姓，故名。而沿襲更革，代有不同，必考稽歷代正史、地理志，乃可循原竟委。蓋一字之譌，動成窒礙也。爰據通志、郡志，合舊志而槩言之。

自嶺以南，皆古百粤地，爲南服要荒。秦平百粤，置桂林、南海、象三郡。郡置守一、丞一、尉一，以典之。考一統志，肇高屬南海，雷廉屬象郡，而吳川與雷接壤，應亦屬之象郡。

秦末，爲趙佗所據，佗稱南越武帝，傳五主，九十三年。

漢武帝元鼎六年，遣伏波將軍路博德平南越，置蒼梧、合浦二郡。吳川爲合浦郡地。

三國吳置高凉郡，又置高興郡。

晉以高興郡併入高凉。

宋復置高興郡。元祐初，鎮南將軍檀道濟于陵羅江口築城，因又置羅州。

梁大通中，置羅州、吳川縣。大同元年，置高州于高凉郡。大寶元年，高州刺史李遷仕反，高凉太守馮寶妻冼氏襲擊之。

陳大建元年，嶺南大亂。馮寶卒，妻冼氏懷集百粵，據有其地，號爲『聖母』。陳亡，降隋。歷梁、陳、隋，保有茲土，民賴以安。

隋廢高興郡，置電白、石龍、吴川、海安四縣。以吴川屬羅州。大業二年，並羅州入高州。三年，仍改高州爲高凉郡，隸九縣，縣仍屬焉。

唐武德五年，馮寶之孫盎降，析其地，爲高、羅、春、白、崖、儋、林、振八州，授上柱國。高州總管封吴國公。天寶初，改羅州爲招義郡，縣仍屬之。

宋開寶四年，廢招義郡入辯州，並招義、零綠、石城三縣餘地入吴川，屬辯州。太平興國五年，改辯州爲化州，縣仍屬之。

元至元間，改化州爲化州路，領縣三，仍宋制。置海北、海南道宣慰司及肅政廉訪司于雷州，隸江西，行中書省。至正間，分置廣西，行中書省領之。

明洪武元年，征南大將軍德慶侯廖永忠師克廣州，遣參將朱亮祖開諭元守臣，使歸順。二年，海北、海南二道宣慰使副陳乾福奉表歸附。三年，改化州路爲化州府。八年，又復爲化州。九年，降爲化縣，與吴川均屬高州。十四年，陞高州爲府、化縣爲州，並屬高州府，隸廣東嶺西道。

國朝順治四年，巡撫佟養甲、提督李成棟率師入廣州。遣將方國泰、周朝、趙國威入高州邑。令王協卜率紳士耆老歸順。偕遊擊汪齊龍隨征高州。海防同知戴文衡、知縣陳培亨入吴，收版籍而莅焉。吴川仍隸高州。

疆域

李志曰：秦罷侯，置守郡縣，雖延袤廣狹，大小不齊，然皆山川廻環，民居利便。大約以百里爲制。縣治疆土，東至海五里。東北至茂名之蓮塘二十里。西南至石城之平樂四十里。西至化州之石寧四十里。東西相距八十餘里，南北相距一百七十里，環疆三百餘里。至化州七十里，至府一百九十里，至省一千七十里。北至京師八千八百里。正北陸路通高州，正南水路通瓊州，正東水路通省城，正西陸路通石城、遂溪。惟硇洲僻懸大海中，風順由小海一日可到，不順則由陸路渡海，三四日亦難定。

星野

《尚書·洪範》曰：『庶民惟星。』民既分野而居，星亦分野而布。是故古之聖人畫野分疆，而後世配以列宿。所封之國，各有分星。亦以驗休徵、咎徵之應。但天度遼廓，渺茫難稽，況彈丸百里所繫亦微乎微矣。謹依舊志，集衆說以參之。

《漢·地理志》云：越乃牽牛、婺女之分野。蒼梧、鬱林、合浦、交趾皆越分也。

《春秋緯書》云：牽牛流爲揚州，分爲越國。

歷代星書皆以斗爲吴，牛、女爲越之分野。自嶺南至于交趾，《禹貢》揚州之域。其次星紀，其星牽牛。《帝王世紀》云：『斗十一度至女七度曰須女，又曰星紀。』費直云：『起斗十度至女五度爲星紀。』蔡邕云：『起斗六度至女二度爲星紀。』《晉天文志》云：『南斗十二度至須女七度爲星紀。』據此，則星紀屬嶺南之境域，而牽牛其分野，明矣。

氣候

李志曰：天道有陰陽，而南北之地各有高下，氣亦隨之。故寒燠之候有不容一例，而推辨方者所宜致鏡而慎之也。吴爲濵海之邑，地下土薄，風氣與中州不類。陽燠之氣常洩，陰濕之氣常盛。陽氣洩，故四時恒燠，三冬無雪而多暖。陰氣盛，則蒸濕過半，三春連暝而多寒。二氣既偏而相薄，故一日之内氣候屢變。晴則燠而陰則寒，所謂『四時長似夏，一雨便成秋』也。然幸地氣舒洩，瘴癘稍稀。夏遇西北風則凉，冬遇東南風則暖。夏秋間常有颶風大作。颶風者，具四方之風。初起于東，必轉北而西而南，起于西必轉南而東而北。若未周四方，不踰月，必再作。作必窮日夜，而後止其勢。呼號怒烈，翻海揚沙，拔木偃禾，壞屋飄瓦，爲害不細。又云：『風雨並作，則禾稼始不傷。歲或不作，必有以感召之者。』或亦理之，可信。第海吼不時，晝夜呼號，吼從上則多風，從下則多雨。或有時不吼，稍轉東風則多魚。邑之地氣多因是損。故諺云：『高州有山無水，化州有水無山，惟有吳川稍可，不堪海水滗滗。』

吳川縣志卷之一終

吴川縣志卷之二

吴川縣知縣滇南李高魁杏園纂

山川

李志曰：建置郡邑，必擇險固。吳川東南距海，西北據川，南雖咫尺瀕海，有限門爲塞，天險難越。陸路則東有赤水，司屬茂名縣，險隘足以控禦。北有南巢、川滘之水，曲折而西，分爲三川，環帶隔涉，水陸可稱形勝。

山

文翁嶺，城東三里，相傳昔有文翁煉丹其上，故名。

雙　嶺，城東三里，高二十五丈，與文翁並峙。

水辰山，府志載：去城東五里。

招義山，城西北四里，昔有譚氏招義兵於此，以討僭耳，故名。

南巢山，西北四十里，西界化州。

近信山，西三十里，府志載：舊有仙棋蹟。

特思山，城西五十里，一名文筆峯，遇旱禱雨于此。相傳上有舊羅州刺史馮士翽並妻吳川郡夫人墓。

麗　山，城西四十里，八景之一。

白象山，東南四里，沙積成嶺。

飛雪山，城南三十里，在限門之右，沙如雪飛，縈迴不散，八景之一。

特呈山，在南二都，去城八十里，上有温通閣，下即古茂暉塲。

马鞍岡，近硇洲，去城一百三十里，海中突起二峯，形如馬鞍。

北割山，府志載：去城四十里，納二水入海。

川

吳　水，從陵羅江合三江渡，分三川，繞縣南而出限門。

平城江，去城二十里。

零洞水，城西三十里，舊有零緑縣。今廢其源，出零洞山，流入于海。零洞山未攷屬何地。

洞雷水，隨潮上下。

三乂江，在北十一都。

博棹水，經限門入海，府志云：夫洞雷水二十里。

上滘口，在博立臺東。雍正八年，以海舟出入上下兩滘，稽查不便，乃以巨木爲柵，斷上滘舟，行從下滘。

下滘口，在西砲臺之東南，兩滘皆限門之上，爲出海之口。

限　門，城南二十里，納三江之水入海道。曲狹，潮滿風急，舟不能行。府志云：去博棹二十里。

長城亘，出海三四里，東西横亘，亦鐵板沙也。

李志曰：限门，納高凉合郡之水歸于海，紆回灣環，波濤萬變。坡仙『大江東去，驚濤拍岸，捲起千堆雪』，若爲此而詠。古稱飛雪，殆此義歟。舟楫出入此門甚難，門之左右，海際去水面五尺許，兩岸沙磧堅鋭逾鐵，俗曰『鐵板沙』。中通一道，深不可測，屈曲靡定，廣約五丈餘。必慣習篙工，小舟夾岸前引，風静尋道，屈曲而行。若風湧觸沙，即舳艫亦難恃矣。出洋三四里，東西横擁一磧，勢若長城，俗名曰『長城亘』，堅鋭難犯。此誠天造地設，合郡雄塹也。

五里港，去新塲村五里。

新塲海，茂暉塲建于此，去城四十里，舊有備倭營。

硇　洲，去城百四十里，海中一島，可容千餘家。宋端宗避元兵，舟次于此，改名翔龍縣。

城池

李志曰：縣城在府治西南一百九十里。江環西北，海繞東南，地皆平坡，向無城池。洪武二十七年，廣東都指揮花茂，題奏命永定侯巡歷沿海地方，乃立寧川所，防禦倭寇。千戶徐本築土城。永樂元年，千戶李忠重修，問[一]以磚。成化三年，守備指揮僉鑑督軍開濠。十四年，分巡僉事陶公魯經營展拓，甃以巨磚，開設四門。嘉靖間，千戶王如澄濬濠。萬曆辛丑，嶺西道盛公萬年因平倭寇，復增築濬濠，添設敵樓四座。萬曆庚申，海防陳公所立新闢小西門。

東門曰鎮海。因逼海，少居民，門塞。

西門曰延華。

小西門曰通川，亦塞。

南門曰永和。

北門曰朝天。

文明門。乾隆二十一年，教諭黃玉霦仝合邑紳士捐貲，開此門于學宮前，曰文明。塞小西門，依然四門。

四門城樓四。

四角敵樓四。

四面敵樓四。

窩舖十二。

雉堞四百六十。

[一] 問，疑爲『間』之誤。

大小水關五。

城周五百八十丈，高一丈八尺，厚一丈二尺。濠塹周六百八十丈，深一丈五尺，廣一丈五尺，明嶺西守道盛公萬年《嶺西水陸兵紀》云：吴川城周圍五百三十六丈，高一丈九尺，城樓四座，敵臺四座，閲驗垜眼窄矮，加築高濶。濠塹平淺，疏濬深濶各一丈五尺，又添設敵臺四座及四門守城器具。

四門城下：

每門發熕銃一函，子十五個。佛朗機銃二門，子八個。

鐵彈二十斤。

百子銃二門。

鉛彈二十斤。

四門城上：

每門鳥銃二十門。

鉛彈二十斤。

長柄斧十把，每把口濶六寸，重三斤半。

藤牌四面。

每守城軍一名，自置藥弩一把，藥箭二十枝，鎗刀鈀钂各隨帶備用。每二垜眼置油紙燈籠一盞，每三垜眼頓貯灰沙礟石，責令城軍搬運。

已上各城器具，凡有缺壞者，衛所掌印官及時呈請，係官置者即行造補。係城軍自備者，責令齊備。合用火藥，縣印官每年須多製造貯庫，有警給衛所官軍應用。

乾隆四十八年六月二十四日，颶風大雨，女墻吹倒。五十三年，知縣沈峻同合邑紳士耆老捐貲修復，並整理各城門更房，現俱完固。

坊都

盛志曰：城居附郭之民，則區之以坊類，取佳名志美。或因地因人以表之，如繡衣、香名、製錦、從政，因人而名，即以名其地者也。舊志但列坊表，今增之。

南薰　阜財　太平　太和　來青　製錦　香名　從政　仁和　建德　繡衣　迎恩

李志曰：《周禮》以比、閭、族、黨、州、鄉聯都鄙郊內之民，以鄰、里、酇、鄙、縣、遂聯鄉郊外之民。今制鄉隅都圖，其于周制之所以聯民者，法異而意同矣。邑舊十八都。明景泰、天順間，海寇流毒，民遭蹂躪，死徙過半。當事因削其三，併作十五都。及萬曆間，新增東隅一都，爲十六。康熙元年，海氛未靖，凡沿海設立邊界，縣境南二、南三、南四三都，遷民徙居內地。康熙八年，復遷北八、北九、北十一、南一四都。其餘或一里而全遷，或一里而十遷八九，或遷廬舍而存田土，或遷田土而存廬舍。縣舊十六都半屬坵墟，幸今展界，民皆復業。數十年生聚教訓，民歌樂土矣。

南隅都

上郭。

中街。

下街。

金雞垌。

蘇文。

塘蓮。

限門。

北一都

上郭。

石塹。

那蒙。

院村。

茳艼。

那良。

白沙。

謝村。

姚村。

限門。

北二都

院村。

那余。

川滘。

横山。

羅山。

新村。

麻章。

北三都

奇艷。

塘郊。

佛塔。
大寨。
水口。
隔塘。

北四都

舖脚。
三江。
斗門。
塘口。
樟木。
潭村。
孟村。

北五都

水潭。

那鄧。

馬趙。

平城。

康山。

米收。

那葛。

北六都

山墟。

蒙村。

流泗岸。

薛村。

那羅。

博棹。

東岸。

上杭。

北七都

油行。

那亭。

麗山。

簡村。

那扶。

北八都

塘祿。

塘基。

木藥。

新定。

苄羅。

下苄。

尖山。

塘墢。

北九都

麻皮。

詹山。

洞梢。

上蒙。

山車。

北丹。

步龍。

德孤。

高山。

大路。

北十都

大垌。

南洋。
塘頭。
烏舅埇。
后頭。
狐狸嶺。
南埇。
張屋垌。
油寮。
甘村。
五角。
沙甲垌。
木灰。
古流坡。

北十一都

大岸。

平澤。
黄坡。
上蒙。
頓當。
三柏。
端德。
烏垙。
温村。
南寨。

南一都
盧村。
塘覽。
木約。
黄那山。
南竈。

潭俗。

麻倖。

潭村。

石屈。

馬村。

潭思。

調辰。

米收。

麻斜。

南二都

茂暉。

乾塘。

米稔。

滿洲。

唐寧。

吴村。
博立。
坡頭。
麻水。
麻登。
莫村。
藍村。

南三都
地聚。
新竈。
麻簡。
胡村。
特呈。
新塲。
鳳輋。

地頭。

麻弄。

木渭。

青訓。

麻練。

廣州灣。

南四都。四村統名硇洲。

北村。

南村。

中村。

文字村。

東隅都

羅山。

後山。

龍芳。

上插。

平定。

殷底。

院村。

麻樟。

马蕭。

扶林。

新村。

附墟市

梅菉。

板埠。

山墟。

塘the。

艼隴。

黄坡。舊名丁當。

沙墱，舊名大園。

三柏。

乾塘。

坡頭。

龍頭嶺。

樟舖。

木約。

南門。以下五墟今廢。

水街。

白沙。

川滘。

蓼□。

里甲

盛志曰：邑之有里甲，即古者井田邱甸之制，所以區其土田、民人而定其版籍者也。國朝撫有區夏，版籍因明之舊。攷明之初制，因邑之大小，編戶爲若干里，而一里之中復區爲十甲。在城曰坊，附郭曰廂，即其民人之有田賦者以爲之長。一切簿書、期會、徵繇之事，實惟里長是司，非不綱舉目張，釐然以治也。厥後吏不奉法，繇役日繁，甚至公私之費浮于正供，而里長始重困矣。邑舊有里長承應，雖現年之名屢經釐革，未免名去實存，因循不改。幸際聖天子在上，乾綱獨攬，大法小廉，沛養廉之典，盡恤下之仁，即海隅萬里，如在衽席，凡察吏勤民之政，罔不備舉。熙祚承乏茲邑，雖代庖歲月，有一不便于民之事，悉爲裁汰。正供之外，未嘗絲粟累民。庶幾，仰副朝廷愛民如子之德，意用無玷職守云爾。邑舊爲十八都，都爲十甲。明景泰天順間，併作十五都。萬曆間，增東隅，爲十六都。國朝迎之，詳坊都下。乾隆六年，又增北十都，爲十七都。

戶口

邑貢舊額載軍民竈雜色，共三千一百六十九戶。順治八年，僅一千零八十九戶。十六年屆，亦然。

奉詔巡邊，撤藩復業，復回八十三，存戸八百四十。至乾隆五十五年，實在民烟戸一萬零八百三十一戸。

邑口舊額載一萬零二百八十七。順治八年，則六千六百二十五，視昔已少三千六百六十二。迨兩次奉遷二千七百零三，所存者僅三千九百二十二口。後展界復業，共復回四百一十八口。尚遷移海島未復一千一百二十一口。至二十年，邑被寇踞之後，時屆編審，除逃絶二千四百五十三口，所僅存者四千一百七十二口。至乾隆五十五年，共計民丁口一十四萬八千九百五十八丁口，民丁八萬三千六百一十二丁，民婦女六萬五千三百四十六口。

賦役

盛志曰：邑明初丁糧分徵，至萬曆四十八年，丁隨糧辦，名曰『均册』，國朝仍之。

邑田賦，自順治初，仍明萬曆四十八年例。全書額載官民田地塘稅二千九百一十七頃四十七畝八分起科，田則二千九百零七頃二十二畝八分一釐，地則一十三頃七十九畝七分四釐，塘則六頃四十五畝二分五釐。厥例維均于田地塘內，每畝科官正耗米一升一合七勺二抄二撮，積八十五畝三分零七毫爲糧一石，派官米三千四百三十一石五斗八升九合六勺。溢會計額米一石零五升一合六勺，每畝科民竈米二升九合七勺八抄七撮九圭二粟，積三十三畝五分七釐爲糧一石，派民竈米八千七百二十石零二斗四升八合。溢會計額米二石六斗五升四合五勺，但夏農桑皆失額向移抵補。載今籍者官三千四百三十石零五斗三升八合，民竈八千七百一十七石六斗九升三合五勺，夏農桑一十六石五斗五升四合一勺，額外魚課四百四十九石零五升九合六勺，總計一萬二千六百一十三石八斗四升五合二勺。寧川所屯糧一千零一十九石一斗零一合。順治十六年，奉勘實荒稅一十二頃七十七畝七分九厘二毫一絲三忽有奇。越兩年，漸次墾復，迨康熙元年初，遷三百二十八頃六十九畝四分六釐九毫六絲，其魚課盡去。三年，再遷一千一百九十八頃六十三畝零六釐六毫四絲六忽。前墾復者復遷題豁，實在田地塘共稅一千三百八十七頃三十七畝四分七釐一毫七絲一忽。康熙八年，展界各業戶共墾復原續遷移田地塘稅一百九十九頃七十畝零九釐六毫七絲六忽。九年，分墾復原續遷田地塘稅三百一十五頃八十三畝五分五釐九毫零，又復回魚課米一十六石八斗四升六合。十年，分墾復回原續遷荒田地塘稅一百二十三頃八十五畝九分零。十一年，墾復回原續遷荒田地塘稅一百九十一頃零三畝八分零。十二年，復回原續遷荒田地塘稅一百零三頃一十八畝三分九釐零。十三年，復回原續遷田地塘稅一百零六頃五十四畝四分五釐五毫。十四年至二十八年，共墾回原續遷荒田地塘稅三十四頃五十九畝六分二釐四毫一絲八忽零。又坐落遷移海島未復業，共稅四百六十四頃零七分六釐六毫零。又失額稅二十九頃五十四畝三分四釐三毫零，尚存實稅二千四百三十二頃五十九畝一分一釐七毫九絲九忽。迨康熙二十年，復遭海寇蹂躪，人民逃散，田荒逋賦。任斯土者，每以積逋被罰。邑令秦松如目覩百姓流亡，力請各臺會題蠲免致厪宸衷。適康熙一十年，高雷廉總兵張奇英入覲，上親詢吳川縣田地。英以荒殘直陳，遂敕部議覆。于康熙三十一年十月奉 戶部行文覆准，豁免吳川逃荒稅六百四十九頃五十六畝零六釐七毫零七忽。康熙四十年至雍正七年，共墾復遷逃荒稅一百六十六頃零八畝二分八釐七毫七絲九忽。實存稅一千九百四十九頃一十一畝三分三釐八毫六絲九忽零，尚未復稅九百七十八頃三十六畝四分六釐一毫八絲丝。雍正九年，据民人自首墾復報陞遷逃荒稅共五十三頃六十三畝四分四釐六毫六絲。又自雍正十年起至乾隆九年止，共墾復遷逃荒除消外，尚稅二百八十五頃五十一畝九二千二百八十八頃二十六畝七分二釐二毫零。田地塘稅同則科民竈米六千八百一十六石二斗七升二合三勺八抄八撮四圭四粟九粒。除魚課稅、契襍稅、屯丁及額外陞科，與減則陞另項起徵外，尚徵糧餉差鈔衣裝物料等銀七千二百二十七兩五錢五分三釐，遇閏加銀二百二十兩零二錢五分三釐。派徵倉糧本色並夏農米二千九百七十三石九斗八升二合。又一項，額外陞科與減則陞，自乾隆十年起至乾隆二十五年止，共起徵稅二十七頃六十八畝零九釐三毫五絲。徧徵糧餉差鈔銀三十八兩五錢六分六釐，遇閏加銀三兩一錢七分，又起倉糧本色米四斗七升七合。邑原額人丁四千三百二十二，內除鄉宦、舉貢、監生、員吏、役軍竈等項，優免二千一百二十三。又除南四以海中事，例免一百三十八丁，實全編民壯丁二千零六十一民壯，米八千七百一十七石六斗九升三合五勺，內除優免一千四百七十九石七斗五升六合五勺，例免三差，又加准丁米七十五石五斗五升，例免民壯，實編差徭米七千一百六十二石三斗八升七合。其民壯驛傳除南四海中事，例免米二百三十三石八斗三升七合六勺，實編民壯米六千九百二十八石五斗四升九合四勺，驛傳准米無免，實編米七千零四石零九升九合。至順治十四年，扣徵優免米一千五百五十五石三斗零六合五勺，該免三差銀七百六十六兩九錢五分八釐三毫，解充兵餉。至康熙元年初，遷丁七百一十，續遷丁九百五十三，內優免丁一百五十七，尚實存丁二千六百五十九。迨康熙八年，展界隨糧，復回人丁一百六十三，內優免丁二十六丁。九年，分復回二百五十九丁，內優免丁三十二丁。十年，分復回人丁九十八丁，內優免丁一十八丁。十一年，分復回人丁一百四十三丁，內優免丁二十六丁。十二年，分復回人丁一百二十九丁。十三年，分復回人丁一百二十八丁。尚遷移海島未復人丁七百四十四丁。至康熙二十年，邑被寇踞之後，時屆編審開除逃絶一千七百六十二丁，所僅存者一千八百一十六丁。又康熙三十一年，題豁八百零八丁，尚存一千零八丁。康熙四十一年、四十二年至雍正七年，隨糧復回人丁二百三十丁，內優免丁四十八丁，實存一千一百九十丁。派徵差課，則例遞年會入由單編審。雍正九年，隨糧報復人丁六十九丁。又自雍正十年至乾隆十四、二十一等年，隨糧報復人丁四百二十六丁，內有優免人丁一百四十七，實共人丁一千五百三十八丁，隨糧辦納。

乾隆元年起至四十一年止，各編審新增盛世滋生人丁三千零二丁。欽奉恩詔永不加賦。

邑全書原額載女口一千八百二十二口，內除原遷編審，冊報遷移婦女二百九十九口，又除續遷七百四十一口，尚實存七百八十二口。康熙八年，展界隨糧復回婦女一百二十四口。九年，復回一百九十一口。十年，復回七十八口。十一年，復回一百零九口。十二年，復回八十二口。十三年，復回七十九口。尚遷移海島未復三百七十七口。至二十年，邑被寇踞時屆編審開除逃絶六百九十一口，所僅存者七百五十四口。又康熙三十一年，題豁三百一十口，尚存四百四十四口。康熙四十一年、四十二年至雍正七年，復回九十一口，實存五百三十五口。派徵鹽課，遞年會入由單編徵。雍正九年，隨糧報復二十七口。又自雍正十年至乾隆十四、二十一等年，隨糧報復婦口一百九十七口，實共婦口七百五十九口，隨糧辦納。

乾隆元年起至四十一年止，各屆編審新增盛世滋生婦口三千零二口。欽奉恩詔永不加賦。

硇洲田糧，自康熙元年遷界豁免。二十三年展界，大人以硇洲與欽州之潿洲俱在海外，非舟不渡，仍不給民耕。後因原遷硇民譚福臻，于三十五年、四十年間呈請復業。是議覆以孤懸海外，非設營立官不足防禦中止。後酌改沿海營制，題准特設專營防汛。四十三年，知縣楊名彩復據硇民呈請復業。四十五年，咨部准其開墾，原額田糧八十一頃二十五畝零。

屯田

原額屯田稅三十三頃九十七畝零三毫三絲三忽。每畝原科米三斗，共徵本色屯米一千零一十九石一斗零一合，該所經徵本色運納廣積倉內。除原題准豁荒陷無徵稅二十一頃六十六畝七分八釐八毫七絲六忽零，米六百五十石零三升六合六勺零，又續遷題豁荒稅七十六畝二分六釐二毫二絲七忽，米二十二石八斗八升八合六勺零，共實荒陷及遷移無徵稅二十二頃四十三畝零五釐一毫零，米六百七十二石九斗一升五合三勺零，尚實徵熟稅一十一頃五十三畝九分五釐二毫二絲九忽零，本色米三百四十六石一斗八升五合六勺零。又于康熙八年展界，至六十一年墾復，共稅二頃八十二畝九分九釐，內止初次科米三斗。餘悉照減則例，每畝科米八升八合八勺一抄，共米二十七石四斗九升七合六勺零。雍正六、八兩年，又墾復稅五頃七十三畝零八釐九毫零一忽。照減則例，共科米五十石零八斗九升六合零，實在連墾復共稅二十頃一十畝零三釐一毫三絲零，共徵米四百二十四石五斗七升九合三勺零。又自雍正十年後起至乾隆六年，墾復除消外，尚起徵稅七十二畝三分二釐七毫七絲零，共二頃零八十二畝三分五釐九毫零，實共徵米四百三十一石零二合八勺二抄七撮零，候撥各營兵食。嘉慶十年，奉文報陷稅三頃八十八畝三分二釐零，米一百零九石二斗二升一合九勺。內前奉文，在茂名縣十三坡溢稅，移解歸欵。現又奉文，不拘何縣，遇有溢稅陞科撥補歸欵。嘉慶二十五年，奉文減徵上則屯田稅七顷三十二畝三分五釐零，每畝減徵米六升四合八勺，共減徵米四十七石四斗五升六合四勺零。內奉文在於通省沙坦陞科，餘稅撥補，每年赴布政司衙門，請領銀兩歸欵，撥解兵米寔在應徵屯米二百七十四石三斗二升三合八勺二釐。

原額屯丁二百一十丁，內除。康熙二十三年编審詳銷逃絶六十一丁，現在實存一百四十九丁。康熙十七年，部文起徵，比照附近吴川縣民丁之例，每丁歲徵銀四錢三分三釐六毫八絲四忽，共徵銀六十四兩六錢一分八釐一絲六忽，遇閏加增銀三兩零九分零一毫一絲一忽，照徵起解。雍正三年，奉裁所官歸併縣辖一軍器等料，共銀九兩二錢三分三釐一毫，革汰無徵。

雍正九年，奉文。雍正十年，爲始將額派屯户丁銀，按照屯糧米石匀派，該派屯丁二十九丁四分五釐，编徵銀七兩五錢六分三釐九毫九絲零，遇閏加銀二錢九分四釐零九絲零。

乾隆元年至四十一年，各屆编審新增盛世滋生屯丁八十九丁。欽奉恩詔，永不加賦。

附外額

魚課米共四百四十九石零五升九合六勺，舊徵魚課油料並京水脚，共銀六十四兩四錢一分四釐八毫。帯徵解司水脚銀六錢四分五釐一毫，遇閏加增銀五兩四錢三分八釐二毫。又徵魚課米銀一百四十八兩一錢八分九釐七毫，帯徵解司水脚銀一兩四錢八分一釐九毫，遇閏加增十二兩四錢七分二釐六毫。奉遷界外，無徵展界，後漸次復回。原領每石併科銀四錢七分八釐四毫零三忽，遞年額徵銀二百一十四兩八錢三分一釐五毫，遇閏加銀一十七兩九錢一分零八毫。向分課頭八名，每名分管十甲，催徵紛雜。雍正三年，知縣甯時文聽民各随户糧收歸都甲，以便徵納。

南工匠價原額銀三十六兩，水脚銀二錢八分八釐，除康熙三十一年十月内奉户部行文，復准豁免逃荒无徵銀一十七兩零六分二釐五毫，水脚銀一錢三分六釐五毫外，尚銀一十八兩九錢三分七釐五毫，水脚銀一錢五分一釐五毫。雍正八年，奉行匠價有額無着，歸入地畝匀徵，按現在實税畝數派徵，共銀二十四兩六錢零九釐六毫九絲，遇閏加銀二兩零五分零五毫七絲。

雜税，三丫鳥坭渡，遞年徵解税銀五兩。

又自乾隆元年至五十五年，止新增梅菉、黄坡等渡，共徵餉銀十五兩五錢，内除詳奉撥抵李我承虚糧銀十兩零三錢一分二釐。餘俱解司充餉。

税契銀，全書載原無定額，隨徵隨解。買産人户，每價一兩，税銀三分。奩撥開墾，每畝税銀五分，遞年歸入。額徵解稅銀二兩九錢一分三釐，帶徵科場費用銀九錢七分一釐。雍正七年以後，每年報出羨餘銀二三百兩不等，學租銀一十二兩二錢四分，遞年徵解學院。

鹽課

竈籍，本縣南一都正辦二百九十丁，南三都正辦四百丁，東隅七甲正辦七丁，共六百九十七丁，歲該課銀三百六十八兩三錢五分九釐三毫七絲五忽。竈田稅二百六十頃零三十九畝三分，折改米七百七十五石六斗五升六合五勺八抄。第南二、南三兩都，並東隅七甲附居邊海，前居奉遷鹽田，盡在界外，課銀無徵。至康熙八年展界，招回竈丁一百七十四丁五分。九年，分招回竈丁一百八十五丁五分。又于康熙二十三年，招回竈丁一十二丁。正現在南二、南三、東隅共竈丁三百七十二丁，每丁派徵課銀四錢七分一釐五毫，共徵課餉銀一百七十六兩八錢一分二釐五毫。于康熙二十六年，奉文按丁加增共銀七兩五錢六分，內除。康熙三十二年三月，內奉文著免減半加增銀三兩七錢八分。乾隆元年，奉旨加增銀兩，一槩豁免，共除加增銀三兩七錢八分，外尚實徵課餉銀一百七十六兩八錢一分二釐五毫，今在竈田米內徵輸。

設厫九座：

乾塘。

滘積。

南三。

博立。

瑶貫。

莫村。

潭思。

石角。

艼隴。

鹽竈共三百七十二隻，每年額收鹽一萬二千包，後復加額鹽二千四百包。至乾隆三十六年，又加額鹽一千二百包，共一萬五千六百包。

津梁

橋

延華橋，在城西，八景之一。萬曆間，邑民林有實重建。後邑令周應鰲改造，橋邊構亭，曰『文明』。今廢。

飛霆橋，城西白沙渡，昔有雷降，故名。今圮。

唐祿橋，城西十五里，邑人唐祿建。

官橋，城西二十里。平澤村橋頭一大石，有仙人跡，號仙人石。

淺水橋，城西二十里，邑人陳賢率衆建。

平定橋，城西三十里，邑人徐善政率衆建。

那叠橋，城西六十里。

通駟橋，城北四里。水自横山村來。北一都邱氏女造，駕以石梁，覆以亭，爲八景之一，今圮。

蘆花橋，去城二十里，在合江渡。

躍龍橋，去芷芧一里。邑令周應鰲建。設舟，以備漲溢。

渡

川滘渡，城北十里，又名合江渡。

南巢渡，城北四十里，又名榕葉渡。自此至化州界。

調高渡，城西南四十里，自此至雷州界。

麻練渡，城西六十里。

硇洲渡，城南九十里，南通硇洲，北通地聚。

硇洲津前渡，城南水陸數百里。

新埸渡，城西南四十里。

新門渡，城西五十里。

進埠渡，城西四十里。

博立渡，城西三十五里。

車路渡，城西三十里。

古樓渡，城西三十里。

麻斜渡，城西南六十里，自此至遂溪界。

官　渡，城西南五十里。

三丫渡，城西北三十里。

龍起渡，城西南五十里。

平城渡，城西二十里。

鳥泥渡，城南十五里。

白沙渡，城西二里。

頓當渡，今歸白沙渡。

林公渡，城西十五里。

公子渡，城西北十里。

山墟渡，城北二十里。

水利

盛志曰：水之裨于民也，利莫宏于五穀。而堤岸陂塘又所以障之蓄之，俾其施不窮者。故陂有陂甲，塘有塘甲。各以統其衆，及時修築，使鄉無旱乾、水溢之患，而歲收灌溉之功。然所以督率而驅使之者，在乎上也。邑舊無陂塘。洪武二十八年，工部勘合，爲民興利除害。時縣令曹定令民修築，積水以防歲旱，自是漸稱沃壤。即歲深月累，不無傾圮。惟在時勤營繕，不至廢墜云爾，爰因其功而志之。

陂塘

廟底塘，北一都。

羅山塘，北二都。

竈頭塘，北四都。

那葛塘，北五都。

占村塘，北六都。

黄屋塘，北七都。

楊梅塘，北八都。
歸尋塘，北八都。
多倫塘，北八都。
吳家塘，北十一都。
唐祿塘，北十一都。
白水塘，北十一都。
神　塘，南二都。

堤岸

新村岸，北二都。
三江岸，北四都。
院村岸，北二都。
羅疊岸，北二都。
三栢岸，北十一都。
黄坡岸，北十一都。
奇艶岸，北三都。

郵傳

吳用楫曰：吳川僻處海隅，非通衢孔道，驛站設而復遷，然郵筒往來，其能一日缺乎？

明初，設三合驛，後遷石城。

縣前舖，舖兵二名。

茶亭舖，城北十里，舖兵二名。

大坡營舖，城北二十里，舖兵二名。

三江舖，城北三十里，舖兵二名。

樟木舖，城北四十里，舖兵二名。

南巢舖，城北五十里，舖兵二名。

塘郊舖。

川滘舖。

羅山舖。

頓當舖。

塘欖舖。

扶林舖

調高舖，以上七舖，舊設，今存其名。

塘報

明嶺西守道盛公萬年《平倭善後條教》曰：吳、電海面距高州各幾二百里，軍情警報急如星火，乃向因未設塘兵，俱差哨兵走報，多致違悮。且總哨平日虛冒，一遇查點不到，輒藉口差遣。合添設塘兵，沿海十二名，陸路十八名。照派定信地，遇凡有警息及兵務，各星馳傳遞。若平常公文，自有舖兵。府縣官不得混差以疲其力。自後總哨若仍復以差遣爲辭，虛兵冒餉者，定行從重究處。

限門高山瞭望二名，凡有緊急事情報至總哨。

新門沿海一塘二名，傳至限門吳川。

限門一塘二名，傳至梅菉。

梅菉一塘二名，東路傳至王村，北路傳至王竹。

王竹一塘二名，傳至石鼓。

王村一塘二名，傳至赤水。

已上吳川營、限門寨，每塘各分派一名。共設舖兵十二名。每月支工食銀陸錢，歲底共支七兩貳錢。

恤政

康熙二年，奉詔蠲本年錢糧十分之三。

康熙二十七年十一月，詔天下軍民，七十以上免一子雜派差役待養。八十以上給帛一疋、綿一觔、肉十觔、米一石。九十以上倍之。

康熙五十年，詔免廣東全省地丁錢糧及積逋。

雍正元年，上密諭督撫行社倉法令，勸諭州縣以漸而行，不可急迫出舊入新，以隨民便。社正司其出入大約皆本朱子社倉之遺意，隨州縣人數之多寡，積漸行之。蓋恐以便民之美政，反致擾民也。吳邑勸立社倉四所：城東、上郭、流泗岸、塘"土叕"。

養濟院在城北，歲久頹圮。康熙七年，邑令黄若香捐俸，作草舍三間。

義塚，一所，廣袤計五十餘丈。在舊大較場演武亭左。萬曆二十七年，縣令周應鰲拾暴骸瘞之。一所在城北郊。在康熙二十四年，奉文建立義塚。軫念歷年，用兵其間，亡於鋒鏑，斃于饑寒，白骨暴露。于是設義塚一所，計四十餘丈。

一所在芷芓。

一所在塘"土叕"。

一所在麻斜。令就近居民或貧不能葬及無主枯骨，報縣捐給埋葬。

一所在南門東偏。康熙二十七年，邑人捐貲修建。孟蘭會徧拾枯骨瘞之。每歲七月舉行。

雍正八年特恩免廣東省地丁錢糧四十萬，每地丁銀一兩，免銀三錢九分八厘六毫。

乾隆十一年詔免地丁錢糧。

乾隆十五年詔：天下軍民，七十以上免一子雜，派差役侍養。八十以上，給帛一疋、緜一觔、肉十觔、米一石。九十以上倍之。

乾隆二十年詔免地丁錢糧。

乾隆二十五年恩賞軍民老人肉帛，並免丁侍養。

乾隆三十五年恩賞軍民老人肉帛，免丁侍養。

乾隆三十六年詔免地丁錢糧。

乾隆四十二年恩恤天下鰥寡孤獨無告貧民。

乾隆四十五年詔免地丁錢糧，恩恤軍民老人帛肉。七十、八十、九十以上，次第加賞。

乾隆五十五年恩賞軍民老人帛肉。七十、八十、九十以上，次第加賞。恩免地丁錢糧，自五十六年起，至五十八年，分三年，次遞免。

嘉慶二年恩賞老民冠帶七十者九品，八十者八品，九十者七品。

嘉慶二十三年恩免地丁錢糧，自二十二年以上積欠，一概全益蠲。

嘉慶二十四年恩賞老民肉帛，自七十以上，次第有差。

道光元年恩賞老民肉帛，次第有差。又恩賞老民冠帶。吳邑給七品冠帶者，陳利芳、林昭南等八名；八品冠帶者，駱建昌等九名；九品冠帶者，吳崑齡、林廷宗等六十五名。

吳川縣志卷之二終

吴川縣志卷之三

吴川縣知縣滇南李高魁杏園纂

學校

自古有邦，所以久安長治者，端在于樹人。故多士克生，皆由學校栽培之力。我國家德教漸被，百餘年矣，雖僻壤遐陬，莫不向化，吳處海濱能自外乎？其間廣勵甄陶，超軼前代，謂非膠庠如昨，斯文聿新，環橋之盛再見于茲與！

學官原在舊縣治左南向。元至正間主簿唐必敬、教諭吳仲元建，洪武間縣丞汪季清，正統間知縣鄧宣、崇禎間邑進士吳鼎泰相繼重修。

國朝雍正五年，訓導許紹中率紳士議請臺使，即分司廢址改建西向，一依舊制。

大成殿，四楹五間，兩廡東西五間，戟門兩楹三間，欞星門三座，俱西向。嘉慶十七年冬，邑令高翥率闔邑紳耆捐資重修。

崇聖殿，在大成殿後，兩楹三間，門三間。

明倫堂，在崇聖祠後。

名宦祠，在儀門左三間。

鄉賢祠，在儀門右三間。

文昌閣，在舊學宮東，西向三間，邑令黄若香重修。後復圮，邑人重修，共捐置田米四石壹斗六升，以供祭享香燈，今尚存租數列後：

一米墉山田米約肆斗，批租二十石零二斗。

一那鄧潮田米約陸斗，批光租三十六石。

一下寮潮田米約壹斗，批□租五石。

一猪兒塘山潮田米約壹石餘，批租七十二石。

以上共租壹百叁拾叁石貳斗，紳士輪流管理，爲誕辰、飛昇、祭享以及廟祝香燈之用。

道光二年冬，縣令胡巖、邵世培等，先後捐俸，率邑人捐資再修。較前陞高數尺，建奎樓於上，祀魁星朱衣之神。

奎星樓 舊志載：在大成殿左，萬曆四十七，署縣事海防同知陳所立建。今圮。

致齋所、宰牲所、饌堂，以上俱攝縣事丞徐崇善建。

號房，攝縣事丞徐崇善建。爲講習之所，凡二十餘間，在學東。今圮。

明碑刻

臥碑

正統七年修學碑，邑令劉震、攝縣事丞徐崇善、典史馮完重修，通判馬文饒篆額，教諭鄧宜譔文，訓導陳添書丹。

正德九年修學碑，邑令方宜賢修，高州府推官黃斌撰文。

嘉靖五年御製敬一箴碑。

科甲題名碑，嘉靖三十八年，攝縣事丞周同立。

歲貢題名碑，嘉靖三十八年，攝縣事丞周同立。

海防陳公祠堂碑，崇禎四年。

國朝

臥碑，顺治九年頒，雍正九年署，知縣盛熙祚立石。

御書四箴碑，康熙三十年。

御製訓飭士子文，康熙四十一年。

國家建立學校，原以興行教化，作育人材，典至渥也。朕臨御以來，隆重師儒，加意庠序，近復慎簡學士，釐剔弊端，務期風教修明，賢才蔚起，庶幾棫樸作人之意。乃比年士習未端，儒效罕著，雖因內外臣工奉行，未能盡善，亦由爾諸生積錮已久，猝難改易之故也。茲特親製訓言，再加警飭，爾諸生其敬聽之：從來學者先立品行，次及文學。學術事功，源委有敘。爾諸生幼聞庭訓，長列宮墻，朝夕誦讀，寧無講究。必也躬修實踐，砥礪廉隅。敦孝順以事親，秉忠貞以立志。窮經考義，勿雜荒誕之談；取友親師，悉化憍盈之氣。文章歸于醇雅，毋事浮華；軌度式于規繩，最防蕩軼。子衿佻達，自昔所譏。苟行止有虧，雖讀書何益。若夫宅心勿淑，行已多愆，或蜚語流言挾制官長，或隱糧包訟出入公門，或唆掇奸猾欺孤淩弱，或招呼朋類結社要盟。乃如之人，名教不容，鄉鄙弗齒，縱倖逃褫樸濫，竊章縫返之于衷，能無愧乎？况乎鄉會科名，乃掄才大典，關係尤鉅。士子果有眞才實學，何患困不逢年。顧乃標榜虛名，暗通聲氣，夤緣詭遇，罔顧身家。又或改竄鄉貫，希圖進取，囂淩騰沸，網利營私，種種弊情，深可痛恨。且士子出身之始尤貴以正，若茲厥初拜獻，便已作奸犯科，則異時敗檢踰閑，何在不至，又安望其秉公持正，爲國家宣猷樹績，膺后先疏附之選哉！朕用嘉憲爾等，故不禁反復惓惓。茲訓言頒到爾等，務共體朕心，恪遵明訓，一切痛加改省，爭自濯磨，積行勤學，以圖上進。國家三年登造，束帛弓旌，不特爾身有榮，即爾祖父亦增光寵矣。逢時得志，寧俟他求哉。若乃視爲具文，玩愒弗儆，毀方躍冶，暴棄自甘，則是爾等冥頑無知，終不能率教也。既負栽培，復干咎戾，王章具在，朕亦終不能爲爾等寬矣。自茲以往，内而國學，外而直省鄉校，凡學臣師長，皆有司鐸之責者，並宜傳集諸生多方董勸，以副朕懷。否則職業弗修，咎亦難逭，勿謂朕言之不預也。爾多士尚敬聽之哉。

康熙二十二年修學碑，邑令秦松如。

康熙五十四年修明倫堂碑，邑令何美。

平定青海告成太學碑，雍正八年。

扁額

御書萬世師表，康熙二十三年。

御書生民未有，雍正三年。

御書與天地參，乾隆三年。

御書聖集大成，嘉慶四年。

御書聖協時中，道光二年。

學署 教諭署名博文齋，訓導署名約禮齋。

崇聖祠左

盛志曰：按宋制，諸州置教授，而縣無專官，或以他官攝學事。元於行省置儒學提舉，又設書院山長，亦無定員。路稱學正，縣有教諭、訓導。至明因之，始定諸縣設教諭一員，訓導一員，國朝因之。順治十五年，裁訓導。康熙三年，裁教諭，復設訓導。二十年，復並設教諭、訓導。額設弟子員，廩膳生員二十名，增廣生員二十名。附學生員，每歲科二試，額取八名。雍正元年奉旨，州縣有人文差盛者，准陞改。時學院惠士奇題准吳川以小學陞中學，每歲科試各取入文童十二名，武童止歲試，八名。康熙五十五年，通省軍籍，另額取入府學。吳邑寧川所每歲科各取入文童一名，歲試取入武童一名。

大成殿

至聖先師孔子牌位，朱地金書。

四配

復聖顏子　述聖子思子

在殿内東旁

宗聖曾子　亞聖孟子

在殿内西旁

十哲

先賢閔子名損　先賢冉子名雍

先賢端木子名賜　先賢仲子名由

先賢卜子名商　先賢朱子名熹，康熙五十一年陞祚。

在殿内次東

先賢冉子名耕　先賢宰子名予

先賢冉子名求　先賢言子名偃

先賢顓孫子名師

在殿内次東

東廡

先賢蘧瑗　先賢澹臺滅明
先賢原憲　先賢南宫适
先賢商瞿　先賢漆雕開
先賢司馬耕　先賢有若
先賢巫馬施　先賢顔辛
先賢曹䘏　先賢公孫龍
先賢秦商　先賢顔高
先賢壤駟赤　先賢石作蜀
先賢公夏首　先賢后處
先賢奚容蔵　先賢顔祖
先贤句井疆　先贤秦祖
先賢縣成　先賢公祖句茲
先賢燕伋　先賢樂欬
先賢狄黑　先賢孔忠

先賢公西蒧　先賢顔之僕
先賢施之常　先賢申棖
先賢左邱明　先賢秦冉
先賢牧皮　先賢公都子
先賢公孫丑　先賢張載
先賢程頤　先儒公羊高
先儒孔安國　先儒毛萇
先儒高堂生　先儒鄭康成
先儒諸葛亮　先儒王通
先儒司馬光　先儒歐陽修
先儒胡安國　先儒尹焞
先儒呂祖謙　先儒蔡沈
先儒陸九淵　先儒陳淳
先儒魏了翁　先儒王柏
先儒許衡　先儒許謙
先儒薛瑄　先儒王守仁

先儒羅欽順　先儒陸隴其

西廡

先賢林放　先賢宓不齊
先賢公冶長　先賢公哲哀
先賢高柴　先賢樊須
先賢商澤　先賢梁鱣
先賢冉孺　先賢伯虔
先賢冉季　先賢漆雕徒父
先賢漆雕哆　先賢公西赤
先賢任不齊　先賢公良孺
先賢公肩定　先賢鄡單
先賢罕父黑　先賢榮旂
先賢左人郢　先賢鄭國
先賢原亢　先賢廉潔
先賢叔仲會　先賢公西輿如

先賢邽巽　先賢陳亢
先賢琴張　先賢步叔乘
先賢秦非　先賢顔噲
先賢顔何　先賢縣亶
先賢樂正克　先賢萬章
先賢周敦頤　先賢程顥
先賢邵雍　先儒穀梁赤
先儒伏勝　先儒后蒼
先儒董仲舒　先儒杜子春
先儒范甯　先儒韓愈
先儒范仲淹　先儒胡瑗
先儒楊時　先儒羅從彦
先儒李侗　先儒張栻
先儒黄幹　先儒真德秀
先儒何基　先儒趙復
先儒金履祥　先儒陳澔

先儒陳獻章　先儒胡居仁

先儒蔡清　先儒湯斌，以上木主赤地金書。

崇聖祠

雍正五年奉旨追封孔子五代王爵，改啓聖宫爲崇聖祠。

肇聖王木金父公正中。

裕聖王祈父公東一室。

詒聖王防叔公西一室。

昌聖王伯夏公東二室。

啓聖王叔梁公西二室，以上木主朱地金書。

東配

先賢顔氏無繇　先賢孔氏

西配

先賢曾氏點　先賢孟孫氏

東廡

先儒周輔成　先儒程珦

先儒蔡元定

西廡

先儒張迪　先儒朱松，以上木主朱地墨書。

名宦祠

明

分巡嶺西道按察司僉事陶魯

分巡嶺西道布政司右參政盛萬年

知縣陶歆　陳衍

鄧宣　寥雲翔

周應鰲　朱宏

王泰徵

縣丞汪季清

國朝

總督佟養甲，遼東人　李率泰

巡撫王來任，遼東人　朱　祚，山東人

楊宗仁，遼東人　楊文乾，宗仁子

鄉賢祠

宋

進士鞠杲

解元李凌雲

明

進士林廷瓛　吴鼎泰　舉人吴鼎元

乾隆五十一年，邑令王椿年仝合邑紳民重修學宫，增禮門、義路兩門，泮池内築鰲魚，以吐納池水。

乾隆五十五年，邑令沈峻捐俸重建明倫堂三間四楹。屏風書刻聖經，兩廊各三間兩楹，勒碑于左廊

餘仍舊制。

壁上，以祈永久。

書院

舊志：城中社學及各都村墟，有大館四所，小館十二所。

正疑書院，在舊學左，邑令周應鰲建，置田租五十石爲膏火資。後書院圮，而租亦失。邑令宋世遠于康熙三十年重建，爲義學捐俸，置田米五石，爲贍士資。後義學復圮，田亦爲豪強所侵。至乾隆十九年，邑令李彩重修義學，從紳士林春澤、吳樹錦等之請，擬將此田交紳士殷實者輪管。乾隆三十九年，邑令張恂增修義學，實查原田僅存三石四斗，又撥充公之田五石，餘以增脩膏之用。乾隆四十八年，邑令王椿年于學中立齋長四人，將此田交齋長會同管理，每年供給脩金膏火。遇邑中有恩拔副歲貢生，亦在此項給錢二十千文。年終，齋長齊集義學，清算支銷數日，發次年田租批，交替次年值事齋長管理，週而復始。嘉慶十二年，邑典史鍾麟捐俸，置田米四十一升。李、張、王、鍾四公各勒碑立學堂中。道光二年，邑令邵世培率闔邑紳士重修，改爲聽濤書院，其土名田數列後：

一土名樟寨垌山田米叁石肆斗。

一土名黃坭垌山田米貳石肆斗。

一土名那余塓田米玖斗。

一土名上插塓田米壹石捌斗肆升。

一土名白沙塓田米陸升。

一土名三柏坉塄田米陸斗壹升。

以上共田米玖石貳斗壹升，每年約批租錢貳百千文，有增無減。

江陽書院，去城十餘里，邑令周應鰲建，置田租一百三十餘石爲膏火資。後遷界廢，邑人改做僧舍，名雙峯寺，塑周公遺像奉祀。因不法之僧將田租變置，紳士林式僑、林香賔等控縣。乾隆四十二年，邑令張恂審斷，得潮田米壹石貳斗，坉田米壹斗叁升，並陸地菅塄禾蟲埠等項，每年批租穀壹百貳拾陸石，並租錢數千文，着紳士輪流管理。不用住持僧，招廟祝以奉香燈。每年除香燈祭享及糧米所支外，尚剩報明長息，爲大比年舉行賔興之用。

書籍

四書大全　五經大全

性理大全　通鑑

朱子綱目　周禮

近思錄　伊洛淵源

孔子家語　國語

戰國策　史記

前後漢書　呂氏春秋

左國文選　國語評
七雄策　劉向二書
六子書　文章正宗
淮南子　二十四子真經
管子　韓子
憲章録，以上俱因寇亂被燬。

國朝新頒
大清律
四配贊
訓飭士子文
陳設及祭器圖一部，雍正三年頒。
聖諭廣訓
上諭十卷，自雍正正元年至七年。

祀典

文廟釋奠，歲用春秋仲月上丁日舉行，先一日省牲，儀注悉遵定制。

正位陳設

帛一白色　白磁爵三　牛一

羊一　豕一　登一

鉶二　簠二　簋二

籩十　豆十　酒罇一

四配陳設　每位一案

帛一白色　白磁爵三　羊一

豕一　鉶一　簠二

簋二　籩八　豆八

酒罇一

十哲陳設 每位一案

帛一白色 白磁爵各一 豕一

羊一 鉶各一 簠各一

簋各一 籩各四 豆各四

兩廡陳設 每四位一案

每廡帛一 銅爵各一 豕三

每案簠一 簋一 籩四

豆四

崇聖祠

正位陳設 每位一案

帛一白色 白磁爵三 豕一

羊一 鉶一 簠二

簋二 籩八 豆八

酒罇一

配位陳設 每位一案

帛二白色　豕羊各一　每位銅爵三

簠一　簋一　籩四

豆四　豕肉一

兩廡陳設

帛二　每位銅爵三　簠一

簋一　籩四　豆四

豕肉一

儀注

通　執事者各司其事　執樂舞者各詣樂舞　所陪祭官各就位　分獻官各就位　正獻官就位　瘞毛血

迎神　行三跪九叩首禮　興　平身　奠帛　行初獻禮　引詣盥洗所　盥洗　詣酒罇所　司尊者舉冪酌

酒　詣至聖先師孔子神位前　跪　奠帛　獻爵　叩首　興　平身　詣讀祝位　跪　通　衆官皆跪　讀祝畢

叩首 興 平身 詣復聖神位前 跪 奠帛 獻爵 叩首 興 平身 詣宗聖神位前 跪 奠帛 獻爵 叩首 興 平身 詣述聖神位前 跪 奠帛 獻爵 叩首 興 平身 詣亞聖神位前 跪 奠帛 獻爵 叩首 興 平身 通行分獻禮 十哲兩廡各引至神位前 跪 奠帛 獻爵 叩首 興 平身 復位 通行亞獻禮同初獻但無分獻禮與奠帛 通行終獻禮如初 通 飲福受胙 引 詣飲福位 跪 飲福酒 受胙 叩首 興 平身 謝胙 一跪三叩首 興 平身 復位 通 撤饌 送神 行三跪九叩首 興 平身 讀祝者捧祝 司帛者捧帛 各詣燎所 引詣望燎所 望燎 揖 復位 通 禮畢

正殿祝文

惟師德隆千聖，道冠百王。揭日月以常行，自生民所未有。屬文教昌明之會，正禮節樂和之時，辟雍鐘鼓咸恪，薦以馨香泮水，膠庠益致，嚴于籩豆。兹當仲春秋，祗率彝章，肅展微忱，聿修祀典配，以復聖顏子、宗聖會子、述聖子思子、亞聖孟子，尚饗。

崇聖祠，春秋仲月上丁日致祭，禮同文廟，惟無飲福，受胙不唱，分獻。

祝文

惟王誕生至聖，爲萬世王者之師。功德顯著，兹當仲春秋，謹以牲帛醴齊粢盛庶品，祗奉舊章式陳明，薦配以先賢顏氏、先賢曾氏、先賢孔氏 先賢孟孫氏，尚饗。

名宦祠，春秋丁祭，行一跪三叩首禮。
陳設：帛一、豕一、羊一、籩四、豆四。
祝文
卓哉羣公，懋修厥職，澤被生民，功垂社稷。茲當仲春秋，謹以牲醴用申常祭，尚饗。
鄉賢祠，春秋丁祭，陳設行禮，俱同名宦。
祝文
惟公邦之儀羽，鄉之典型，芳名盛德，矜式後人。茲當仲春秋，偏謹以牲醴用申常祭，尚饗。

文昌閣
春秋祀，陳設行禮同名宦。
祝文
惟神文章，司命人物，權衡職掌祿籍，陰騭陽惟均。茲當仲春秋，謹以牲醴用申常祭，尚饗。

文廟樂章

迎神咸平之章　無舞
大太四　哉南工

至林尺聖仲上道太四德仲上尊林尺崇仲上，維南工持林尺王仲上化太四，斯林尺民仲上是黃合宗太四，典黃合祀太四有仲上常林尺，精南工純林尺並太四隆仲上，神黃六其南工來林尺格仲上，於林尺昭仲上聖黃合容太四。

初獻樂寧平之章　有舞

自太四生仲上民林尺來仲上，誰太四底黃合其仲上盛太四，惟南工師林尺神仲上明太田，度黃合越仲上前仲上聖太四，粢仲上帛太四具仲上成林尺，禮黃合容太四斯林尺稱仲上，黍太四稷南上非黃六馨林尺，維南上神林尺之仲上聽太四。

亞獻樂安平之章　有舞

大太四哉仲上聖黃合師太四，實南工天林尺生仲上德太四，作仲上樂太四以仲上崇林尺，時仲上祀太四無林尺斁仲上，清黃六酤南工惟仲上馨仲上，嘉林尺牲仲上孔黃合碩太四，薦太四羞南工神黃六明林尺，庶南工幾林尺昭仲上格太四。

三獻樂景平之章　有舞

百仲上王南工宗林尺師仲上，生林尺民仲上物太四軌黃合，瞻黃六之南工洋林尺洋仲上，神林上其仲上寧太四止黃合，酌太四彼黃合金林尺罍仲上，惟南上清仲上且太四旨仲上，登仲上獻太四惟林尺三仲上，於黃六嘻南工成林尺禮仲上。

徹饌樂咸平之章　無舞

犧仲上象太四在仲上前林尺，豆太四籩仲上在黃合列太四，以太四享南工以林尺薦仲上，既仲上芬林尺既太四潔仲上，禮黃合成太四樂仲上備太四，人南工和林尺神仲上悅太四，祭黃合則太四受仲上福林尺，率黃合遵南工無林尺越仲上。

送神樂咸平之章　望燎同

有太四嚴南工學林尺宮仲上，四黃合方太四來仲上崇太四，恪黃六恭南工祀林尺事仲上，威南工儀林尺雝仲上雝太四，欽仲上茲林尺惟南尺馨林尺，神仲上馭太四還林尺復仲上，明黄六禋南工斯林尺畢仲上，咸南工膺林尺百仲上福太四。

樂器

麾 金鐘 玉磬 鼓

搏拊 柷 敔 琴

瑟 排簫 笙 簫

笛 塤 篪

舞譜

初獻

自稍前，向外開，籥舞。

生蹈，向裏開，笛舞。

民合手蹲，朝上。

來起，辭身，向外高舉籥朝面。

誰兩兩相對，蹲，東西相向。

底合手蹲，朝上。

其正揖。

盛起，平身出，左右立。

惟兩兩相對，自下而上，東西相向。

師稍前，舞，舉籥，垂翟。

神中班轉身，東西相向立，惟兩中班十二人轉身，俱東西相向。

明舉翟，三合籥。

度稍前，向外，垂手舞。

越蹈，向裏，垂手舞。

前向前合手，謙進步，雙手合籥。

聖回身，再謙退步，側身向外，高手，回面向上。

粢正蹲，朝上。

帛稍舞，躬身挽手，側身向外，呈籥耳邊，面朝上。

具正揖。

成起，辭身，挽手，復舉籥，正立。

禮兩兩相封，交籥，兩班俱東西，手執籥。

容正，揖。

斯向外退，挽手舉籥向外，面朝上。

稱回身，正立。

黍稍前，舞。

稷正蹲，朝上。

非左右垂手，兩班上下俱雙垂手，東西相向。

聲起，合手，相向立。

惟左右側身，垂手向外開籥，垂手舞。

神右側身，垂手向裏，垂手舞。

之正揖，朝上。

聽躬而受之，躬身朝上拱籥而受之，三鼓畢起。

亞獻

大左右進步西，外垂手舞。

哉右向，裏垂手舞。

聖向外，落籥，面朝上。

師退回，正身立。

實正蹲。

天起身，向外轉，向外舞。

生向裏舞。

德合手謙，進步向前，雙手合籥，存謙。

作兩兩相對，自下而上，兩班相封，舉籥東西。

樂上下俱垂手，惟兩中班上下十二人俱垂手，轉身東西相向。

以轉身，東西相對向立。

崇相向立，兩班上下以翟相籥。

時稍前舞，蹈，兩班下俱垂手向外。

祀向裏，垂手舞。

無合手謙，進步向前，垂手合籥。

斁回身再謙，兩班上下東西相向，合籥立。

清稍前舞，向外籥翟。

酤向裏舞。

惟雙手平執籥翟，開籥翟。

馨合籥翟，朝上正立。

嘉側身，垂左手，兩班俱垂手，向外舞。

牲躬身，正揖。

孔雙手舞籥翟，射身。

碩躬而受之，躬身朝上，拱籥受之，一鼓而起。

薦一叩頭，舉左手，叩頭。

羞舉左手，叩頭。

神復舉右手，叩頭。

明拜，一鼓畢，即起躬身，三鼓平身。

庶三舞，蹈，舉籥，向左，躬身舞。

幾舉籥，向右，躬身舞。

昭舉籥，復向左，躬身舞。

格拱籥，躬身而受之。

三獻

百向外，開籥舞。

王向裏，籥舞。

宗側身向外，面朝上。

師朝上正立。

生兩班上下，兩兩相對，交籥。

民合手朝上，正蹲。

物側身，向裏落。

軌合籥，朝上正立。

瞻向外，開籥舞。

之向裏，開籥舞。

洋開籥，朝上正立。

洋籥合。

神向外，開籥舞。

其向裏，開籥舞。

寧進步向前，雙手合籥。

止回身，東西相向，手謙。

酌向外，開籥舞。

彼向裏，開籥舞。

金開籥，朝上正立。

疊合籥，朝上正立。

惟向外，垂手舞。

清向裏，垂手舞。

且朝上正揖。

旨躬身而受之。

登躬身，向左合籥舞。

獻躬身，向左合籥舞。

惟躬身，復向左右籥。

三合籥，朝上拜，一鼓便起身。

於側身向外，垂手。

嘻側身向裏，垂手舞。

成朝上正揖。

禮躬身，朝南受之，三鼓畢，起身。

舞器

節、羽、籥。

佾舞生三十六名。

樂工五十二名。

糾儀官二名。

禮生五十名。

祭器

錫爵三十箇。

木豆二百六十五箇。

木香爐五副。

錫罇一對。

木篚九個。

祝板一座。

鐵香爐一副。

錫爵二十個。

錫鍔鍘二十個。

錫燭臺一對。

木爵七十個。

木鉶二十三個。

木碗十一個。

鐵鼓一面。

鄉飲

明萬曆十六年頒行《鄉飲酒禮圖式》，每歲遵行，國朝順治間尚沿此例。

每歲正月十五、十月初一日，于儒學行禮。前一日，執事者于儒學之講堂陳設坐次。司正率執事者習禮。至日黎明，執事者宰牲具饌。主席及僚屬司正先詣學，遣人速賓僎以下，比至執事者，先報賓至，主席率僚屬出迎于庠門之外，以人主居東，賓居西，三揖三讓，而後升堂，東西向立。贊，兩拜，賓坐。執事又報曰：『僎至。』主席迎接如前。賓介俱至。既就位，執事唱，司正揚觶，執事引司正，由西堦至堂中北向立。賓僎以下皆立唱，揖司正。賓僎以下皆揖執事，以觶酌酒授司正。司正舉酒，曰：『恭惟朝廷，率由舊章，敦崇禮教，舉行鄉飲，非爲飲食。凡我長幼，各相勸勉，爲臣盡忠，爲子盡孝，長幼有序，兄友弟恭，內睦宗族，外和鄉里，無或廢墜，以忝所生。』語畢，執事者唱，司正飲酒。飲畢，以引觶授執事，執事唱，司正揖。賔僎以下皆揖司正。賔僎皆復位，執事唱讀律令，舉律令案于堂中。引讀律令者詣案前，北向立。賔僎皆立行揖。禮讀畢，復位唱舉饌案。執事者舉案至賔前，次僎，次介，次主，三賔以下，各以次舉訖唱獻。賔主起席，北面立。執事斟酒授主，主執爵詣賔，前置于席，稍退。贊，兩拜。賔答拜畢，又斟酒授主，詣僎前如初。畢，主退。執事唱酬酒，賔起，僎從之執事斟酒，賔執爵詣主，前置于席，稍退，兩拜。賔僎交拜畢，各就位坐。執事者分左右立，介三賔衆賔以下，以次斟酒于席，訖唱，飲酒，或三行，或五行。供湯，又唱。斟酒、飲酒、供湯，三品畢，唱徹饌候徹，訖唱，賔僎以下皆行禮，僎主僚屬居東，賔介、三賔、衆賔居西。兩拜，訖，唱送賔，以次下堂，分東西行，仍三揖，出庠門而退。

凡鄉飲酒禮，序長幼，崇賢良，别奸頑，其坐席間，年高德劭者居上，年高淳篤者並之，以次序齒，而列其有違條犯法者，不許干于良善之席。違者罪以違制。敢有諠譁失禮者，揚觶者禮責之。

主，用知府、知州、知縣，無正印官，佐貳官代，位于東南。

大賔，致仕官爲之，位于西北。

僎，里中年高有德之人，位于東北。

介，以次，位于西南。

三賔，以賔之次爲之，位于賔主介僎之後。除賔僎外，衆賔齒坐，僚屬則序爵。

司正，教職爲之，主揚觶以罰。

贊禮，老年生員。

宣講上諭

康熙二十年，頒上諭十六條。每月朔望，文武官集紳耆軍民，在明倫堂宣講。雍正二年，念小民遵信奉行，久而或怠，復推衍成文，名曰『聖諭廣訓』，頒行天下。令直省文武，朔望宣講，務使羣黎家喻戶曉。雍正七年，奉旨各州縣，于大鄉邨設立講約之所，于舉貢生員內，選老成有學行者一人爲約正，再選樸實謹守三四人爲值月。每月朔望，集里民宣講聖諭廣訓，闡明大義。又刊刻木榜上諭七條，豎立鄉約之所。俾宣講之日士民得以省覽，邑中設約所四，每所約正一人，值月二人。

芷芋　塘墢　流泗岸　黃坡墟

官署

吳用楫曰：古者設險守國度地，居民諸侯大夫各有宮室，堂皇以爲聽政宴休之所。蓋政教所從出，下民所仰庇也。吳川縣署，舊有定制，雖兵燹之後，日就傾頹，而繕葺猶存。居斯署者，亦思求民之瘼，俾有寧宇乃可耳。縣署原在城内西偏南向，明萬曆間邑令王一俞建，二十五年，邑令周應鰲修，康熙八年傾圮，邑令黄若香重修。

乾隆二十一年，邑令楊士璣改建縣署西向。

頭門三間。

儀門三間。

大堂三間，左爲寶寧庫一間，右爲寅賓館一間。

大堂下左右科房十間。

二堂三間。

門房二間。

二堂右爲幕僚所八間。

花廳三間，左右各一間。

廂房三間。

内署正房三间，廂房左右各一间。

側廳三间，廂房二间。

土地祠一间，在儀門右。

獄在縣署左。

常平倉，在花廳前，共六十七间。

乾隆五十五年，邑令沈峻增建二堂捲篷一座。

花廳前小亭一座，今圮。

嘉慶三年、二十五年，二邑令丁岳修葺縣署。

教諭署，在義學後，南向，三座，各三间，一廳，一頭门。

訓導署，在崇聖祠左，三座，各三間，一廳，一頭門。

典史署，在學宫右，三座，各三間，一廳，二廊。

茂暉塲鹽課司署，原在南二都，去縣十里。今改建城内廷華池左，南向，三座，各三間，二廳。

都司署，在南門内之右，南向，五座，共一十五間。

守備署，在都司署右，西向，四座，共一十二間。

硇洲巡檢署，在硇洲内宅大堂，頭門各三間。雍正九年請支焨造。

布政分司，在縣治後，南向，年久傾圮，今學官改建于此。

府館，在布政分司左南向，今廢。〔一〕

海防廳，在城隍廟西南向，今廢。

縣丞署，在縣署後，今廢。

河泊所，在城南一里，今廢。

〔一〕原書此處缺『布政分司左南』六字。考哈佛燕京圖書館藏本，此列亦因居頁邊而脱印，據《光緒吳川縣志》校補。

三合驛，在城内儒學後，成化間遷石城縣。

遞運所，在城南，成化間遷。

寧川守禦千戶所署，在縣治左，即今典史署。

吴川縣志卷之三終

吴川縣志卷之四

吴川縣知縣滇南李高魁杏園纂

壇廟

社稷壇在北門外，南向，南北十四丈，東西十丈。風雲雷雨山川壇在城南門外，南向，南北十四丈，東西十丈。明洪武三年，定式壇壝東西南北方二丈五尺，高三尺六寸，四面階各三級，壇下前面濶十丈，餘三面濶五丈，繚以圍牆，四面紅油。社稷由北門入，山川由南門入。

石主。長二尺五寸，方一尺，埋于壇南中，去壇三尺五寸，露尖圓出土。

宰牲所三間。

邑厲壇，在城外東北，南向，深二十丈，廣七丈。

先農壇，雍正五年奉旨創建，在城東郊五里，南向，祠三間，中奉先農之神木主，金書朱地，左右貯祭器農具種穀。祠前左右廂房一間，去祠前三丈築壇，縱横各二丈，高三尺，周圍磚砌。壇上以灰和土築平，四旁各有階級，繚以周牆，正中門樓一間，置耤田四畝九分，科米一斗四升六合，稅在北七都六甲，耕牛一，犁一，耙一，盛種青箱一。

附老農

雍正二年奉上諭：朕惟四民，以士爲首，農次之，工商其下也。漢有孝弟力田之科，而市井子孫不得仕宦，重農抑末之意。庶爲近古，今士子讀書砥行，學成用世，國家榮之以爵禄，而農民勤勞作苦，手足胼胝，以供租賦，養父母，育妻子，其敦龐淳樸之行，豈惟工賈不逮，亦非不肖士人所能及。雖榮寵非其所慕，而爵賞要當有加。其令州縣有司，擇老農勤勞儉樸身無過者，歲舉一人，給以八品頂帶，以示鼓勵。

雍正七年，復定三年一舉，著爲令。

城隍廟，在縣治東南，南向，深十一丈，廣四丈五尺，廟宇四層，各三間。康熙五年，邑令高鴻飛置田一石，給香火，遷界後失。

乾隆三十九年，邑令張恂仝紳士梁炤捐修，梁文朝承修，悉依舊制。

關帝廟，在城隍廟左，南向，深廣如之。原廟宇儀門各三間，雍正五年奉旨追封三代，建後殿三間，奉祀。康熙五年，邑令高鴻飛置田一石，給香火，遷界後失。

乾隆四十年，邑令張恂仝合邑紳士捐修，梁文朝承修，增廣後殿，餘依原制。

春秋仲月致祭，預日省牲。五月十三日誕辰致祭如春秋。儀注同社稷壇，惟無飲福受胙。

陳設：帛一、牛一、羊一、豕一、籩四、豆四。

祝文

惟帝乾坤正氣，君臣義彰，力扶漢祚，日月重光，忠肝義膽，千古流芳，兹當仲春秋，謹以牲醴用伸常祭。尚饗。

雍正五年，奉旨追封三代曾祖光昭公、祖裕昌公、父成忠公。

春秋仲月致祭，祭後始祭關帝，儀注同，惟行二跪六叩首禮。

陳設，每位一案：帛一、豕一、羊一、籩四、豆四。

祝文

惟公誕生忠義，扶植綱常，仰思原本，功德難忘，追封三代，並祀烝嘗，聖朝特典，共慶顯揚，茲當仲春秋，祗奉成章，謹以牲帛，用薦馨香。尚饗。

社稷壇

春秋仲月上戊日致祭，先一日省牲。

陳設：帛一黑色、鉶一、羊一、豕一、簠二黍稷、簋二稻粱、籩四棗栗鹽藁魚、豆四韭菹醓醢菁菹鹿脯。

儀注

通　執事者各司其事　陪祭官各就位　獻官就位　瘞毛血　迎神　行三跪九叩首禮　興　平身不唱奠帛行初獻禮　引　詣盥洗所　司盥者酌水進巾　詣酒罇所司罇者舉冪酌酒詣縣社稷神位前跪不唱奠帛　獻爵　叩首　興　平身　詣讀祝位跪　通　衆官皆跪引讀祝　叩首　興　平身　復位　通行亞獻禮　禮同初獻　通　行終獻禮　亦同初獻　通　飲福受胙　引詣飲福位　跪飲福酒　受胙　叩首　興　平身　撤饌　送神　三跪九叩首　興　平身　讀祝者　捧祝　司帛者捧帛　各詣望燎所　引詣望燎所　望燎揖　禮畢

祝文

惟本縣社稷之神，職司土穀，品物滋生，烝民乃粒，率土是賴，茲當仲春秋，禮宜報祀，謹以牲帛醴齊，粢盛庶品，式陳明薦。尚饗。

山川壇

春秋仲月致祭，先一日省牲，祭物陳設儀注俱同社稷，惟初獻通引皆唱奠帛。

神位：

本縣境內山川之神居左，帛二。

風雲雷雨之神居中，帛四。

本縣城隍之神居右，帛一。俱用白色。

祝文

惟神妙用神機，生育萬物，奠我民居，足我民食，某等欽承上命，忝職茲土，茲當仲春秋，謹以牲帛醴齊，粢盛庶品，式陳明薦。尚饗。

先農壇

仲春亥日致祭。

陳設：帛一、鉶一、羊一、豕一、籩四、豆四、簠二、簋二。

儀注同社稷壇。祭畢，行耕耤九推禮。縣官秉耒，典史播種，茂暉場大使捧青箱，一老農扶犁，一老農牽牛，九推九返。

祝文

惟神職司稼穡，功在農桑，鋤兹秭稗，扶我稻粱，民資粒食，國賴輸將，聖朝報本，命建祠堂，仲春舉祀，永薦馨香。尚饗。

厲壇每歲清明日、七月十五日、十月朔日，祭無祀鬼神於城之北郊。

祭物：羊三、豕三、飯米三石、香燭酒紙。

祭之日先牒告城隍神：某等遵承禮部劄付，爲祭祀本縣闔境無祀鬼神事。欽奉皇帝聖旨：普天之下，后土之上，無不有人，無不有鬼。人鬼之道，幽明則殊，其理則一。今國家治人事神已有定例，上下之職，紀綱不紊，此治人之法如此。天子祭天地神祇以及天下山川，王國各府州縣祭境内山川及祀典神祇，庶民祭其祖先里社土穀之神。上下之禮，各有等第，此事神之道如此。尚念冥冥之中無祀鬼神，昔爲生民，未知何故而歿。其間有遭白刃而横傷者，有因水火盗賊而死者，有被人取財而逼死者，有被人強奪妻妾而死者，有遭横禍而負屈死者，有天災流行而死者，有爲猛獸毒蛇所害者，有因飢餓凍死者，有因戰鬬而殞身者，有危急自縊死者，有牆屋傾頹而壓死者，有死後無子孫承祀者，有在牢獄而死者。此等鬼神，或終于前代，或歿于近世，或兵戈擾攘流移于他鄉，或人烟絶斷久缺其祭祀，姓名泯滅于一時，祀典無聞而不載。此等孤魂，死無所依，精魄未散，結爲陰靈，或依草附木作爲妖怪，悲號于星月之下，呼吟于風雨之中。凡遇人間節令，心思陽世，魂杳杳以無歸；身墜沉淪，意懸懸而望祭。故敕天下有司依時享祭，命本處城隍以主此祭，鎭控壇場，鑒察諸鬼等類。其中果有生爲良善，誤遭刑禍，死于無辜者，神當達于所司，使之還生中國，來享太平之福。如有素爲兇頑，雖獲善終，亦出僥倖，未經發露其事者，神當達于所司，迸之四裔。善惡之報，神必無私，欽奉如此。今某不敢有違，謹于本年月日，在城北設壇，置備牲酒羹飯，享祭無祀鬼神等衆。然幽明異境，人力難爲，必資神力，庶得感通。今特移交于神，先期分遣諸將，召集合境鬼靈等衆，至日悉赴壇所普享一祭，神當欽承敕命，鎭控壇場，鑒察善惡無私，昭報爲此，合行移牒。

請

照驗欽依施行須至牒者祝畢焚牒。

祭無祀鬼神厲文部頒

維雍正　年歲次干支　月干支　朔越祭日干支，廣東等處承宣布政使司，高州府吴川縣知縣某等遵承禮部劄付，爲祭祀本縣闔境無祀鬼神事。欽奉皇帝聖旨：普天之下，后土之上，無不有人，無不有鬼。人鬼之道，幽明雖殊，其理則一。故天下之廣、兆民之衆，必立君以主之。君總其大，又必設官分職于各府州縣，以各長之各府州縣，又于一百戶內設一里長，以綱領之。上下之職，紀綱不紊，此治人之法如此。天子祭天地神祇及天下山川，王國各府州縣祭境內山川及祀典之神，庶民祭其先祖及里社土穀之神，上下之祀各有等第，此事神之道如此。尚念冥冥之中無祀鬼神，昔爲生民，未知何故而歿。有遭兵刃而橫傷者，有死于水火盜賊者，有被人取財而逼死者，有被人強奪妻妾而死者，有遭刑禍而屈死者，有天灾流行而歿者，有被猛獸毒蟲所害者，有爲飢餓凍死者，有因戰鬬而殞身者，有因危急而自縊者，有因牆屋傾頹而壓死者，有死後無子孫承繼者。此等鬼神，或終于前代，或歿于近世，或兵戈擾攘流移于他鄉，或人烟斷絶久缺其祭祀，姓名湮滅于一時，祀典無聞而不載。此等孤魂，死無所依，精魄未散，結爲陰靈，或依草附木作爲妖怪，悲號于星月之下，呻吟于風雨之中。凡遇人間節令，心思陽世，魂杳杳以無歸；身墜沉淪，意懸懸而望祭。興言及此，憐其慘悽。故敕天下有司，依時享祭。在京都有泰厲之祭，在王國有國厲之祭，在各府州有郡厲之祭，在各縣有邑厲之祭，在一里又有鄉厲之祭。期于神依人而血食，人敬神而知禮，仍命本處城隍以主此祭，欽奉如此。今某等不敢有違，謹設壇于城北，以月日，置備牲醴羹飯，專祭本縣闔境無祀鬼神等衆靈，其不昧來享此祭。凡吾一縣境內人民，倘有忤逆不孝、不敬親長者，有姦盗詐僞、不畏公法者，有拗曲作直、欺壓良善者，有躲避差徭、耗損貧戶者，似此頑惡、奸邪不良之徒，神必報于城隍，發露其事，使達官府。輕則笞杖決斷，不得號爲良民；重則流徙斬絞，不得生還鄉里。若事未發露，必遭陰譴，使舉家立染瘟疫，六畜田蠶不利。如有孝順父母，和睦鄉里親族，畏懼官府，遵禮守法，不作非爲，良善正直之人，神必達之城隍，陰加護佑，使其家道安和，農事順遂，父母妻子保守鄉里。吾等合邑官吏，如有上欺朝廷、下枉良善、貪財作弊、蠹政害民者，靈必無私，一體昭報如此，則鬼神有見察之明，官府非諂媚之祭。尚饗。

祠

三忠祠，景炎三年春正月，元兵入廣時，宋左丞相兼樞密使陸秀夫、樞密副使少保張世傑，奉端宗舟次硇洲，後人立祠，與丞相文天祥並祀，故名，後圮。康熙五十三年，邑令何美改建于崇聖祀右，今學宫改建祠，亦遷焉。

冼太夫人廟，在縣治左南向，深五丈，廣三丈五尺，廟宇及門各三間。明洪武十四年縣丞汪季清建，後邑人相繼繕修。康熙五年，邑令高鴻飛置有田米五斗，贍給香火，遷界後失。

忠義祠，在舊縣治左，南向。祠堂三間，東西兩廊門三間，雍正三年奉旨創建。今圮。

節孝祠，在舊縣治後，東向。祠堂及門各三間，東西兩廊。門前建坊表，雍正三年奉旨創建。今圮。

秦公祠，在北門外觀音廟左，爲邑令秦松如建。今圮。

觀音廟，在北門外，萬曆二十八年縣令周應鰲建，後圮。順治八年，舉人吴士望同族人捐貲重建。廟二層，東西兩廊並厨舍三間。贍租三十餘石，載縣碑。

龍母廟，在縣北三里，順治間建。廟前有龍母井。今廟圮。

茶亭菴，在縣北十五里。廟宇二層各三間。明邑紳吴鼎元建。前建茶亭，鼎元子士楫，每年捐租十二石，以贍寺僧，設茶以濟行路。

天后宫，在茳芧西向，廟宇及門三層各三間。每歲福潮商船泊其下，祈禱甚衆。

限門天后宫，在東砲臺上，年久傾圮。相傳閩商虔禱重修，在閩舟運甎甓木石，暮發晨至，咸訝爲神助云。閩人出入必禱于此。今移建芷芓。

五嶽廟，在南門外中街，西向。廟宇及門各三間。置有田米一石一斗。

東嶽廟，在五嶽廟右，南向。廟宇及門各三間。舊置有田米二石一斗。

眞武廟，在南門外中街，西向。廟宇及門各三間。

觀音廟，在眞武廟後，三間。有田米七斗。

關帝廟，在城外西北書樓之右，西向。廟宇及門各三間。

都會廟，在關帝廟左，西向。廟宇及門各三間。

金蓮菴，在下街白沙，西向。廟宇及門三層各三間。

眞如菴，在金蓮菴左，廟宇及門三層各三間。置有田米一石三斗八升九合。

興龍寺，在眞如菴左，廟宇儀門三層各三間。置有田米一石四斗五升一合。

三官堂，在梅菉水口山，去縣東北三十里。明萬曆間，邑紳吳鼎元捐貲建。按：此堂適當孔道，往來仕宦咸憩于此。邑令黃若香置田米一石，以給香火，在江口湧。

龍神廟，在北門外三元宫左南向，乾隆五十三年知縣沈峻建。

张惠二公祠，在城内文昌阁右，西向。乾隆二十五年建。

吳陽祖廟，在城内北門，東向。廟宇及門三層。

元壇廟，在城南一里學案山下，南向。二座，各三間。嘉靖十二年建。

南門天后宮，在南門外左邊，西向。三座，各三間。乾隆十八年建，四十八年重修。

白沙天后宮，在白沙渡頭西北向，三座，各三間。乾隆四十四年，霞街林族捐貲建。

坊表

吳用楫曰：《書・畢命篇》曰：『表厥宅里，樹之風聲。』後世之坊表，實昉于此。其中或以科第，或以顯宦，或以忠孝節義，均皆綸綍出自金門，芳徽垂于奕世，固示恩榮，亦將以爲勸也。

先朝遺直坊，在城內，邑令周應鰲爲宋進士鞠杲建。今廢。

信和坊，在城內西南，爲李凌雲建。今廢。

建德坊，在城外西南，爲李凌雲建。今廢。

繡衣坊，在城西北。相傳明初一老人赴京，太祖問以兩廣風物，對曰：『江山繡麗，廣不如桂；人物繁盛，桂不如廣。』太祖喜之，拊肩欣嘆。後老人于衣肩刺繡御掌建坊于此，名曰『繡衣』。

聯珠坊，在北一都。舊志云：其地數墪相接如聯珠，故名。義亦無取，考洪武間舉人吳孔昭、孔光相繼登科，或係昆弟。固建此坊，久而失傳爾。今廢。

思榮坊，在城北，爲進士蕭惟昌建。今廢。

進士坊，在舊較場後，爲進士林廷瓛建。今廢。

龍德坊，在北六都，爲舉人李冕建。今廢。

經魁坊，在北六都，爲舉人陳瑗建。今廢。

傳芳坊，在北二都，爲舉人凌霞建。今廢。

聯芳坊，在北九都，爲舉人陳達建。今廢。

登科坊，在城外，舉人吴獻建。考明無舉人吴獻，有景泰間舉人吴濬，恐濬字之誤。今廢。

冠英坊，在縣前横街左，爲舉人史孜建。今廢。

賔賢坊，在南門外，爲舉人梁守正建。今廢。

魁英坊，在城外，爲舉人林廷璋建。今廢。

文魁坊，在縣前，爲舉人李芳建。今廢。

世英坊，在城内廣積倉左，爲舉人吴朝玉建。今廢。

登雲坊，在南門外一里，爲舉人林廷瓛建。今廢。

桂林擢秀坊，在北門外，爲舉人高鴻建。今廢。

步雲坊，在南門外，爲舉人陳策建。今廢。

春榜題名坊，爲歷代進士建。今廢。

秋闈登雋坊，爲歷代舉人建。二坊俱嘉靖間縣丞周同建，在儒學前。萬曆二十七年，邑令周應鰲重修。今廢。

去思亭，在縣前東，爲明邑令金公楊華建。今廢。

去思亭，在縣前西，爲明邑令朱公宏建。今廢。

一門雙節坊，在城内，邑令周應鰲爲林彦幹妻李氏女林玉愛建。今廢。

貞孝慈壽坊，在縣前直街，天啓七年，御史吴尚默題，爲林慎妻麥氏建。今廢。

貞節坊，在縣前横街，崇禎四年，御史高欽舜題爲林穎秀妻陳氏建。今廢。

貞節坊，在城内横街，崇禎六年，御史梁天奇題，爲林永秀妻邱氏建。今廢。

節孝坊，在城内節孝祠前，雍正三年奉旨，爲李廷班妻吴氏建。

節孝坊，在霞街村，乾隆三年奉旨，爲林玉潤玉澤之母李氏建。

節孝坊，在板埠墟，乾隆十年奉旨，爲易朝翰妻黄氏建。

貞烈坊，在黄坡墟頭，乾隆十一年，奉旨爲李潤暢妻王氏建。

貞孝坊，在黄坡墟尾，乾隆二十七年，奉旨爲甯慇聖妻梁氏建。

孝義坊，在山墟，乾隆五十二年，奉旨爲陳秋潤妻李氏建。

貞孝坊，在北門外，乾隆五十四年，奉旨爲梁尚殿妻吴氏建。

節孝坊，在洞梢村，乾隆五十五年，奉旨爲詹周盛妻梁氏建。

節孝坊，在北門外，爲蔡禎周妻洪氏建。

節孝坊，在梅菉墟口，爲李永藹妻招氏建。

節孝坊，在坡頭墟，爲陳彩龍妻李氏建。

百歲坊，在梅菉墟口，爲梁特揀建。

古蹟

平定縣，按府志載，邑本高凉郡平定縣地。又載平定縣，東海中有騂馬似馬，牛尾，一角。又有水犀似牛，其出入有光，水爲之開。事出南越志，今亦不聞産犀。惟瓊州海上産山馬。又文魮魚，聲如磬，吐玉，朱鱉吐珠，亦載異物志。

翔龍縣，在硇洲，宋景炎三年春正月，元兵入廣，帝舟次硇洲。夏四月戊辰，帝年十一，崩。上尊謚曰裕文昭武愍孝皇帝，廟號端宗。羣臣皆欲散去，獨左丞相兼樞密使陸秀夫不可，曰：『度宗皇帝一子尚在，將安置之？古人有以一城一旅興者，今百官有司皆具，士卒數萬，天若未欲絶宋，此豈不可復興耶？』乃與樞密副使張世傑奉衛王昺，庚午即皇帝位于硇洲，時年八歲。是日，黄龍見海中，羣臣皆賀。五月癸未朔，改元祥興。乙酉，陞硇洲爲祥龍縣。時播遷海濵，庶事踈畧，二公正笏立朝，急遽流離中，猶日書《大學》進講。會知高州李象祖叛，降于元。六月乙亥，帝舟次于新會之厓山。

祥興即位，詔曰：朕勉承丕緒，祇若令猷。皇天付中國民，既勤用德；聖人居大寶位，曰守以仁。藐兹眇冲，適際危急。惟我朝之聖神繼統，而家法以忠厚傳心。先皇帝聰明出羣，孝友天性，痛憤三宫之北，未嘗一日而忘，遺大投艱，丕應徯志，除凶刷恥，惟懷永圖。以趙孤猶幸僅存，盍使爲宗祧之主，以漢賊不容兩立。庶將復君父之仇，尚賴元勳宿將，義士忠臣，合志併謀，協心畢力，敵王所愾，扞我于艱，茲用大布寬恩，率循彝典，可大赦天下，於戲人心有感，則必通世運，無往而不復成誦。雖幼有周寧後于四征，少康之興祀夏，實基于一旅，往來攸濟，咸與維新。

翔龍書院，在南四都硇洲渡頭，去縣南一百二十里。宋景炎間丞相陸秀夫建以興學，或藉爲行在之所，陞爲縣，亦名翔龍。元末海寇麥福僭據廢址。明萬曆間，知高州府歐陽烈重建，撰記。後圮。嘉慶二十二年，官民捐資修復。有碑。

羅州，在縣西北一百十里，前宋元嘉初，鎮南將軍檀道濟于陵羅江口築城，置羅州。唐復置廉江縣，宋太平興國間廢。

零綠縣，在縣西北三十里，久廢。

龍母井，在北一都龍母廟前，去縣北三里。極旱，井泉不竭，禱雨立應。地勢窪下，雨集穢濁。康熙壬子，邑令黃若香捐捧，甃如旋螺，以避之。

番鬼井，在芷苧斗門村後，昔有番鬼泊船于此。浚而汲泉，其井雖淺，泉出不竭，味甚清。

極浦亭，在城西南江邊。宋邑人李凌雲鄉舉，不樂仕，隱居教授，建爲憩息所，後人因取爲八景之一。宋景炎間，丞相陳宜中經此，有題詠。萬曆八年，縣令劉逢旦續建三間，背山面流。二十五年，推官萬尚烈捐俸重修，三十六年，高州同知李國珍勒『極浦亭』三字，竪碑亭中。後裔李孫虬、李孫賢捐貲復修。因傾圮，邑人仍其址葺亭焉。

一覽亭，在明倫堂後，以其基獨高，故曰『凭高一覽』，爲八景之一。後因圮，改爲尊經閣。閣圮，改爲敬一亭。立五箴石碑于其中。萬曆七年，訓導周敦裕見亭廢碑仆，仍立敬一箴碑，增築亭址，而周砌之。建亭曰聚奎，名曰川上奇觀。今廢。

文明亭，在縣前延華橋上，縣令周應鰲建。今圮。

凝道亭，在正疑書院中，縣令周應鰲建。今圮。

讀書樓，在城外西北，背城面江。上郭吴氏建，後圮。邑令宋世遠建亭，以供遊玩。復圮，吴族捐貲重葺。

石塔，在硇洲，元大德間，鄉民譚伯裘建。久廢。

雙峯塔，在限門内三里，邑令周應鰲因邑人之請，以江水自西入縣，直趨于海，堪輿家謂地氣不蓄，故民鮮葢藏，士罕脱穎。乃于廻流處建塔，爲一邑砥柱，名曰『筆塔凌霄』。東莞徐侍禦兆魁有記。

吴川八景

延華弄月，在城南舊學前街。邑人浚池，周圍磚砌池，水通潮，消長隨之。上有橋，橋畔築亭。以池近西城延華門，故名。池中鑿一圓井，水常澄澈。今廢。

憑高一覽，在舊明倫堂後，突起一阜，四望平遠，昔人建亭其上。今圮。

極浦漁歸，在城西南，漁人泊舟之所。宋邑人李凌雲建亭隱居。宋陳宜中經此，題詠。

文翁聳翠，在城東三里，高三十丈，周二里许。昔有文先生煉丹于此，故名。輕沙淺草，春夏之交，蒼翠奪目。

東海朝陽，在城東五里，一望浩瀚，横無際涯。每當日出，水光接天。

通駟垂虹，在城北四里，壩岸橋梁，石甃堅緻，廣可通輿。橋下水出横山。

麗山樵唱，在城西四十里，高十五丈，圍二里許。

限門飛雪，在城南十二里，沙磧如山，潔白如雪，風起沙飛，迴環旋聚，爲海濱奇觀。

江陽八景

雙峯聳翠。

三台拱秀。

鳳池呈藻。

龍橋貫伍。

洲渚浮玉。

江樓待月。

沙嶼飛白。

海洋散綠。

塋墓

唐

羅州刺史馮士翽，舊志作士箴。墓在北八都特思山下，妻吴川郡夫人祔。久廢。通志載：武德六年，岡州刺史馮士翽據新會，廣州刺史劉感討平之。

宋

進士鞠杲墓，在温村。

光禄寺卿吴頣墓，在城東北。

知高州府黄朝奉流寓載：本姓陳墓，在南二都麻水竹兒環。舊志載北五獨樹，今考陳氏家譜，北五獨樹乃公之孫墓也。

石龍知縣李穆墓，在城東文翁嶺。其子解元凌雲亦祔葬於此。

儋州學正林永墓，在茂名藍溪村下街嶺。子貢生屏山、解元兼山祔葬左右。

雷州教諭孫梅心墓，在黄嶺燕子窩。子舉人，孫禄貢生，孫福、孫壽祔葬左右。

元

教諭吴貢元墓，在樟寨垌蓮花嶺。

明

山西道御史鄭鎔墓，在南一都龍塘石頭嶺。

蘇州府同知林廷瓛墓，在西山麻皮嶺。

兩淮鹽運使吳鼎泰墓，在石埠塔。

戶部主事蕭惟昌墓，在北一都那余村。

柳州推官孫璿墓，在唐基村銅鼓嶺，以石爲墳。

烈女林玉愛墓，在城北接官亭右。

教諭吳禀純墓，在斗門猪兒塘嶺，〔一〕合塚，有税。

进士、通议大夫林朝俊墓，在林眉竹税垠嶺，子舉人观，孙舉人原宥仝塚。

石龍教諭陳伯鎮墓，在大埔梅里海蛇地嶺，子邑廩生佛錫佛佑祔。

光祿寺署正林昶墓，在塘口上村旁觀音堂坡，子歲貢生挺秀廩生挺茂祔。

橫州知州林球墓，在南三都調東大嶺，與宜人何氏合塚，承税二十二畝。

文林郎林畬墓，在塘祿西邊坡釵鉗嶺，與孺人伍氏祔，有税。

進士、石龍知縣甯龍躍墓，在化州尖岡大石嶺，與張、許二孺人合塚，兄舉人龍飛附葬于上。

吳韜素墓，在南隅都那菉龍姓村中，妻陳氏合塚于霞飛潔陽映陽祔承，有吳保墓戶税。

〔一〕原書自此至『風俗』條目皆脱印，據哈佛燕京圖書館藏本補。

□□□□元墓，在北六都上杭村南□□東□。

庠生林嶠，號松菴，墓在看山嶺，與孺人陳氏合葬嶺，承稅在松當戶，孫文齋、孫婦李氏祔。

庠生林全初，號元淡，墓在滘脊老虎山之原，與孺人李氏合葬。

庠生吳尚賓墓，在北馬村岡久嶺，妻龐氏合葬。

貤贈奉議大夫李天與墓，在南隅都張□嶺，與吳宜人合塚，子孫增元墓祔。

黄超庸墓，在南郊白鳩嶺，與妻林氏仝塚，孫庠生殿宣、孫婦梁氏祔，凌氏葬嶺南，曾孫天儷祔，稅在黃墓昇戶。

舉人、任浙江嘉興府督糧通判麥倫墓，在破石嶺，與梁安人同塚，曾孫翰林院檢討國樹、婦洪氏孺人，增貢生國棟、婦李氏祔，歲貢生國材，邑廩生國滋祔嶺之左右。

國朝

贈奉直大夫陳鷂章墓，在北八都竹山嶺。

正貢生易經世墓，在石城豐二都東埇嶺，與孺人□氏合葬。

進士、官兩廣京塘易中墓，在北八都特思山北横窖嶺腰，石結數畝，前建進士坊，承稅易岡戶。

文林郎、龍門都司黃仁墓，在芋隴官渡大嶺，與恭人李氏合葬。

舉人截銓衛千易業富墓，在北七都麗山西北譚志嶺。

李快吾墓，在北五都三甲，平定村東邊嶺，妻陳氏合葬，承稅有李滋完戶稅。

龐東明墓，在北九都六甲雞蓁埇，妻許氏合塚。

李澤興墓，在茂邑白沙三了嶺，妻常氏合葬。

麥夢豹墓，在梅菉大坡汛下許家山赤坎嶺。

陳經大墓，在貴稅嶺。

陳元璋墓，在淺水第三埇嶺。妻蘇氏同葬。

監生陳蘊山墓，在北九都雲梯嶺崩沙。

風俗

李志曰：嶺南吴陽最濵海，山盡于斯，水亦盡于斯。歷來務鉛槧而登科目躋榮膴者，固代不乏人。戚族歲會月會有儀，而茅茨土階之風如故，冠禮惟紳士間行之，婚聘用檳榔。大都嶺南恒俗然，喪禮多不蔬食。春秋祀嘗名宗各有祠，庶民以海爲業，專事魚鹽之利。風土或癘，多惑于巫覡，醫藥之效不講即善見王下臨，亦竟莫問。商賈販魚鹽檳榔，少越他境，而他境之人亦鮮至耕。率惰窳鹵莽，故亦以鹵莽報。且其地多沙浮水淺，加之海吼頻號，風氣不聚此，貴顯隆盛不多見也。錢穀徭役逋負甚多，間有強悍無知，惑于奸宄而撓二尺者，抑其風俗使然乎。自康熙初年，邑令黄公極力整飭，多方訓導，横肆者漸近淳良，稍變易焉。

芷芓爲海口市船所集，每歲三月後，福、潮商艘咸泊于此。五月漸稀，歲以爲常。西北之田半近三江，歲一遇潦，民盡歉收。故戶鮮蓋藏，俗尚儉樸，專務耕作。

上元夜，張燈設樂宴，會俗以鞦韆爲戲。

春分後，田始布種，謂之早造。

春社，各里祀土神，以祈豐年。秋社，則報穀之成。

端午日，競渡。稚子放風箏。

夏至後，復事種藝，謂之晚禾。

小暑，刈早禾。

十月，收晚禾，農事告成。其餘歲時伏臘俱同中土。

地產薯莨。民多種莳，以供商販，色黃可染。

婦女工績葛麻爲布。

按李志所云，人率屬國初之風耳。厥後禮教彰明，雖屬海隅，循習漸歸矩度。如婚禮，雖不遵古親迎而納采、請期，六禮之儀亦未嘗盡廢。至于歸時素封，家不無有過靡者。若喪禮，則不論富貴貧賤，而蓑麻擗踊之節，虞祭祥禫之規，槩能遵文公家禮而行此。自嶺以南，鮮有如是之謹率也。至于同姓不爲婚，娶妾必求知其姓。男不言內，女不言外。男女不雜坐，不同行，固常凜凜焉。此與采蘭贈芍之風，不更大相逕庭乎？又，盛志謂上元夜張燈設樂，固今昔不殊，而以鞦韆爲戲，此風又久已衰息矣。

土産

海之産

鹽，茂暉場，生熟二種。

羊肚石，紋如羊肚，紫色，産硇洲。

鯊魚，有虎鯊，能化虎。鋸齒鯊、鹿鯊三種。

鯪魚。

魟魚。

燕魚，形似燕。

鱴魚。

三牙魚。

白目。

黄魚。

黄花魚。

赤魚。

鮚魚。

鯧魚。

石頭鱸，腦中有石。

馬五魚。

烏賊，又名墨魚，其骨即海螵蛸。

馬鮫。

鎖筒。

蠟魚。

骨魚，不鱗而介，有龜紋，其形正方。

師婆。

鰤魚。

比目魚，一名鰈。

鰠魚。

梟唇。

赤眼魚。

沙鉤。

鱭魚。

塘虱。

龍虱。

獺。

黿。

蜆。

鱟，雌常負雄，獲者得雙。

蚶，一名魁陸，俗呼瓦路螺。

龍蝦，出硇洲，大者尺餘，頭如龍。

大蝦。

小蝦。

車螯。

螃蟹。

蟛蜞，有二種。

海醯，舊作海膽，非。

鰒魚，即九孔螺，產硇洲。

螺白。

红螺。

沙螺，蚌属，一名玷蠑，腹有小蟹，盡出覓食，還入。冬春最佳。一名西施，舌色白。

江瑤柱，似蠙而兩端殻不合，圓如截筒。

江之產

鯉魚。

鯽魚。

鱸魚。

鮀魚，俗名草魚。

鮎魚。

鱖魚。

刀魚。

鰻魚。

黃鱛。

鰣魚。

青魚。

鯿魚。

鮒魚。

銀魚。

鱉。

禾蟲。

陸之產

稻，有赤、白、粳、糯數種。

早稻，五六月熟，米紅。

黏稻，小粒者，米最白。

晚稻，十月熟，米柔。

糯，種有黑、白、早、晚，俱堪釀酒。

芝麻，有黃、白、黑三種，可榨油。

黍，有糯、黃、飯三種，正月種，四月熟。

粟，一名鷲草，一名狗尾。

麥，止小麥一種，無大麥。

喬麥，一名莜麥。

菽，有黃、白二種。

花生豆，一名番豆，可榨油，可供籩實。

綠豆。

赤豆。

扁豆，有青、白二種。

帶豆，有紅、白二種。

樹豆，終年不絕，可作醬。

芥。

莧，有紅、白二種。

甕菜，一作蕹。

薑。

白菜。

蒲籐菜，即苜蓿。

菠菱。

蘿蔔，有黄、白二種。

莙薘，叶肥厚而滑。

苦蕒。

苘蒿，俗名艾菜。

芹，一名水英菜。

蕨，初發如拳，根可爲粉。

筭。

茭筭。

茄，有紫、白二色，一名倭瓜。

葱。

韭。

胡荽，一名園茜。

芋，有黄、白、紅牙各種。

薯，有黄、紅、白各種。

西瓜。

冬瓜。

筲瓜，皮青，形曲而長。

黄瓜。

苦瓜。

絲瓜。

蒲瓜。

香瓜。

匏瓜。

南瓜，有黄、白二種。

柑。

橘。

石榴。

佛手柑。

柚。

桔。

荔枝，一名黑葉，一名進奉。

龍眼。

桃。

波羅蜜，有乾、濕二種，形如西瓜，皮多刺。子类大豆，可啖，味甘，氣羯。

梅。

密忙子。

雀子。

菱角。

甘蔗。

李木子，俗呼檸檬子，實如橙，味極酸。

橄欖。

烏欖子。

番石榴，實如榴，皮淡青色，肉如瓜，淡紅，色味甘。

番桃，木本，花五出，叢生，紫色。別莖實，如觚稜。綠色，六囊合而一，扁薄，豆莢攢成。味甚酸。一名洋桃，來自外洋也。

椂子。

桂，終年開者爲月桂。

蘭。

珍珠蘭，有青、紫二色，一名魚子。

蓮，有紅、白二種。

菊，有黄、紅、紫、白四種。

海棠，有二種，一名鐵索，一名金絲。

茉莉。

芙蓉，有紅、白二種。

木槿，有紅、白二種。

蕉。

佛桑，一名扶桑。

夜合。

木棉花。

九霞木，本來山梔花，自香亦相似。

山茶，有紅、白二種。

烟脂穛。

金鳳花，葉如合歡，花紅黄相間，形如鳳。終年不絶，實如豆莢。

紅蕉，花深朱，子黑而圓，如豌豆，堅實。

胡竹，舊作「扶」，非。節長而薄。

刺竹。〔一〕

紫竹。

筋竹。

泥竹。

勒竹，節間生，筍彼蔓不絶，大者蔭畝，可編籬。

黄竹。

簹竹。

綿木。

桄榔。

樟。

槁。

榕，有大、小葉二種。

楓。

〔一〕自此至「物産」終皆脱印，均據哈佛燕京圖書館藏本補。

黄皮果木，實如彈丸，備五味。

松柏。

葛布，出硇洲，精不及雷州。

綿布。

黄麻布。

白麻布。

鳯梨麻。

雉。

鵞。

鶴。

鷹。

雁。

鴿。

燕。

鷓鴣，畏霜冷，早晚稀出。

斑鳩。

火鳩，相傳爲鯨魚所化，見明南海黄侍郎衷《海語》。

鶺鴒。

鵲。

鳩。

鳧。

鴨。

山呼，卽鷓鴣。

山之産

虎。

豹。

鹿。

麋鹿。

山猪。

狐狸。

竹根鼠。

鯪鯉，俗名穿山甲。

蜂蜜。

黃蠟，出西山。

白木香，内結黑色者更佳。

籐香。

吳川縣志卷之四終

吴川縣志卷之五

吴川縣知縣滇南李高魁杏園纂

職官

盛志曰：考唐制，縣有令、丞、簿、尉。宋以令爲知縣事，丞、簿、司，惟尉有文武之分。元置達魯花赤一員，蒙古人爲之。縣尹一員，漢人爲之，並治縣事。丞以下同明初，置知縣一員，縣丞一員，主簿一員，典史一員，儒學教諭一員，訓導一員，寧川司巡檢一員，河泊所大使一員，廣積倉大使一員，茂暉場大使一員，遞運所一員，三合驛驛丞一員。國朝因之添設硇洲司巡檢一員，今皇上留意人材，不拘資格，凡内外文武四品及員外，翰林以上，咸得各舉所知。又州縣各舉孝廉方正一人，或破格薦舉一人。凡舉人、貢監生赴部挑選引見，發各直省試用。州縣及知縣以下等官，分别一年、二年实授。遂有試用知縣，吴川自徐鐘乾始。

知縣

宋

莫士托，從府志增入。

元　知縣兩員，一名達魯花赤，一名縣尹。

達魯花赤

法護兒丁，蒙古人，至正間任。

縣尹

莫士纯，肇雷人，大德年任。流寓於吴，爲莫族始祖。

凌桂榮，至大三年任。

張應薦，年代失考，通志注宋朝。

明

乞住，洪武二年任。

庚誠，溧陽人，監生，洪武十八年任。

曹定，洪武二十四年任。

林泰，永樂元年任。

陶歆，南直隸宣城人，監生，永樂十四年任。入『名宦』，有傳。

劉震，正統三年任。修學，有碑記。

陳衍，潮州舉人，成化三年任。入『名宦』，有傳。

鄧宣，韶州人，成化五年任。入『名宦』，有傳。

陳安，成化十五年任。

鍾英，浙江永嘉人，監生，弘治四年任。

蘇智，福建龍溪人，監生，弘治八年任。

胡經，汀州人，監生，正德三年任。

張禎，胡廣五開衛人山〔一〕，監生，正德七年任。

方宜賢，福建莆田人，舉人，正德十年任。

廖雲翔，福建淮安人，舉人，正德十四年任。入『名宦』，有傳。

胡大化，南昌舉人，嘉靖二年任。

鄭希智，懷集舉人，嘉靖七年任。

經希伋，全州舉人，嘉靖十一年任。

葉秀，廣西人，先任教諭，嘉靖十四年任。

莫息，陽朔人，舉人，嘉靖十六年任。

謝德仁，吉水人，舉人，嘉靖二十年任。

程鎬，鄌門人，監生，嘉靖二十五年任。

〔一〕山字疑爲衍文。

王汝翼，銅仁人，監生，嘉靖二十七年任。
謝明昜，莆田人，嘉靖二十九年任。
趙世德，福建人，舉人，嘉靖三十三年任。
丁一道，丹陽人，舉人，嘉靖間任，建名宦鄉賢祠。
黃一棟，福建人，嘉靖四十五年任。
黎永清，廣西人，舉人，隆慶三年任。
葉春，浙江人，監生，萬曆二年任。
劉逢旦，廣西人，舉人，萬曆七年任。
陳霑，直隸人，歲貢，萬曆十年任。
王一俞，江西泰和人，舉人，萬曆十二年任。寬宏簡易，士民頌之。
吳中禎，建寧舉人，萬曆十六年任。
鄭人和，福建人，萬曆二十年任。
許宏基，廣西直化舉人，萬曆廿三年任。
周應鰲，江西泰和人，進士，萬曆二十五年任，陞南京刑部主事，入『名宦』，有傳。
咼邦永，公安人，歲貢，萬曆二十八年任。
梁景朱，鬱林人，舉人，萬曆三十七年任。

李文淵，晉江人，舉人，萬曆三十四年任。
林憲曾，莆田人，舉人，萬曆三十七年任。
唐盛世，泉州人，舉人，萬曆四十一年任。
段冠，盧陵人，舉人，萬曆四十三年任。
李友蘭，浙江遂安人，舉人，萬曆四十五年任。
吳夢鰲，晉江人，歲貢，天啟三年任。
金揚華，秀水人，選貢，崇正二年任。
朱宏，廣西桂林人，舉人，崇禎四年任。陞崖州知州，入『名宦』，有傳。
童兆登，浙江慈溪人，進士，崇禎九年任，嚴明奏最，陞刑部主事。
王泰徵，湖廣人，進士，崇禎十一年任，調繁新會縣，入『名宦』，有傳。
徐鳴岐，浙江人，貢生，崇禎十二年任。
蔣堯勳，舊制尤溪人，崇禎十四年任，重建文廟。
王協卜，福建人，舉人，崇禎十七年任，順治四年歸順。

國朝

陳培亨，福建人，廩生，順治四年任，甫月餘，土寇陷城，不屈死。

黄應乾，上虞人，貢生，順治八年任，十年重建雙峯塔。西逆葉標犯城，被執而死。

周允斯，浙江人，順治十年任，十一年爲僞藩李定國所逐，縣印遺失。

楊翼國，府志作圖，河南人，貢生，順治十二年任。關防視事，居官詳慎，宅心恬淡。

高鴻飛，河南葉縣人，拔貢，順治十六年任，十八年始領印，陞江南徐州知府。

李光先，鉅鹿人，貢生，康熙五年任，卒于官。

黄若香，四川閬中人，丁酉舉人，康熙七年任，重修邑志。

陳宏章，遼東遼陽人，康熙十四年任，卒于官。

王如恒，遼東人，工部筆帖式，康熙十六年任。

秦松如，無錫人，康熙十九年任，力請題豁本邑虚丁荒糧，民愛其賜，建祠祀之。

于隆吉，山東人，監生，康熙二十三年任。

李球隨，直隸廣平人，難蔭，康熙二十五年任。重修邑志。

楊希震，四川人，舉人，康熙二十六年任。

宋世遠，山東膠州人，貢生，康熙三十年任。倡建義學，置田、米五石，爲贍士資。

倪楨，江南人，監生，康熙三十七年任。

楊名彩，浙江杭州人，監生，康熙三十七年任。

何美，福建人，癸酉舉人，康熙四十九年任。改建三忠祠。

田成謨，浙江人，丙戌進士，康熙五十六年任。

劉世沛，河南人，貢生，康熙五十八年任。

甯時文，山西稷山人，壬辰進士，雍正元年任，調澄海縣。

王希洪，湖廣人，癸巳進士，雍正六年任。

徐鐘乾，湖廣大治籍，武昌人，廩生，薦舉試用，雍正七年署任。

王維炳，鑲黃旗，監生，雍正七年任。

吳用楫，浙江石門人，戊子舉人，試用，雍正七年署任，授樂昌縣。

盛熙祚，浙江嘉興人，貢生，薦舉試用，雍正八年署任，授惠州府龍川縣，重修邑志。

章國錄，江西瑞昌人，甲戌進士，雍正九年由廣寧縣調任，居心仁愛，用法寬平。

趙開輝，雍正十三年署任。

陳志陞，福建羅源縣人，廩貢，乾隆元年任，勸農興利，革弊除奸。

汪宗豐，茂名縣丞，乾隆十年署任。

鄭廷烈，貴州南籠府安南縣進士，乾隆十年任。

郭世奇，河南洛陽縣進士，乾隆十三年任。

秦安鎬，乾隆十五年署任。

王伯麟，四川保寧人，舉人，乾隆十六年任，陞兵部主事。

楊濂，貴州人，舉人，乾隆十七年任。

李彩，高州分府，乾隆十九年署任。

王廷瑤，直隸天津縣舉人，乾隆二十年任。

陳志儀，乾隆二十一年署任。

楊士璣，江南婁縣甲戌進士，乾隆二十一年任。

朱朝棟，茂暉場江南吏員，乾隆二十八年署任。

李元本，直隸大興舉人，乾隆三十九年任。

趙學剛，江南徽州休寧舉人，乾隆三十八年署任。

張恂，雲南趙州人，丁卯舉人，乾隆三十八年任，陞崖州知州，入「名宦」，有傳。

黃宗傑，福建人，拔貢，教習，乾隆四十四年任。

周克遵，湖南華容人，辛巳進士，乾隆四十五年任。

張暉，貴州人，副榜，乾隆四十六年署任。

王椿年，四川江津人，壬申舉人，甲戌明通進士，乾隆四十六年任。

李情，山西己亥舉人，乾隆五十一年署任。

沈峻，直隸天津人，甲午副榜教習，乾隆五十二年任。

孫錫祚，乾隆五十六年署。

馬師曾，舉人，河南本輝人，乾隆五十六年署。
周嘉會，乾隆五十六年任。
王增聞，乾隆六十年任。
王體仁，乾隆六十年署。
丁大松，舉人，湖南華容人，嘉慶元年任。
吳晉勳，嘉慶四年署。
李澐，舉人，浙江山陰人，嘉慶五年署。
曾光紱，舉人，河南固始人，嘉慶六年任。
鄭比蓁，嘉慶八年署。
朱振聲，江西瑞州高安人，嘉慶九年任。
潘恩紱，江蘇宜興縣人，嘉慶十六年署。
高翥，舉人，湖北羅田縣人，嘉慶十七年署。
劉大魁，順天大興縣人，嘉慶十八年署。
許聯陞，拔貢，陝西盩屋人，嘉慶二十一年署。
胡巖，進士，福建長汀人，潔己愛民，羣推衆母，嘉慶二十三年署。
黃鳳詔，舉人，湖北黃安人，嘉慶二十四年署。

李煦，貴州興義縣人，嘉慶二十四年署。

岳鎮東，進士，山東利津縣人，嘉慶二十五年任。

鄭鑾，舉人，江蘇興化人，道光元年署。

邵世培，廩貢生，順天通州人，道光二年任。

叚開泰，四川宜賓人，道光二年任。

盧殿楠，安徽無爲州人，道光三年署。

陸長青，浙江籍順宛平人，道光三年署。

李高魁，舉人，雲南嵩明州人，道光三年任。

縣丞

宋

毛士毅，府志傳，富川人。紹興間，自吳川簿擢令石城。寇李接攻城，士毅語尉曹曰：『吾與若愛民社之寄，當以死衛之。』遂與賊力戰而死。事聞孝宗，嘉其忠，贈承事郎。職官表作丞，今仍舊志。

元

縣丞無考。

明

汪季清，江西饒州人，洪武初年任。攝縣事，入『名宦』，有傳。

鞠軍，洪武十二年任。

周彦博，洪武十八年任。

徐崇善，正統四年任署縣事，有功學校，湮没不傳，詳考碑記，補載。

康練，泰和人，貢生，成化四年任。

王玨，山東人，弘治四年任。

蕭傑，湖廣巴縣人，監生，弘治六年任。重士愛民，賦平訟理。

周鎰，同安人，弘治十年任。葺學門，修公署，九年任滿歸里。

劉景，浙江臨安人，正德元年任。

楊儀，湖廣應城人，正德七年任。

鄧璵，福建南平人，監生，正德十年任。

張學，泰興人，正德十四年任。

帥鑾，瀘州人，正德十六年任。

陳世誠，余姚人，監生，嘉靖五年任。

林珪，閩縣人，吏員，嘉靖七年任。
劉廷璋，長沙人，監生，嘉靖十三年任。
項湘，休寧人，監生，嘉靖十六年任。
徐珂，賓州人，監生，嘉靖十九年任。
劉應時，廣西懷集人，監生，嘉靖十三年任，遷古田知縣。
梁觀生，岑溪人，監生，嘉靖二十五年任。
黃鐘表，嘉靖二十九年任。
周同，湖廣柳州人，嘉靖三十五年任，攝縣事，刻科甲題名、歲貢題名碑于學宫，今存。
連世祥，嘉靖四十二年任。
黃伯槐，隆慶三年任。
伍文光，泰和人，選貢，萬曆五年任。
董光世，萬曆九年任。
陳禦，萬曆十三年任。
范文鐸，萬曆十六年任。
羅棟，萬曆十九年。
黃新，萬曆二十年任。

陳志德，直隸武進人，萬曆二十五年任，遷代府紀善。

李愼思，平湖人，萬曆二十七年任。

黃來舉，東鄉人，萬曆三十年任。

吳應詔，永寧人，萬曆三十五年任。

劉鴻業，東鄉人，萬曆三十年任。

駱宗驥，萬曆四十五年任。

張正之，山陰人，天啟元年任。

黃宗慶，天啟四年任。

陳甫煒，漳浦人，歲貢，天啟七年任。

徐繩祖，吳縣人，儒士，崇禎四年任。

戴明，德清人，吏員，崇禎八年任。

董學詩，武進人，貢生，崇禎十年任。

劉學海，貢生，崇禎十四年任。

國朝

徐啟璉，浙江人，順治四年任。土寇破城，死之。

田三鳳，陝西人，貢生，順治十五年任，居官不職御史張提問。
王嘉翰，順天人，貢生，順治十七年任。
劉正遴，盛京人，貢生，康熙二年任。卒于官，至康熙五年九月裁。

主簿

元

楊理合。
唐必達，至元九年任，修理學校。
趙明，永樂十年任。
梁欽，成化初任，十三年裁。

典史

明

宣德以前無考。
馮元，正統二年任。
方明暨，成化十年任。

祝聰，藤縣人，弘治四年任。

曹鸞，湖廣人，正德五年任。

余仁，豐城人，正德十一年任。

萬崇，正德年任。

黄浩，廣西人，嘉靖元年任。

黄玭，晉江人，嘉靖五年任。

陳佐，侯官人，嘉靖七年任。

萬濂，黄州人，嘉靖十年任。

陀佑，蒼梧人，嘉靖十六年任。

郭顯文，江西泰和舉人，嘉靖二十一年以黄州府同知謫任。

何烺，杭州人，吏員，嘉靖二十二年任。

竇仲環，全州人，吏員，嘉靖二十七年任。

鄭孚，嘉靖三十二年任。

陳文滿，嘉靖三十七年任。

毛本，嘉靖四十一年任。

劉春，隆慶元年任。

莊義，隆慶元年任。

曾士賢，萬曆五年任，府志作曹。

陸橙，萬曆十年任。

周實，萬曆十六年任。

黄一濂，萬曆十九年任。

陳崇猷，福建龍溪人，吏員，萬曆二十三年任。陞四川都司大渡河守禦所吏目。

酈遜之，會稽人，萬曆二十九年任。

杜祥霄，贛州人，萬曆三十三年任。

鄒洪謨，長洲人，萬曆三十八年任。

周廷振，萬曆四十三年任。

余應乾，萬曆四十六年任。

朱正洪，天啟二年任。

江一葉，天啟六年任。

熊茂，崇禎三年任，有去思碑。

沈國英，崇禎六年任。

洪有清，崇禎九年任。

方以矩，莆田人，崇禎十二年任。

魏守禮，崇禎十四年任。

吳道顯，浙江人，崇禎十六年任。

沈安忠，浙江人，崇禎末年任。

國朝

王大任，順治四年任，土賊破城，死之。

張召卿，紹興人，順治十年任。

王用極，大興人，順治間任，陞吏目。

任其毅，大興人，順治年任，卒于官。

陳公煒，紹興人，康熙四年任。

戴希聖，山陰人，康熙二十二年任。

賈顯瑞，陝西人，吏員，康熙二十八年任。

陳永鉉，北直人，康熙三十八年任。

邵九皋，浙江人，康熙五十二年任。

魯士毅，順天大興人，雍正三年任。

陳周書，江蘇甘泉人，乾隆三年任。

李希翰，蘇州崑山人，乾隆廿年任。

李性，四川華陽人，捐貢，乾隆二十七年任。

王崇兆，浙江人，乾隆三十年任。

唐雲龍，乾隆三十三年任。

鍾飈，乾隆三十五年任。

王玉麟，乾隆三十七年任。

鄭梁，浙江人，乾隆三十九年任。

宋泰，浙江人，乾隆四十九年任。

鍾梅，浙江會稽人，由國史館捐，乾隆四十九年任。

朱汝璵，江蘇人，乾隆五十三年任。

尤學恭，乾隆六十年任。

胡大基，嘉慶四年任。

鍾麟，嘉慶十年任。

鄒詒德，嘉慶十四年任。

彭世繹，嘉慶二十二年任。

教諭

元

黃夢驥，大德間任。

吳仲元，至正間任。

明

馬保，永樂元年任。

雷諒，永樂十年任。

鄧宜，正統間任，見修學碑，舊志失載。

鄭和義，成化二年任。

王福，成化八年任。

全福，成化十二年任。

陸聰，高要人，成化十九年任。

林文振，福建懷安人，舉人，弘治四年任。

林昱，惠安人，監生，弘治十一年任。

余賔，福建順昌人，監生，正德元年任。

季鸞，橫州舉人，正德九年任。
齊啟行，懷安人，舉人，正德九年任。
鄭皞，連江人，舉人，嘉靖二年任，遷宿遷令。
張振，德化人，監生，嘉靖十四年任。
王翔，晉江人，嘉靖二十年任。
羅拱宸，馬平人，嘉靖二十六年任。
王鼎，嘉靖三十一年任。
陳道正，長泰人，嘉靖三十九年任。
鍾山，海康人，嘉靖四十三年任。
陳夢龍，福建懷安人，舉人，隆慶二年任，陞合浦知縣。
陳世理，福安人，隆慶五年任。
陸琬，潯州人，隆慶六年任。
李熊徵，北流人，萬曆二年任。
王誠心，祁門人，萬曆五年任。教嚴而課勤，諸士翕然宗之。
葉逢春，惠州人，萬曆十年任。
顧榮逢，南雄人，萬曆十四年任。

鍾鳴暉，萬曆十九年任。

鄭岱，潮州人，歲貢，萬曆二十年任。

鮑濳，大浦人，萬曆二十八年任。

賴順，饒平人，萬曆三十二年任。

洪有成，遂溪人，萬曆三十七年任。

許希學，昌化人，萬曆四十二年任。

施承芳，鄞縣人，貢生，天啟四年任，陞貴州知縣。有去思亭。

馬鳴鸞，順德舉人，崇禎年任。陞陽朔縣令。

李應正，零陵人，崇禎三年任。

蔡宗周，陽春人，崇禎五年任。

翁振宗，壽昌人，崇禎七年任。

王日逵，高要人，崇禎十年任。

孫士俊，浙江舉人，崇禎十二年陞麻城縣知縣。

許維藩，廉州人，歲貢，崇禎十五年任，卒于官。

國朝

吴世驊，順治四年任。土賊破城，死之。

黄龍圖，福安人，順治八年任。

羅萬達，東莞人，廩生，順治十年任。

黄挺華，馬平人，嘉靖二十六年任。

鄭熙運，潮州人，舉人，康熙二年任。三年奉裁。

郭斌，南海人，歲貢，康熙二十一年復設。淹通經史，循循善誘，同修邑志。

馮士正，南海人，捐貢，康熙三十六年任。

張可梯，大浦人，歲貢，康熙四十六年任。

徐元佐，澄海人，歲貢，康熙五十三年任。

黄斐，象山人，捐貢，康熙六十年任。

張兆桂，順德人，己卯科副榜，雍正五年任。

駱兆龍，徐聞人，丁丑拔貢，雍正八年任，同修邑志。

楊世鼎，海陽縣拔貢，乾隆元年任。

陳世蓮，順德縣人，解元，乾隆五年任。

黄玉霖，文昌縣人，辛酉舉人，甲戌明通進士，乾隆十三年任。培養士氣，啟迪惟勤，建文明門，以興文運。

劉桐，乳源縣人，己酉拔貢，乾隆二十三年任。持躬廉潔，祭聖齊虔，師範端莊可敬。

陳直，高要人，己卯舉人，乾隆二十七年任。

吳者仁，高要縣人，己酉甲子副榜，乾隆三十三年任。博通經籍，教誨殷勤，師範端嚴足式。

李澤，四會人，廩貢，乾隆四十三年任。

曾昇平，和平人，廩貢，乾隆四十八年任。

欧阳梧，保昌人，拔貢，丁酉舉人，乾隆五十三年任。

黄以訓，恩貢，潮州饒平人，乾隆五十七年任。

温汝能，順德人，廩貢，嘉慶七年任。

徐大襄，舉人，三水人，嘉慶九年署。

羅禮綿，舉人，順德人。作士有方，砥行無玷，淡泊明志，古道照人。嘉慶十年任。

潘綺，嘉慶十六年任。

王應元，廩貢，徐聞縣人，嘉慶十九年署。

歐陽禮，拔貢，新安縣人，嘉慶二十年任。

李化龍，廩貢，肇慶府德慶州人，道光元年署。

歐陽禮，道光二年回任。

訓導

明

徐壽，洪武二十二年任。

陳添，福建人，正統間任，舊志誤載正德間。

王昌，成化四年任。

黎鳳，蒼梧人，監生，成化二十五年任。

胡麒，廬陵人，監生，弘治三年任。

李震，桂林人，監生，弘治九年任。

余良，晉江人，監生，正德五年任。

何瑤，浙江分水人，監生，正德十年任。

朱良，歸善人，監生，正德十三年任。

嚴鉄，仙游人，監生，嘉靖元年任。

唐文符，瓊山人，監生，嘉靖九年任。

詹泉，玉山人，監生，嘉靖十三年任。

黃徹，從化人，嘉靖十六年任。

周于德，福寧州人，嘉靖二十四年任。
葉昌煥，橫州人，嘉靖二十九年任。
何騄，恩平人，嘉靖三十七年任。
李絢，廣西人，嘉靖四十一年任。
錢大有，萬州人，嘉靖四十三年任。
馬鐸，隆慶四年任。
周敦裕，萬曆十年任。
羅文著，高明人，萬曆十四年任。
任先知，廣西人，萬曆十九年任。
何炌，海康人，由歲貢，萬曆二十三年任，陞靖江王府教授。
謝夢豹，德慶州人，萬曆二十七年任，有去思亭。
簡御煩，新興人，萬曆三十一年任。
黄昊，揭陽人，萬曆三十六年任。
何思敬，儋州人，萬曆四十年任。
葉高，封川人，萬曆四十五年任。
郭中奇，保昌人，天啟二年任。

鄭奇珍，合浦人，天啟六年任。

王時可，長樂人，崇禎三年任。

尹湯聘，永定衛人，崇禎六年任。

曾廷第，儋州人，崇禎九年任。

黄上奎，四會人，崇禎十三年任，卒于官。

胡聯芳，遼東人，崇禎十七年任。

魏應魁，嘉靖年人，舊志失載，附記于此。

國朝

郭域，浙江人，順治八年任。

賴新科，惠州永安人，順治十四年任，至十五年十二月，奉裁。後補翁源訓導。

陳龍光，番禺人，東莞籍，由歲貢，康熙三年裁教諭，復訓導于康熙四年任，八年同修邑志，科歲二歷，循循無曠。

梁翘隆，恩平人，歲貢，康熙二十一年任。

蒙昌奕，封川人，歲貢，康熙三十七年任。

吴大成，南海人，歲貢，康熙五十六年任。

盧方申，新會人，歲貢，雍正三年任。

許紹中，陽江人，歲貢，雍正五年任。六年倡率邑人改建學宮，西向，經營督理，三年不倦，同修邑志。

黎奕熊，番禺人，歲貢，雍正十年任。

吴認登，澄海人，歲貢，乾隆七年任。

危其行，大浦人，歲貢，乾隆十六年。

黄道高，瓊山人，優貢，乾隆十九年任。

易經，廉州人，歲貢。

張文聰，曲江人，拔貢，辛卯經魁。

胡健，新會人，壬午科舉人，端嚴静正，德器宏深。

黎秀，欽州人，歲貢。

鄭鳴岡，舉人，嘉慶三年任。

李夢錫，廩貢，高要人，嘉慶六年署。

龎繩，舉人，南海人，嘉慶八年任。

饒錦雲，嘉慶十七年署。

羅躋瀛，舉人，大浦人，嘉慶十九年任。

陸英雲，優貢生，德慶州人，道光四年署。

歐陽禮，道光四年兼理。

葉載文，廪貢，東安人，道光四年署。

寧川司巡檢

明

顧啟祥。

陳毅。

李廷鳳。

甘霖，福建人。

柯廷璋，雲南人。

田經，湖廣人。

柯襟，福建人。

林世殷，莆田人。

廖英，莆田人。

黄文煥，福建人。

伍廷慶，四川人。

陳衮，上虞人。

史哀，直隸人。

汪登雲，蕭山人，後裁。

廣積倉大使

明

季温，江西人。

陸貴，江西人。

郭敦。

張清，江西人。

李寶，廣西人。

鄭文，福建人。

尹瓚，福建人。

施才，福建人。

熊修，江西人。

李憲，浙江人。

謝岳，直隸人。

高應試，温州人。

宋應龍，韶州人。

徐世榮，福建人。

蘇志登，舊志未載，見崇禎四年署縣事海防同知陳公所立祠堂碑。

國朝

陸秀陞，南海人。

馮應鰲，南海人，順治十一年奉裁。

河泊所大使

姓名無考。

遞運所

姓名無考。

三合驛驛丞

姓名無考。

茂暉場大使

明　洪武二年，除授百長劉暹署，木條印記，二十五年始改銅印。設大使一員，隸南海北提舉司。

呂晉。

鄭仙，莆田人。

張珮，浙江人。

楊壽，天長人。

程尚官。

曾可傅，餘無攷，崇正十四年裁。

國朝　雍正八年添設協理場務一員，奉委候選縣丞徐嚴于本年任。

牛冲斗。

楊廷桂，康熙六年五月裁。

陳美，陝西人，康熙九年復設。
劉之璽。
鄭健，大興人，康熙十九年任。
蔡以謙。
王進祿。
張明秀，遼東人，康熙四十年任。
朱振聲，浙江人，康熙五十一年任。
趙繼興，浙江人，雍正四年任。
孫灝，浙江余姚人。王府供事，由信宜縣尉題授正八品官，監課司事。雍正七年任。
吳紹祖，浙江紹興山陰人，吏員，乾隆十年任。
常瑛，貴州舉人，乾隆十九年任。
朱朝棟，江南人，吏員，乾隆二十三年任。
馬良，正白旗舉人，乾隆二十六年任。
焦瑾，陝西舉人，乾隆三十二年任。
紀履中，直隸人，舉人，乾隆三十七年任。

毛栻，山東遵義人，明通進士乾隆四十三年任。
楊瑢，四川舉人，乾隆四十六年任。
陶必榕，江蘇人，廩貢生，乾隆五十一年任。
廖雯蒸，福建汀州永定人，監生，乾隆五十三年任。
嵇承敬，江蘇無錫人，道光四年署。
婁淵，會稽人，道光四年署。

硇洲司巡檢 雍正九年添設。

徐大業，雍正九年任。
張克新，乾隆十二年任。
王秉章，乾隆十六年任。
高大川，乾隆二十三年任。
高鷺，乾隆三十三年任。
毛君壽，乾隆三十三年任。
蘇敦，乾隆三十六年任。

李爾渭，乾隆四十二年任。

陸元勳，乾隆四十六年任。

吳廷成，乾隆五十一年任。

洪璉，乾隆五十五年署。

夏日昇，乾隆五十七年任。

孫廷瑞，乾隆六十年任。

周璉，嘉慶九年任。

沈開甲，嘉慶十二年任。

聞人奎，嘉慶十五年任。

楊榮，嘉慶十五年任。

胡一鳴，嘉慶二十年任。

張昕，嘉慶十五年署。

花東苑，嘉慶二十一年任。

章鏞，嘉慶十六年任。

汪錫麟，嘉慶二十二年署。

郭焕江，嘉慶十七年署。
王大川，嘉慶二十二年任。
李自然，嘉慶十七年任。
薛璘，嘉慶二十四年署。
鄒詒德，嘉慶十八年任。
黄滙青，嘉慶二十五年任。
吴曠周，嘉慶十八年署。
金夔，道光三年任。
陳□昌，嘉慶二十年署。

名宦

詩云：『樂只君子，民之父母。』凡膺民社者，苟有保民若赤之心，則善政善教，皆深入民之肺腑，雖風微人往，猶感泣而不能忘。吴邑地瘠民貧，諸君子後先子惠之，而父母之頌，至今未泯人口也。特書之，以誌遺澤於不朽。

明

陶魯，廣西鬱林人，廕監生。成化間嶺西分廵道僉事，平定山寇，屢立奇功。展吳川舊城，增修開四門，濬濠。自公始仕，至兩廣布政兼巡撫。

盛萬年，浙江秀水人，萬曆癸未進士，分守嶺西道參政。勦平倭寇，設立吳川營、限門寨，著嶺西水陸兵，紀事見武備志，以剛直守正，不畏強禦，爲宵小所中，左遷右江道，仕至江西按察使。

陶歆，宣城人。永樂十四年，令吳勤于涖政，廉于持己，尤加惠貧民。先是，民皆逃亡山谷，公招諭復業，相率而歸者八百餘戶，免其賦役，俾安田畝，有德于民甚厚，有去後之思。

陳衍，本省潮州人，成化三年任，秉心清慎，處事公平，勸農興學，革弊除奸，士民悅服。卒于官，輿論惜之。

鄧宣，韶州人。成化五年令吳川，宅心恬淡，用法寬平。當流寇殘破後，公署半淪于灰燼，殫力補葺，百廢具興。在任十一年，挂冠而去，百姓戀戀如失慈父母。

廖雲翔，福建懷安人，舉人，正德十四年任。秉性誠慤，潔己愛民，秋毫不染，在任六年，以疾致仕，民愛戴之，久而不忘。按：懷安衛在今古田縣。

周應鰲，江西泰和人，萬曆丙戌進士。初任丹陽，調繁吳縣，陞吏部稽勳司主事論謫。萬曆二十五年補吳川，德器宏深，才識敏練。甫下車，即革弊政。建正疑書院，講課文藝，建雙峯塔于限門，收郡邑之水塔下。建江陽書院，置田租，資諸生膏火。復因舊址築樓構亭，方欲啟學宫縣署爲西向，以納山水之秀。尋遷南京刑部主事，不果。邑人至今猶追思焉。

朱宏，廣西桂林人，舉人，崇禎五年任。樂善遠奸，清廉果敢。時海寇李魁奇連年犯限門，率兵赴敵邑，賴以免。著有一貫堪輿行世，遷知崖州，士民懷德，立去思亭。

王泰徵，湖廣人，進士，崇禎十一年任。實心撫字，雅意作人，課士談經史，抉旨要，一時多士蒸蒸蔚起。甫一歲，調繁新會，士民勒碑，以志不忘。

汪季清，江西饒州人，洪武初年任。以丞攝篆，潔己愛民，爲政務大體，不事煩苛。尤加意學校、黌宫、祠宇，廢者以興。即公署、壇壝、亭檄、津梁悉營，繕啟觀九載，考績而去，民追思之。按：明初，邊方攝官久任，即同正官。

國朝

佟養甲，遼東人，雍正丙戌率兵入粤，授兩廣部院，兵不血刃，馳檄九府，翕然歸化。開創之初，惟以潔己愛民爲心。戊子米價騰踴，斗米七錢，民有易子而食者，公捐俸賑恤，設法疏通，米價日減，存活甚衆。後提督李成棟叛，脅公至端州，遇害。以勞定國，以身死難，莫不哀之。後奉行入祀名宦。

王來任，遼東人，康熙四年巡撫廣東。時履經兵燹，加以兩徙，瀕海之民播遷流離。公至，安集流亡，條陳六大害：曰夫役，曰民船，曰私抽，曰採買，曰誣盜，曰擅殺。飛章請禁，于是民始更生。丙午科臨場，大收遺才，揭榜儁者，多出其所拔。未幾，以京察自陳，粤人皇皇如失怙恃，罷市輟末。懇提督楊遇明以民情上疏，里正潘世祥等百餘人相率詣，闕保留值。公病篤，臨終復草遺疏，首以復界，爲言得奉俞旨，瀕海百萬生靈，俱得復歸田里。百姓立廟尸祝，尋奉行祀名宦。

朱宏祚，山東人，巡撫廣東。多惠政。康熙五十七年奉行祀名宦。

黄應乾，浙江上虞人，貢生，順治八年任。持己謙慎，禮士愛民。十年捐資重修雙峯塔。七月西逆葉標陷城，被執不屈，死。

秦松如，江南無錫人，監生，康熙十九年任。時經遷界，復遭土寇冼彪踞海上，境内民皆逃散。公至，即設法招徠，給牛種，以資耕墾。二十年重修學宫，延師訓士，旋以虚丁荒糧，民不堪命，力請題豁，至三十一年張總兵入覲。上詢得情，遂敕部豁除吴邑，獲免虚税之累。惜以積逋註誤而去，未竟，所施民思其德，建祠祀焉。

國朝初闢，吴川土寇擾亂，守備王忠戰殁，城陷。海防同知以下五人皆死之。雖蒞任未久，無事實可紀，然以身殉城，較之踉蹌被逐，失印而逃者，相去懸絶。今列其名于後，並載各死事武臣五人，以俟後之博考事蹟者而表揚之：海防同知戴文衡、知縣陳培亨、縣丞徐啟璉、教諭吴十驊、典史王大任、吴川營守備王忠、限門寨游擊汪齊龍、化吴石參將應太極、水師營參將蔡應科、吴川營千總袁其忠。

張恂，雲南大理府趙州人，丁卯舉人，乾隆三十八年任。宅心廉而公，折獄明而斷，嚴厲以除匪，誠懇以作人。其曾撥學田，勤勞民事，善政多端，殊難悉數，而補積倉儲，則其尤善者也。初，吳邑倉穀缺額過多，公盡心籌畫，數年間購補二萬而儲蓄，遂豐，故能有備無患。丁酉戊戌，吳邑大旱，公復竭力救荒，遍處設廠平糶外，咬破指血書名禱雨于天，又親歷各鄉，勸諭富室以賑濟。一時溝壑之民獲復蘇者甚衆。功聞于上憲，擢陞崖州知州。吳邑士至今頌德不衰。

吳川縣志卷之五終

吳川縣志卷之六

吳川縣知縣滇南李高魁杏園纂

武備

盛志曰：三代以下，言兵制者莫過漢之屯田、唐之府兵，以其猶不失寓兵于農之意也。然漢之屯田止行于邊塞，而不及于郡國。唐之府兵止行于畿甸，而不及于藩鎮。若明之初，葢合漢唐之制而行之于天下者也。厥制所統于衛，衛統于都司，都司統于五府，大小相維，中外相制，法非不善也。迨承平日久，右文經武，軍士僅供驅役，積漸廢弛，因以不振，盡失立法之初意，然攷之吳川，先觀察分守嶺西，因平倭寇，立營寨，而賊不臨城，亦何嘗不出於衛所。要在用之有道，處之有方，存乎其人焉耳。觀于一邑，可以推之天下，不信然哉。國朝兵制，滿漢並用。吳川初仍營寨之舊，而重以參遊之任，後雖裁汰限門寨，而遊擊兼轄水陸。又置硇洲一營，控扼海外，即升平熙洽，海不揚波，而備禦措施之宜，誠至周且善矣。

明守備指揮

寧川守禦所千戶。

副千戶三員。

百戶十員。

吏目一員，俱洪武二十七年設。
吳川營把總。
限門寨分總，俱萬曆二十九年添設。

國朝

寧川守禦所千總，雍正四年裁。
吳川營守備，順治四年設，九年裁。
限門寨遊擊，順治四年設，九年裁。
化吳石參將。
中軍守備，順治九年設，康熙三年裁。
水師營參將。
中軍守備。
千總二員。
把總四員，順治十五年添設，康熙三年裁。
吳川營水陸遊擊。
中軍守備。

千總二員。

把總四員，康熙二年設，乾隆卅一年改遊擊爲都司。

硇洲營守備。

千總一員。

把總二員，康熙四十三年設，雍正十年改守備爲都司。

盛志曰：按府志，明洪武二年，朱亮祖取廣東，遂命亮祖鎮守，建諸衛所。高州府衛一曰神電，所五：前、後、左、右、中，隸廣東都司並屬前軍都督府，寧川則神電衛外所。二十七年，又以防倭添設沿海四所之一也，衛統軍士五千六百名，每千一百二十，所千戶統之；百一十二，所百戶統之。寧川守禦所官軍正千戶一員，副千戶三員，百戶十員，吏目一員，總旗十五名，小旗二十七名，屯守旗軍一千一百九十名，軍有征操、屯種之分。征操者，每所撥旗軍八百，教場操練，輪守城堡，八百戶統之，歲一踐更，計月支米。屯種者，每所撥旗軍二百，下屯耕守，二百戶統之，軍不支糧，屯耕自給，仍辨細糧，輸納以給軍餉。明祖所謂養兵百萬，不費民間粒米者也。相沿日久，衛務漸廢，逃亡日多。至明中葉，寧川軍士不過二百餘名，皆散處鄉屯，守城者不過十餘名，防禦怠弛，名存實亡矣。國朝裁千戶，設禦所千總一員，止司屯糧。

李志曰：寧川守禦所在城內永和門。洪武二十七年，廣東都指揮花茂奏准，差永定侯巡歷勘議，設防禦所。千戶徐本督工，創土城。官署原額正千戶一員，續陞一員，副千戶三員，百戶十員，吏目一員，屯守旗兵一千一百九十名。陸續事故逃亡云。

萬曆二十九年，閩中白艚船糴粟者，勾藏倭寇，突入限門，防護無兵，攻圍吳川甚急，城幾不守。時當朝覲府縣俱闕正官，惟嶺西道盛公萬年駐電白，聞報，親調狼兵，徵募鄉勇，擒賊三十餘人，錮之獄。奸徒謀爲內應，潛入城，夜以鴿鈴爲號，即殲其渠魁八人。復調參將郭西科兵至吳，號令嚴明，不犯民間一草一木，遂勦平倭寇。公復以吳川邊海險要，守禦宜嚴，乃添設吳川一營官兵共五百三十六員名，把總領之，駐吳川。教塲又添設限門水寨官兵五百十二員名，分總領之，以專捍禦。並屬海防官及陽電參將管轄，爲海防善後之策，甚詳。自後雖有寇患，未嘗至城下。

李志曰：吳川營在吳川縣南二里。萬曆二十九年，倭寇犯城，調集官兵征勦，事平，後建營防守。原設把總一員，哨官五名，旗隊兵五百三十四名，陸續奉文裁革旗總隊兵一百零一名，扣餉，助虎門南韶崖黎兵食外，存四百三十三名。限門寨在吳川縣南五里，海航必由之區，本郡必據之險也。東連肇慶，西抵雷陽，上下凡五百里而遙向，撥蓮頭寨官兵二百五十一名看守。萬曆二十九年，緣倭警而設寨分總一員，哨官二名，隊兵二百五十名，並原撥官兵共五百零一名，左哨戰船九隻，右哨戰船八隻。陸續奉文裁汰隊兵六十一名，扣餉，解助虎門南韶崖黎兵食，尚存官兵四百四十名。原設北津右司，併立蓮頭、限門二寨，距赤水而中分之，俾各守汛地。司兵者，春冬二汛時，其簡閱防守，視昔有加焉。又按，邑自明萬曆二十九年設營寨以後，天啓五年，海寇犯港十餘日而去。崇禎二年，海寇李魁奇連年入寇，巨舟一百七十餘艘，俱爲官兵所敗。七年，劉香老入限門，又被追勦遠遁，而城池賴以無恙。雖主兵者勦禦有方，未始非置營立寨之功也。以上俱載李志。附載設立營寨及分汛條約兵船塘舖於後：

廣東等處承宣布政使司分守嶺西道右參政盛　爲申嚴條約，以肅軍威，以固海邦事：照得高凉之地，東南距海綿亘六百餘里，倭奴北風而來，信宿可至。電白、吳川爲必犯之地，西北倚於博陸，山箐盤鬱，猺獞雜處，於二廣爲聯絡之處。萬一中寇，則東西壞絶矣，其所繫之重如此。乃承平日久，武備寢衰，尺籍空虚，兵房單弱，以故前有電白之禍，近有吳川之虞。本道思爲結綱補牢之計，乃力請兩院，再增水陸官兵九百三十九員名。幸蒙軫念時艱，俯賜批允，深爲地方幸焉。故爲之派守汛地，爲之酌用戰船，爲之增定名數，爲之布立營壘，爲之置造器藥，爲之料理錢糧，時其訓練，稽其虚冒，申其號令，約其應援。雉堞之卑小者，撤而新之。池濠之湮没者，清而浚之。以至設塘報謹斥堠籍狼兵慎城守，一切軍中機宜，時與二三將領共申飭之。徹土綢繆，稍已具悉，惟是兵心未一，面命爲難時，異事殊善，後不易謀，欲掇拾條欵，編列成書，水陸各自爲帙，捕隊而上各給一帙，使與士卒習其耳目，齊其心志，且籍以垂永久，倘亦可爲高凉保障之一助乎。然本道猥以書生，鮮知兵事，區區臆説，無當於時，伏乞憲臺，留神詳閲，如有一二可行，特賜叮嚀告誡，行回遵照刊發。仰藉寵靈，綏此海邦，本道幸甚，地方生靈幸甚。詳奉總督兩廣軍門戴，名燿，福建長泰人，進士。批據詳水陸條約善後事宜已極。詳悉還猷碩書，足爲東海金湯。仰刊刻成書，分發大小將領，著實遵行。繳巡按廣東監察御史李，名時華，浙江仁和人，舉人。批水陸兵防布置，悉中肯綮，信能行此，佇見濵渤波恬，寇盗喙息矣，尚何倭奴足患哉！依議刊行頒布，嚴督將領著實遵行，有不如約者，以三尺法從事。此繳萬曆三十年正月刊行條約。北津寨右司汛地，東界雙魚，西界白鴿，中以蓮頭、限門爲寨。巨海茫洋，倭警叵測，以故嘉隆間電白城陷，受毒甚慘，前車爲不遠矣。事平而後，迄今三十餘年，衣袽不戒，防禦進疎。至二十九年四月，倭寇突犯吳川，城幾不保，旋事徵兵，燃眉莫救。今詳兩院，處餉增兵，添設限門分總領兵一寨，與蓮頭舊寨各派汛地，互爲犄角。至於器械火藥，無者增之，壞者修之。更設塘報，嚴烽燧，以便偵探種種事宜。庶以補偏救弊，但立法之初，猶恐紀律未明，人心未肅，合申條約，輯彙成書，刊刻頒布，以永遵守，敢有不遵約束，軍法具在，決不輕貸。

水寨條約

一派守蓮頭、限門二寨圖說。蓮頭、限門二寨汛地，上自青洲港與雙魚分界，下至硇洲與白領寨分界，沿海地方計六百九十里。其中青洲山、黄程山、蓮頭山、放雞山、暗鏡山、博茂灣、磊嘴門七處，俱在外洋，乃賊船可泊之所，但恐風信不測，兵船難以久駐。至於青洲港、蓮頭港、赤水港、限門港、三合竄、新門港六處，可以泊船，即係防守要地。其青洲港在電白縣城之東，距城八里，人烟稠集，甚爲喫緊，應派七號船二隻劄守，艟艚一隻，專責巡哨港外青洲、黄程、前藍海面，而蓮頭港係電白縣咽喉，距城五里，應派左哨三號船二隻、六號船一隻，劄守左港，右哨六號船一隻、七號船一隻，劄守右港。艟艚一隻，專責巡哨蓮頭外洋，接前藍海面止。赤水港係電白之西港，内透各鄉村，距城四十里，自應派三號船一隻、六號船二隻劄守，八號船一隻，專責自蓮頭海面巡至放雞山止。又艟艚一隻，專責自放雞海面巡至暗鏡山止。限門港係吴川縣門戶，離城六里。港通梅菉、化州，達高州府。應派六號船二隻、七號船五隻劄守，八號船一隻，專責自暗鏡海面巡至博茂灣止。又艟艚一隻，專責自博茂海面巡至限門止。三合窩係賊船往來入把之區，窩有小港通限門內港，應派六號船一隻、七號船二隻劄守，東則策應限門，西可備禦新門。八號船一隻，專責自限門海面巡至三合窩止。其新門港係石城縣要地，離城八十里，應派七號船二隻，劄守艟艚一隻，專責自三合窩海面巡至新門止。又艟艚一隻，專責自新門海面巡至硇洲止。大船可恃攻擊，艟艚以便偵探，走報軍情。

青洲港至青洲山三十里。

黄程至蓮頭山四十里。

蓮頭至放雞山五十里。

放雞至赤水港六十里。

赤水至暗鏡山四十里。

暗鏡至博茂灣六十里，以上電白縣境。

博茂至限門港六十里，

限門至磊嘴門八十里，

磊嘴至三合窩四十里，

三合至新門八十里，

新門至硇洲一百二十里，以上吳川縣境。

國朝順治四年，設守備一員，領吳川營。設遊擊一員，領限門寨，撤去把總、分總，而哨隊如故。九年，設化吳石參將一員，駐城內，中軍守備一員，駐芷芓，而限門吳川營咸轄焉。十五年，添設水師營參將一員，水師中軍守備一員，千總二員，把總四員，撥廣州兵船二十五隻，兵五百六十名，並原限門寨水兵四百四十名，共一千名。設衙門于芷芓陳屋廟右，惟吳川營兵轄於化吳石以備遣調。康熙三年奉旨立界。芷芓既遷逐，撤去水師營參將。又改化吳石營爲吳川營，別設遊擊一員，中軍守備一員，千總二員，把總四員，將水師營之船與水兵五百名，移守雷州海邦。即撥海邦陸兵五百名，移鎮吳川。並簡閱吳川限門寨之兵五百名以屬之，共一千員名。續奉抽撥防守順德、增城、博羅、廣州新城二十三名。八年，奉文除汰，不准頂補，步戰兵一十一名，守兵八十四名。十二年，奉撥化石營守兵四十四名，添入本營額數，共官兵九百二十六員名，歲需俸餉一萬二千六百九十六兩七錢零，糧米二千三百零四石八斗。十九年，奉文通行高屬文武各官捐修復吳川營哨槳船十隻，內十櫓哨船二隻，八櫓哨船二隻，六櫓哨船二隻，四櫓槳船四隻，俱係兵丁操駕。灣泊芷芓要口，分防限門東西二砲臺及麻斜、博立、茂暉港汛。二十年，奉文抽撥戰兵二十四名、守兵七名入提標援剿營。二十三年，議定營制，尚存實額兵八百名，步戰兵二百四十名，守兵五百六十名，歲需俸餉一萬一千六百三十四兩七錢零，糧米二千八百八十石。四十年，奉撥戰守兵共九十二名，哨槳船五隻，歸入電白。撥電白戰馬三十匹，歸入吳川。四十二年，奉撥步戰兵六名，守兵一十四名，歸入新設硇洲營充額，又將原額槳船二隻改造雙篷艍船二隻，又添設槳船二隻。雍正六年，奉行將吳川營外海十四號艍船改編吳字第一號，十五號艍船改編第二號。內河六櫓船改造外海拖風，編列第三號；急跳船改造外海拖風，編列第四號；槳船改造外海拖風，編列第五號。現在外海拖風艍船五隻，內河哨槳船二隻，共船七隻，配兵巡防。七年，奉行添設外委千總一員，外委把總三員，通營額兵馬戰三十員，步戰一百七十四名，守兵四百七十二名，歲需俸餉銀九千六百二十七兩二錢零，遇閏加增餉銀七百七十一兩一錢零，官俸不加，歲需糧米三千一百八十一石九斗，遇閏加支米二百零三石一斗。

康熙四十三年，添設硇洲營守備一員，千總一員，把總二員，共官兵五百四員名，艍船四隻，拖風四隻，配兵巡查。

雍正十年，改硇洲營守備爲都司。

乾隆九年，撤芷芓船廠。十七年，復設芷芓船廠。大小修歸芷芓，拆造歸省。

乾隆三十一年，改吳川營遊擊爲都司。

砲臺

明崇禎間，參議張公茂頤所創，列限門，以禦寇。知府姚公繼舜奉守道，江公用世，復設東營房八十間，西營房二十間。設官廳，以時操練，遷界後廢。張、江二公，俱天啓壬戌進士。

國朝康熙五十六年，奉旨查沿海砲臺，有應修之處，文武會勘。時兩廣總督楊公琳巡法公海，會同將軍提鎮分勘，議覆發藩帑一千兩，吴川營限門東西砲臺及麻斜爲三，因舊修築高大。硇洲營添設淡水砲臺，其津前、那娘、南港、北港四處舊有砲臺，亦皆修築。五十七年，續發銀六百兩建造營房。

限門港東砲臺，半月形，向西，週一十三丈，臺身高五尺，垛子墻高四尺，臺面前後深三丈四尺九寸，垛子墻二十二，垛子眼二十個。當中通天砲眼五個，左右砲眼各三個。營房大小共一十八間，安砲八位。羣子窩蜂二千零二十個，撥改編第二號艍船一隻，配兵四十名。又撥内河雙櫓船一隻，配兵二十名。巡防捕盗每年撥官一員領之。

限門西砲臺，半月形，東向，高深廣狹同東砲臺，營房砲位亦如之。撥改編第三號船一隻，配兵四十名。又撥改編第五號船一隻，配兵二十七名。巡防捕盗每年撥官一員領之。

麻斜砲臺，半月形，向西。臺前月城墻廣一十一丈七尺，臺後横墻自左至右廣四丈五尺，臺身高八尺，垛子墻高四尺，週圍共二十九塊，垛子口二十九個，砲眼一十六個，馬路中濶一丈五位，羣子窩蜂二千個。撥改編第一號船一隻，配兵四十名。又撥改編第四號船一隻，配兵三十七名。又撥四櫓船一隻，配兵二十名。巡防捕盗每年撥官一員領之。

墩臺

明洪武間，奉南京都院移文建。各墩臺及鋪舍巡邏夫五名。

烽堠 一十五處

羅山，北三都。

尖村，北九都。

温村

南寨，俱北十一都。

沙飛

茂暉

吴村

博立

新塲，俱南二都。

隨黎

調高，俱南二都。

北涯

扶村

北聚

麻簡，俱南三都。

盛志曰：按府志，前朝經畧防倭沿海墩臺甚密，遇警舉烽，視敵多寡爲節，傳報得宜以至，克敵准奇功。違者，軍法從事。承平日久，烽信不明，墩臺荒壘而已。康熙初，海寇未靖，遷民內地，復創立內邊，新設烽堠。吳川共墩臺一十五處，但府志止載再遷之界，而其名數不無互異，故不贅錄。今列李志所載兩遷舊制於後。

康熙元年，奉旨遷濵海居民歸內地，自里濕嶺至麻斜一路，立界墩臺二十二處：

里濕嶺臺　郊邊坡墩

東海兒大塘村臺　瓜精坡墩

心七洞心嶺臺　上埠海塘嶺墩

姚村蓮塘嶺臺　九岐嶺墩

限門東砲臺　限門西砲臺

龍貫嶺墩　蜑步村邊臺

滘坡墩　茂暉臺

乾塘墩　吳村臺

博立墩　新場村公堂背臺
麻斜鹽田墩　北花村面前坡臺
麻斜西邊臺　麻斜大砲臺
康熙三年，奉旨再遷，自里濕嶺至石門一路立界墩臺一十七處：
里濕嶺臺　郊邊坡墩
東海兒臺　瓜精坡墩
白沙砲臺　雷廟墩
大岸砲臺　馬村臺
坡脊嶺墩　寨嶺臺
尖山墩　上垌臺
透滘墩　那黃臺
木樟墩　南埇臺
石門大砲臺
道路要隘營房四處：
大坡營，接茂名界。　長坡營，道通梅菉、塘掇。
塘掇營，道通石城、遂溪。　黃薑營，道通化州。

康熙八年，奉旨展界，勘復再遷營界，設官兵砲臺防禦，居民復歸耕種。自茂名界設立墩臺起，至麻斜遂溪界止。

沿邊墩臺數目：

東海嶺墩臺　岐嶺墩臺

限門東砲臺　限門西砲臺

茂暉墩臺　博立墩臺

麻斜砲臺

雍正七年，改設東海岐嶺二臺，歸併文峯嶺臺作一汛，水陸塘汛共一十八處。嘉慶十二年，添設田頭、龍起滘二汛，共二十處。額配外海艍船二隻，拖風船三隻，內河櫓船二隻，共船七隻。查舊設艍拖櫓船停修裁汰，新添米船三隻、撈繒二隻在洋巡緝。

一存城駐劄官三員，都府一員，守備一員，千總一員，配馬步守兵九十三名。嘉慶七年，添設步守兵五十名，歸入存城防守，共馬步守兵一百四十名。

一東砲臺把總一員，配馬步守兵三十五名，分防文峯嶺汛。配步守兵十名，配二號外海艍船一隻，配步守兵三十九名，配內河兩櫓船一隻，配兵二十二名。該二船奉文停修裁汰，其原配船兵丁，酌撥米艇、撈繒、緝捕。

一西砲臺把總一員，配步守兵共三十五名，分防茂暉汛。外委一員，配步守兵十四名，配三號拖風船一隻，配步守兵三十九名，配五號拖風船一隻，配步守兵二十九名。該三船奉文停修裁汰，其原配船兵，酌撥米艇。

一田頭汛把總一員，配步守兵六十名，分防龍起滘汛。配步守兵丁四十名，係嘉慶十二年新添，至嘉慶二十二年裁撤。田頭汛步守兵二十名，龍起滘汛步守兵丁二十名，田頭汛現防守兵二十名。

一麻斜砲臺千總一員，配步守兵三十五名。查該臺千總一員，嘉慶二十三年裁撤。將塘墩汛把總一員，移駐該臺防守，分防博立汛。外委一員，配步兵守兵九名，分防苧隴汛。配步守兵五名，配一號艍船一隻，配兵三十九名，配四號拖風船一隻，配兵丁二十九名，配二號兩櫓船一隻，配兵二十二名。該三兵奉文停修裁汰，其原配船兵丁，酌撥米艇、撈繒、緝捕。

一分防塘墩汛，把總一員，配馬步守兵二十五名。查該汛把總一員，嘉慶二十三年移駐麻斜，又將宿江汛外委一員移駐該汛防守。併撥歸麻斜砲臺，專管督防。

一分防宿江汛，外委一員，配步守兵十九名。查該汛外委一員，嘉慶二十三年移駐塘墩。嘉慶二十二年，裁汰兵丁五名，實兵十四名，併撥歸麻斜砲臺，專管督防。

一分防窑頭汛，配步守兵二十名，嘉慶二十二年，裁汰兵丁二名，實兵十八名。併撥歸麻汛，專管督防。

一大坡汛，把總一員，配馬步守兵二十二名。分防茶亭塘，配兵四名，分防三江嶺塘，配兵十名。分防牛皮橋塘，配兵十名。分防樟木塘，配兵十名。

一分防板橋汛，外委一員，配步守兵十二名，嘉慶二十三年，撥歸大坡汛，專管督防。

一分防長坡汛，配步守兵十八名，嘉慶二十二年，裁汰兵丁三名，實兵十五名。嘉慶二十三年，撥歸大坡汛，專管督防。

硇洲營，孤洲海島，係屬外海水師，比至吴川縣，水陸程二百餘里。西比至管轄東山營，水陸程六十餘里。西南至海安營，水陸三百餘里。東臨大海，浩瀚無涯，建自康熙四十三年正月初一日。設立營利，額設官兵五百零七員名，戰船八隻。後陸續奉文裁改船隻及裁減兵丁，各官隨糧外，現存尚有戰守兵五百七十三名，一號米艇一隻，二號米艇一隻，三號米艇一隻，撈繒船二隻，臺汛八座。

淡水砲壹，配兵五十名。那娘砲臺，配兵五十名。

南港砲臺，配兵四十名。簕竹汛，配兵十名。

津前砲臺，配兵五十名。北港砲壹，配兵四十名。

潭埠汛，配兵二十名。梓桐汛，配兵十名。

一號米艇，配兵四十六名。二號米艇，配兵四十六名。

三號米艇，配兵四十六名。撈繒船，配兵二十七名。

防營兵一百五十八名。

較場

吴川營大較場，原在城南二里，廣四十丈，每月大操，調各營汛兵分隊演習。上建關帝廟演武亭，今廢。乾隆二十三年，移建大較場於北門外接官亭之東，尺度如前。演武亭在較場之北，小較場在城内東北隅，左傍城垣，廣二十丈，袤五十丈。演武亭在較場之北。硇洲營大較場在都司署之北，演武亭在較場之東。

鄉堡，每堡立堡長一人，堡甲一人，管各堡夫。地方有事，會於各堡，明原十三處，今存九處。

城東堡　城西堡

白沙堡　羅山堡

舖脚堡，北四都。　樟木堡

頓當堡，北十一都。　塘掇堡，北九都。

麗山堡　文字堡

南村堡　馬鞍堡

塘車，以上南四都。

武職

明

守備指揮　即洪武二十七年，設立備倭之員。舊志圖內載，備倭營在邑西海濵。明世官制，諸衛有指揮同知僉事，此係事分守者也。

俞鑑，神電衛。修城。

馮欽，雷州衛。

張濬，雷州衛。

范忠，神電衛。

黑恒，神電衛。

李宗玉，神電衛。

孫誠，雷州衛。

蔡金，雷州衛。

林泰，雷州衛。

魏漢，神電衛。

馮佐，雷州衛。嘉靖十四年掌印，後裁。

正千戶

徐本，洪武二十七年任，始創寧川所土城。

李忠，永樂元年任，重修土城，間以磚石。

胡山，深州人。永樂間，由常山中護衛正千戶調。

胡濬，山子。

胡卿，濬子。

胡相，卿弟。

胡達，相子。

胡通，達弟。

胡學金，通弟，後無襲。

副千戶

王端，河南人。成化十年，由神電衛所調，有修城功。

王資，端子。

王如湛，資子。

王如澄，湛弟。初，以湛男幼未承襲，借職。禦寇有功，還襲。後島夷犯海上，應調，屢獲奇功。初授神電衛指揮，復遇劇賊，所至克捷，歷陞惠潮參將。

王龍，湛子。初，幼及長叔如澄，還襲。從征羅旁，有功，陞神電衛指揮。

黃紀，福建連江人。成化十二年，由神電衛前所百戶陞居城西，爲黃氏始祖。

黃萬柏，紀孫。

黄世臣，萬柏子。

錢鏞，直隸江都人，弘治九年，由神電衛前所副千户调。

錢鑑，鏞弟，無嗣。

錢鈺，鏞弟。

錢繼志，鈺子。

錢海，繼志子。素善騎射，有謀畧，膂力過人，生擒海寇數人。萬曆四年，征羅旁有功，遷神電衛指揮撫按，獎薦陞福建掌印都司。

李杏，六安人。正德十九年，由本所百戶陞。

李桂，杏弟。陞正千戶。

百戶

蕭志，湖廣江陵人。洪武十三年，由陳州衛後所百戶調。

蕭禎，志子。無嗣，後無襲。

李福，山東高密人。洪武二十七年，由天策衛中所百戶調。

李壽，福子。

李順，壽子。

李承，順子。

李廷芳，承子。

李子實，廷芳子。

李希嶽，子實子。

李亦靖，希嶽子。

李逢元，亦靖子，無嗣。

李啟元，逢元弟，國朝奉裁。

王義，山東章邱人，洪武二十七年由鷹揚衛百戶調。

王桀，義子。

王盛，桀子。

王欽，盛子。

王元，欽子。

王燧，元子。

王世英，燧子，無嗣，後無襲。

舒桀，合肥人，永樂二十三年。

舒廣，桀子。

舒成，廣子。

舒錦，成子。

舒松，錦子。

舒柏，松弟。

舒希董，柏子，無嗣。

舒希曾，希董弟，無嗣，後無襲。

宣友良，合肥人，宣德二年由太河衛前所試百戶實授。

宣齡，友良子。

宣振，齡堂兄。

宣武仲，振子。

宣大勳，武仲子。

宣世仲，大勳子，無嗣。

宣儒，世仲族孫。

宣效會，儒子。

宣時奎，效會子。

宣天熊，時奎子。橫行不法，縱軍害民，爲守道黄兆穰棄市。

黄金，世臣子。襲百戶，無嗣，後無襲。

趙福，丹陽人。正統二年，由宣州衛中所百戶調。

趙璽，福子。

趙寧，璽子。

趙泓，寧子，無嗣，後無襲。

李英，河南商城人。正統八年，由廣東南海衛調。

李興，英子，無嗣，後無襲。

錢鑑，江西靖安人。正統九年，由南京武德衛右所百戶調。

錢鐘，鑑子。

錢鎮，鐘弟。

錢祿，鎮子。

錢萬斛，祿孫。

錢應陽，萬斛子，攝理限門寨分總，後無襲。

馮完，無襲。

黄茂，江西高安人。正統元年，由興武衛中所百戶調。

黄璆，茂子，無嗣，後無襲。

甯清，合肥人。景泰四年，由南海衛中所百戶調。

甯傑，清子。

甯陞，傑子。

甯英，陞子。

甯大濟，英子。

甯大經，大濟弟，中武舉四科。

甯起吳，大經子。

甯暹，起吳子，國朝裁。

所吏目

顏挺，福建人。

林一山，福建人。

鄒相，襄陽人。

周易，江西人。

郭振，福建人。

唐復元，廣西人。

盛本澄，浙江人。

黄世明。

吳綸，浙江人。

孫應儒，浙江人。

徐文淳，浙江人。

方世臣。

吳應元，燕湖人。

毛大垠，浙江鄞縣人，後裁。

林德馨，本縣人。舊志載名邑把總，征寇陣亡。兩院獎其殉義，誤入元人，今正之。元無此官，亦無所謂兩院也。

吳川營把總 姓名無考

限門寨分總

錢應楊，以寧川所千戶攝理。

盧實，舊志未載。見崇禎四年署縣事海防同知陳公祠堂碑記。

國朝

守禦所千總

蔡大勝，江西吉安人。

鞠應宿，盛京人，陞浙江紹興衛。

陳國政，北直人，康熙十一年任。

鄭禎，直隸人，康熙十八年任。

趙炳，山東臨清人，康熙二十二年任。清戎裕餉，兵民兩便。

陳柏，徽州人，康熙三十七年任。

朱越，直隸人，五十九年任，雍正四年奉裁。

吳川營守備

王忠，順治四年二月任，六月土寇攻城，營兵叛，力戰被殺。城陷，同知縣令丞尉教諭死焉。

限門寨遊擊

汪齊龍，順治四年二月任，九月，爲雷州叛鎮黃海如所殺。

化吳石參將

應太極，順治十年，西寇犯吳化，死於戰。

牛冲雲，陝西人，陞山西副總兵。

蘇昇，陝西人，治兵安民，一方保障。陞雷州副總兵，邑人立祠尸祝之。

化吳石中軍守備

王沾祺，湖廣人。

宋奎彪。

水師營參將

張華基，湖廣人，順治十五年任，陞湖廣副總兵。

蔡應科，揚州人，戰死雷州海上。

劉世亨，四川潼川人，謀勇兼裕，地方安之，調廉州，後調廣西永寧州參將。

水師營中軍守備

左良輔，南海人，順治十五年任。

刁起，山東人，奉裁調吳川營中軍守備。

水師營千總

何貴。

梁捷。

水師營把總

杜熊。

梁祚。

吳奇泰。

蔡應球。

吳川營遊擊

紀登雲，陝西人。康熙三年，由陽江參將調本營，管遊擊事。果敢直率，在任七年。

屈大法，遼東海州衛人，康熙九年任，膽勇精練，兵民畏服。

王德壽，正黃旗人。康熙十三年陞。十七年，海寇突境，守禦有方，城池賴以無恙。

李儀鳳，景州人。康熙二十二年任，材猷克壯，撫恤士卒。

李裕，浙江人，武進士，康熙三十年任。

龔漢，福建人，康熙三十六年任。

李正芳，陝西人，康熙五十七年任。

施正和，福建人，雍正三年任。

許大猷，湖廣人，雍正四年任，陞參將。

陳芳，福建人，雍正五年由本營守備陞。

蔡文昇，福建同安人，雍正六年任。

嚴武，潮州人，雍正十年任。

辛雄，福建人，乾隆六年任。

劉克江，潮州人。

周宗旦，江南人，由文舉賜武進士。有武而雅行儒術，不威而克振軍聲。

陳標，河南人，武進士，藍翎侍衛。

邱位中，吳川人。

都司　乾隆三十一年，改遊擊爲都司。

郭勛，湖南人，武進，乾隆三十二年任。

李國望，湖北人，武進，乾隆三十六年任，寬柔決策，中正存心。

黎日隆，東莞人，乾隆三十六年任。

許爵，澄海人，乾隆四十一年任。

蔡安廷，澄海人，乾隆四十五年任。

潘韜，吳川人，乾隆四十七年署任，歷陞福建澎湖總兵。

高瑞鳳，香山人，乾隆四十八年任。

吳川營中軍守備

刁起，山東人，水師營守備，奉裁調補。

謝勷，寧江人，武舉。

王德壽，康熙十一年任，見『游擊』。

王先，上杭人，康熙十四年任。

朱啟端，密雲人，康熙十一年任，見『游擊』。

彭國棟，遼東廣寧衛人，康熙廿三年任。

王國用，江西人，康熙三十六年任。

許雄，福建人，康熙四十四年任。

陳芳，雍正元年任，見『遊擊』。

楊啟忠，福建人，雍正五年任。

曹國標，電白人，雍正八年任。

曹雄，電白人，雍正五年任。

王捷，潮州人，乾隆元年任。

陳傑，潮州人，乾隆四年任。

鄭宏名，山東人，乾隆八年任。

吳戴有，潮州人，乾隆二十二年任。

簡爾岳，廉州人，乾隆十七年任。

黎日隆，東莞人，乾隆二十三年任。

傅傑，合浦人，乾隆三十四年任，巡防著積，陞調電白都司。

劉國掄，安徽人，武解元，乾隆四十四年任，恩威並著，書法佳。

劉榮祖，海陽人，乾隆四十四年任。

黃錫侯，朝陽人，乾隆四十五年任。

吳錫璋，福建人，武進藍翎侍衛乾隆四十九年任。

胡潮清，順德人，乾隆五十五年任。
藍得高，嘉慶三年任。
陳天祥，福建人，武舉，乾隆五十三年任，勇力果敢。
李士桀，陸豐人，乾隆五十三年任。
吳清，朝陽人，乾隆五十九年任。
黃勇，潮州府人，嘉慶五年任。
吳壯猷，瓊山人，嘉慶十六年任。
彭高，陸豐人，嘉慶十九年任。
何岳鐘，新會人，武進士，嘉慶二十二年任。
林鳳儀，福建漳州府人，世襲，道光四年任。
李耀楊，道光五年署。
吳文輝，嘉慶七年任。
盧端，嘉慶九年任。
陳攀鳳，嘉慶十四年任。
吳昭光，嘉慶二十四年任，吳川人。
林雄飛，道光四年任。

吴川營千總

宋德隆。

周從選。

袁其忠，安陸人，康熙九年陞，死于戰。

王先見，守備。

李雄，吴川人，康熙十七年陞。

張完，鳳陽人，康熙二十三年陞。

楊忠孝，江西人，軍功都督僉事康熙二十四年降補。

陳盛，福建人，康熙二十六年任。

鄭宏才，翁源人。

陳華，吴川人，康熙三十六年陞。

申生，陝西人，康熙四十一年任。

陳宏烈，福建人，康熙四十二年任。

馮辛，陝西人，康熙四十二年任。

李奇龍，吴川人，康熙四十三年陞，武藝優長，軍機諳練，任滿候推守備，以年老告休。

張通，南雄人，康熙四十八年任。

施隆，福建人，康熙五十三年任。

梁應鉉，南海人，武舉，康熙五十三年任。

程暘，福建人，康熙五十七年任。

吳光，陽江人，康熙六十一年任。

吳昭，湖廣人，康熙六十二年陞。

張賓，海安人，雍正八年任。

李陞，廉州人，乾隆元年任。

陳珊，雷州人，嚴謹巡防，撫馭有方。

袁登選，遂溪人。

許建德，古州功加。

周成祥，吳川人。

陳猷，吳川人。

陳陞，吳川人。

傅傑，合浦人，見「守備」。

李超榮，吳川人。

陳鎮疆，吳川人，訓練精勤，題陞守備。

符成龍，龍門人。

曾捷陞，合浦人。

林德，電白人。

鍾日秀，欽州人。

盧元陞，吳川人。

郭敏，合浦人。

王廷楝，合浦人。

傅君剛，合浦人。

鄧世珍，欽州人。

張維江，欽州人。

蘇奇亮，東莞人。

蔡芝秀，欽州人，遇敵不怯，勇烈可嘉。嘉慶乙丑，海寇犯黄坡，率營兵二十名，奮勇迎鬪，寡不敵衆，兵丁李遣、陳國隆、吳鎬川被賊刃死。

林輝揚，電白人。

梁開桂，吳川人。

蘇秉韶，吳川人。
吳昭光，吳川人。
梁朝秀，欽州人。
阮廷燦，陽江人。

吳川營把總

譚陞，吳川人。
陳明德。
蕭陞，南海人。
劉玉。
李雄，見『千總』。
殷懷禮，惠州人。
鄭典，吳川人。
謝昌。
趙昌隆，番禺人。
張完，見『千總』。

王文秀，陽江人。

鄭宏才，見『千總』。

陳有勝，陽江人。

陳華，吳川人，勦賊有功，陞千總。

張才。

沉秀，吳川人。

張廷佐。

劉化。

黃得功，遂溪人。

梁定，茂名人。

何定邦，新會人，武舉。

李奇龍，見『千總』。

劉正元，石城人。

葉茂祥，吳川人。

張通，見『千總』。

劉勇，陝西人。

洪泰，化州人。
吳光，見『千總』。
蕭奇。
楊柄，吳川人。
程暘，見『千總』。
陳興，福建人。
傅琮，茂名人。
文斗，吳川人。
吳昭，見『千總』。
葉雄，電白人。
李中興，電白人。
張厚，福建人。
徐顯，南海人。
劉鳳。
陳家壯，海康人。
蘇德茂，吳川人。

邱世隆，吳川人，陞烽火營參將。

吳上明，吳川人，題陞電白千總。

傅俊，電白人。

周光，吳川人。

吳國標，合浦人。

張武進，合浦人。

傅君召，合浦人，督造。死于王事，其長子襲蔭。

黃德贊，吳川人。

王延棟，合浦人，見「千總」。

楊光震，吳川人。

傅君剛，合浦人，見「千總」。

盧元陞，吳川人，見「千總」。

楊成斌，電白人。

蕭恒全，硇洲人。

陳勝，吳川人。

林忠亮，電白人。

王定邦，電白人。

蘇正韶，廣州人。

房光國，吳川人，襲蔭。

孫武陞，吳川人。

楊宗瑞，吳川人。

房士元，吳川人。

劉得高，吳川人。

黄烈才，吳川人。

朱遠光，吳川人。

梁開桂，吳川人。

賴忠能。

房士陞，吳川人。

梁朝秀，欽州人。

吳昭光，吳川人。

陳宏光，吳川人。

林日光，吳川人。

杜振朝，吳川人。
張國理，吳川人。
李定邦，吳川人。
莫遠仁，吳川人。
李榮韜，吳川人。
黃振揚。

把總
陳貴，福建人。
謝璋，直隸人。
余采，福建人。
林蛟，福建人。
程興，福建人。
董文華，陽江人。
石美，福建人。
李自華，江南人。

蔡金，合浦人。
許萬，雷州人。
陳萬花，雷州人。
蔡聯高，海康人。
曾治，福建人。
文進，吳川人。
黄會，海康人。
高德明，福建人。
馬元韜，合浦人。
范國英，澄海人。
陳鎮疆，吳川人。
涂志隆，福建人。
朱朝棟，電白人。
鄺崇人，龍門人。
陳鳳，羅定人。
李超貴，吳川人。

蘇武，吴川人，歷陞守備。

許廷進。

鍾廷選。

劉通，吴川人。

楊榮耀，吴川人。

蔣魁雄，欽州人。

卷六終〔二〕

吴川營外委

黄仁，吴川人，雍正十年任虎門守備署龍門都司，乾隆二十三年告休。

林靖海，吴川人。

高朝英，吴川人。

黄烈才，吴川人。

何秀陞，吴川人。

〔二〕 原書此處有『卷六終』之字样，应爲續编前志時未删去之誤。

張國理，吳川人。
林定山，吳川人。
林定陞，吳川人。
王漢中，吳川人。
黄國志，吳川人。
房士元，吳川人。
蘇正韜，吳川人。
陳宏韜，吳川人。
張爵高，吳川人。
林開疆，吳川人。
招廷珠，吳川人。
孫武陞，吳川人。
梁開柱，吳川人。
劉得陞，吳川人。
房光國，吳川人。
蘇培光，茂名人。

林振朝，吳川人。
馮科茂，欽州人。
林繼祖，吳川人。
林日光，吳川人。
吳昭光，吳川人。
陳宏光，吳川人。
林萬年，吳川人。
林獻廷，吳川人。
林萬春，吳川人。
陳永韜，吳川人。
龍朝淵，吳川人。
李定邦，吳川人。
莫遠仁，吳川人。
李榮韜，吳川人。
洪泰超，吳川人。
李寅祥，吳川人。

硇洲營守備

馬延眉，山東武進士，康熙四十三年任。

黃子清，湖廣人，康熙四十七年任。

施元勝，福建人，康熙五十一年任。

魯之芳，浙江人，雍正三年任。

蔡文都，福建同安人，雍正九年任。

都司

雍正十年，改守備爲都司。

唐錫元，東莞人，乾隆九年任。

洪秉彝，福建人，乾隆十五年任。

楊志英，東莞人，乾隆十二年任。

陳傑，饒平人，乾隆十九年任。

鄭張延，瓊山人，乾隆二十一年任。

何韜，東莞人，乾隆三十四年任。

陳頤，澄海人，乾隆二十五年任。

陳茂勳，福建人，乾隆三十八年任。

邊廷臣，直隸人。

利振剛，鎮平人。

張天助，瓊山人。

陳輝，歸善人。

吳錫璋，福建人，武進士。

歐仕龍，徐聞人。

唐鳳，湖南人。

盧魁，東莞人。

胡潮清，順德人。

魏大斌，惠州府人，武進士。

何英，東莞人。

謝廷楊，肇慶府人，武進士。

何士祥，香山人，武進士。

潘明道，平海人。
鄭上，澄海人。
徐洲，新安人。
陳得高，澄海人。
吳文輝，陸豐人。
謝廷可，新安人。
陳攀桂，澄海人。
華蘭，蒼梧人。
吳壯猷，瓊山人。
黎英，新寧人。
舒殿英，浙江人。
陳板鳳，東莞人。
盧端，東莞人。
劉起龍，新安人。
賴英楊，新安人。

鄧旋啓，徐聞人。
李正彪，陽江人。
何岳鍾，新會人。
梁開桂，吳川人。
樊立勳，香山人。

硇洲營千總

許華，福建人。
陳貴，福建人。
劉勇，陝西人。
趙明，湖廣人。
余采，福建人。
許萬，雷州人。
程興，福建人。
黃會，海康人。

房德勝，吳川人，補授藍翎侍衛，歷陞湖北游擊，施南協鎮。
楊麟，電白人。
招成萬，電白人。
許廷進
蘇偉
朱朝，吳川人。
陳宏韜，吳川人。
梁開桂，吳川人。
鄧旋明，徐聞人。
王鳳罔，遂溪人。
鄭懷韜，遂溪人。
黄罔，吳川人，武庠。
鄧旋明。
蘇秉韜，吳川人。
竇振彪，吳川人。

陳廷超，吳川人。

陳奇策，吳川人。

施建明，欽州人。

王鳳岡

林鳳來，吳川人。

吳金彪，吳川人，武庠。

何朝陞。

吳川縣志卷之六終

吳川縣志卷之七

吳川縣知縣滇南李高魁杏園纂

選舉

按：前代選舉多門，宋初設制舉三科。至天聖中，增爲六科，後又增爲十科。如蘇軾中賢良，吴育中材識，富弼中異等，余靖中拔萃，應各有榜，其制與元明迥異。即明與國朝亦不盡同。吴雖小邑，登科甲者代不乏人，或世遠事湮，莫可考據，惟依舊志，悉録其名可耳。盛志於此門未免過執，無怪乎前令章公殷殷致辨也。

宋

鞠杲，元祐六年馬涓榜進士，有傳。

陳惟中，舊志載：寶祐乙卯鄉舉，寶祐丙辰文天祥榜五甲，有傳。

吴頤，舊志載：字味淡，景定甲子鄉舉，咸淳乙丑榜進士，光禄寺卿。

林兼山，舊志載：由明經任湖廣江夏訓導，中嘉定壬午湖廣解元。

林可山，舊志載：嘉定壬午湖廣解元，盛志謂一榜無兩解首，舊志失考。詎知宋朝取士，一科而有數榜。况查林氏家譜，亦與舊志相合，則舊志亦無可厚非。

李凌雲，舊志載：淳祐丙午解元。

林秀甫，舊志載：咸淳丁卯中廣西榜，瓊州府定安教諭。

林仲甫，舊志載：兄弟同榜，泰州學正。

陳子全，舊志列徵辟惟中，兄太學上舍，有傳。

邱恩，舊志載：宋吏，無事蹟可攷，姑附于此。

元

林顒，舊志載：延祐戊午鄉舉。

林成甫，舊志載：徵辟明經，舉授瓊州府教授，秀甫仲甫兄。

吳仕元，舊志載：歲貢，教諭。

吳貢元，舊志載：歲貢，教諭。

吳應詔，舊志載：歲貢，教諭。

吳應誥，舊志載：歲貢，教諭。

陳伯鎮，舊志失載，考府志，附入至元間化州教諭。

按：舊志選舉合四朝分項敘列，但制各不同。今仍盛志，宋元分紀於前，明與國朝合紀于後。

進士

明

林泉，洪武乙丑科丁顯榜進士，光祿寺良醖署正。

蕭惟昌，景泰辛未科孫賢榜進士，錦衣衛籍，庚午順天戶部主事。

林廷瓛，弘治庚戌科錢福榜進士，舉成化丁酉蘇州建昌同知。

吳鼎泰，崇禎戊辰劉若宰榜三甲，歷江陰東明龍泉縣癸酉南闈同考。

鄭鎔，字鴻亮，號鳴宇，由拔貢赴京，歷監中式，洪武甲子應天鄉試第十八名，捷乙丑進士第三十名，同丁顯榜，初任福建泉州府推官，欽取恩榮□差山西道監察御史。萬曆十八年，奉巡按直隸監察御史，何牒查核纂修御史名錄，有傳。卒於任，墓在南一都。

顧禎，洪武甲子科舉人，乙丑科丁顯榜進士，光祿寺良醖署正。

李濬，正統丁卯科舉人，戊辰科彭時榜進士，未仕。

按：上三名，盛志執題名碑止列歲貢，知縣章國錄據舊志通志補入。

國朝

林闌階，乾隆丁丑蔡以臺榜三甲，任山西靈石知縣。

陳聖宗，乾隆庚子汪如洋榜三甲，任惠州府教授。

林召棠，道光癸未科第一甲第一名，賜狀元及第，欽點翰林院修撰。

舉人

明

洪武

林彔，甲子科，見『進士』。

鄭鎔，甲子科，應天鄉試，見『進士』。

顧禎，甲子科，見『進士』。

易璘，甲子科，梧州府教授，盛志執題名碑載宣德乙卯，今依舊志列於此。

楊兼濟，丁卯科，靖州學正。舊志作林。

吳孔昭，庚午科，監察御史。

陳鵬，癸酉科，梧州知府。

吳孔光，丙子科雲南蒙自縣教諭。

林原宥，字堯三，號寬仁，洪武丁卯科舉人，任興業教諭。

孫廸哲，字其明，號善誘，洪武丙丁科，由貢中應天鄉試舉人，任宜山教諭。

按：上二名，盛志執題名碑削去，知縣章國錄據舊志通志補入。

陳璆，庚午由貢中天順鄉試，任福州教授。盛志執題名碑止列歲貢，今依舊志補入。

永樂

陳乾，癸未科，四川渠縣教諭。

彭完義，癸未科，湖廣通山縣教諭。

陳保，乙酉科，交趾長津知縣。

黃俊，辛卯科，交趾王麻州吏目。

陳懋，辛卯科，交趾典史。

林密，丁酉科，廣西融縣訓導。

楊禧，庚子科，廣西與安訓導。

黃敏，癸卯科，廣西賓州。

羅倫，癸卯科，四川雅州學正。

吳埜，癸卯科，雲南中式，雩都訓導，孔光子。

吳灝，癸卯科，由府貢，舊志謂吳埜一名灝，總作一人，盛志依題名碑添入。

黎暹，戊子科，交趾上蘭知縣。

陳英，辛卯科，交趾都和典史。

陳珩，甲午科上三名，盛志執題名碑削去，今依舊志補入。

宣德

孫宏，壬子科，陸川縣教諭。

陳韶，乙卯科，廣西羅城縣教諭。

正統

李珏，戊午科，平樂府訓導。

易恒，戊午科，南直隸如皋縣知縣。

李冕，戊午科，大名知縣。

林球，戊午科，任廣西横州知州。

陳瑗，辛酉科。

易磷，甲子科，中式廣西鄉試，盛志削去，今依舊志補入。

凌霞，丁卯科。

李濬，丁卯科，見『進士』。

景泰

陳達，韶之子，庚午科，福建德化訓導。

吳濬，庚午科，横州學正。

蕭惟昌，庚午順天中式，見『進士』。

史孜，癸酉科，浦江縣訓導。

梁守正，癸酉科，山東金鄉縣教諭。

成化

林廷璋，戊子科。

李芳，珏子，辛卯科，南京兵馬司指揮。

吳朝玉，甲午科，長沙府通判。

陳暹，韶之子，丁酉科，蒼梧縣教諭。

林廷瓛，廷璋弟，丁酉科，見『進士』。

林榮，丙丁科，舊志作世榮。

弘治

高鴻，壬子科，福建懷安縣教諭。

陳天驥，乙卯科。

陳瓚，乙卯科，盛志執題名碑削去，今依舊志補入。

正德

林顯，庚午科，紹興府教授。

陳策，癸酉科，陵水縣教諭。

林秉全，丙子，科建寧府通判。

嘉靖

吴淮，壬午科。

蕭廷輝，乙酉科，江西永新縣知縣。

李德正，戊子科，天長知縣。

李尚德，癸卯，福安縣知縣。

萬曆

吴廷彦，乙酉科，興化府通判。萬曆二十六年，同建雙峯塔。二十七年，同修邑志。

吳鼎泰，己酉科，與弟鼎元同榜，見『進士』，有傳。

吳鼎元，己酉科，江西袁州府推官，轉廣西太平府推官，陞順慶府同知，有傳。

吳一善，乙卯亞魁，改名應祥，徐聞縣教諭，陞廣西象州知州，有傳。

天啓

麥倫，辛酉科，嘉興府通判。

吳鼎和，辛酉科，有傳。

崇禎

龍逢聖，癸酉科。

陳紹顏，己卯經魁，不仕。

陳參雨，己卯科，不仕。

陳聯第，壬午科，不仕。

國朝

康熙

吴士望，癸卯科，鼎泰子，稟性醇雅，兩修邑志，公正服人。

林春澤，乙酉科，湖北黄安縣知縣，忠信明決，政簡刑清，奉旨養親，鹿鳴重宴。

陳景濂，辛卯科，苦志學問，未仕而卒。

雍正

吴國倫，己酉科，經魁。

乾隆

黄家漢，戊午科。

伍象兩

麥國樹，甲子科，辛巳恩科，欽賜翰林院檢討。

林邦珖，壬申恩科，任江西分宜知縣，居官清慎，民多愛之。

陳尹東，壬申恩科，任番禺教諭，借補訓導前署，湖北武昌知縣。

吴元功，庚申恩科。

陳國成，癸酉科，浙江仙居縣知前縣署，錢塘縣知縣，處州府同知。

林香賓，壬午科，增城縣教諭。

陳聖宗，戊子科，見『進士』。

陳張元，丙午科。

林闈階，丙子科，見『進士』。

駱宗朱，己卯科，揭陽縣教諭。

陳璋潤，己酉恩科，欽州學正，雙山教諭。

李元琳，己酉恩科。

鍾濤，壬子科。

龍圖光，壬子科。

林懋昭，甲寅恩科。

李上猷，嘉慶戊午科。

吳河光，戊午科。

麥寶發，戊午科。

楊發祖，庚申恩科。

林鳴玉，辛酉科。

林家桂，甲子科，在部改名聯桂。

李士忠，甲子科。

孫大焜，戊辰科。
易文成，戊辰科。
李玉茗，戊辰科。
吳懋清，庚午科。
吳家駿，庚午科。
李玉華，庚午科。
吳懋基，癸酉科。
林召棠，丙子科，順天比闈。
吳國綾，戊寅科。
林鶴齡，己卯科。
林錫爵，壬午科，道光二年。

恩賜舉人
陳邦禮。
易業藩，癸酉科。
李元惠，癸酉科。

陳有孚。

林緝照。

李泮榮。

陳獻猷。

林馮鯉。

吳柱周，癸酉科。

林紀蕴，癸酉科。

易業盛。

歲貢

明

洪武

吳友文，舊志載「徵辟」，由人才授本府訓導。

黃伯諒，舊志載「徵辟」，由儒士授南靜知縣。

黃宜興，舊志載「徵辟」，由儒士授黔陽知縣。

林瑶，舊志載『徵辟』，由文學授行人司正。
姚守正，舊志載『徵辟』，由人才授徐溝主簿。
李俊中，舊志載『徵辟』。
顧禎，見『進士』。
郑镕，拔贡，見『進士』。
陈璆，見『舉人』。
莫正立，吴江县主簿。
张譖，融县知县。
吴体文，光禄寺监事。
孙迪哲，見『舉人』。
刘中，交趾諒山府知府。
李濬，見『進士』。

永樂

梁焕，交趾大灣县主簿。
李垣，交趾清波主簿。

吳鼎，交趾上恩州吏目。

林宗興，交趾镇蛮府檢校。

陳仕明。

林谱。

吴彬，孔光子。

吴鶴，歷胄監任知事。

林焕興。

上三名盛志執題名碑削去，今依舊志補入。

宣德

蔡纯。

李靖，廣西檢校。

李本誠，廣西知縣。

羅顯用。

張允倫。

易磷，見『舉人』，盛志誤作璘。

正統

余誠，臨淮知縣。

李華，常熟縣丞。

楊倫。

黄暹，州同。

吳休，經歷，舊志误作烋。

梁諝，泰寧縣主簿。

莫讓，本省陽山典史。

景泰

吳俊，福州府知事。

郑傲。

黎瑛。

张儒。

林傑，寶慶府照磨。

天順

孫璿，慶遠府推官，署柳州府知府，九載致仕。

陳厚，府貢側。

成化

邱順。

陳諶，江西雩都訓導。

劉廣。

吳璣，馬平縣知縣。

李琮，府經歷。

鄭琦。

林鵬，府經歷。

黃榮。

林廷珪。

林廷玉，江西永新縣丞。

文耀。

伍湖瀾。

李啟，新平教諭。

弘治

盧倫，舊志作璘。

陳紹學，贛州府訓導。

李資元，恩貢，什吉教諭。

吳桂，興安訓導。

孫彥，句容主簿。

易章。

譚論，漳浦縣訓導。

邱芳，寧波府經歷。

李凌雲，松溪縣教諭。

吳貞吉。

梁豪。

吳經綸，晉江府訓導。

蘇俊，延平縣訓導。

正德

孫時舉。

李朝陽，文昌縣教諭。

易中。

孫良，柳城縣訓導。

易彥，蒼良鄉教諭。

吳挺秀，雲南州吏目。

林起萃。

林才傑，拔貢，任晉江縣丞，陞蒼梧知縣。

梁建中。

黃中，江華訓導。

梁謨，盛志執題名碑削去，今依舊志補入。

嘉靖

吳國器，上猶縣訓導。

李明，由貢，沙縣主簿。

林秉性，吉水縣主簿。

陳鎰，光澤縣教諭。

陳朝元，茂名貢，政和知縣。

李萃，平南縣訓導。

李魁，石城貢，寧國府經歷。

李常，瓊州府訓導。

李世嘉，府貢，訓導。

陳明德，嵊縣丞。

陳善藝。

甯斐，周府浦江王教授。

陳道亨，舊志入例貢，盛志列此。

楊景芳，太倉州訓導。

李觀光，府貢，陽朔縣教諭。

梁國器，崖州訓導。

陳廣業。

易元吉，本府訓導。

林全忠，府貢，訓導。

李維精，廣德州學正，署建平知縣。

陳時宜。

孫朝用。

梁第魁，漳州府訓導。

楊茂，湖廣臨湘訓導。

李弼，應天府訓導。

史廣記。

李崇烈，府貢。

張鳳岐，州貢。

陳浚，懷集訓導。

李志乾。

李名實，教諭。

李志宏。
陳積德，府貢。
林灝。
林彦相，府貢，歙縣教諭。
易學就，府貢，樂清訓導。
林憲武。
楊朝會，南寧府訓導。
黃恩重，州貢。
陳廷實，州貢。
陳廷瑄，府貢。
張士望，州貢。
林伯表，府貢。
吳巨元。
譚中懷。
李曙，府貢，從化訓導。
彭斐，瓊州府訓導。

林瀞，廉州府訓導。

陳道顯，石城貢。

林肇昌，府貢。

黄鼎重。

李道立，州貢，文昌訓導。

李邦寵，文昌訓導。

麥璣，江西王教授。

吳允廸。

黄思温，博羅教授。

林渤。

李汝諧。

林惟鎮，陽江教諭。

易有孚。

黄仲仁，廣州府教授。

苑瓊，岷府教授。

劉邦奇，遂溪訓導。

吴一廸。
譚廷佐。

隆慶

陳學。
李屹。
甯汝賢，福建訓導。
李鳳翥，合浦訓導。
薛邦政，萬州學正，岷府教諭。
曾尚明，平海衛訓導。

萬曆

林肇泰，肇昌兄。
潘廷瑞，崇義訓導，陞惠州教授。
林漸階，澄邁訓導。
李彦輔，上饒教諭。

李夢周，常州府訓導，陞淮府教授。
李森，瓊州府訓導。
康蒼溪，容縣教諭。
康李栻，陽春教諭。
黃襲。
黃銘。
邱國舉，安定教諭。
楊謙，增城縣教諭。
韓仲仁，延平訓導，府志仲作重。
陳守諒，漢陽府訓導，遷淮府教授。
陳日遷，建安縣丞，陞淮府紀善。
吳稟純，高要訓導，感恩教諭，有傳。
李資乾，羅定州學正，拔貢。
彭克試，韶州府訓導，陞柳城教諭。
李兆龍，與修邑志。
邱如嵩，南海訓導。

林學賢，肇昌子，全州學正。
邱國望，順德訓導，陞灌陽教諭。
黃績，選貢，坐監考職，教授。
韓悦思，恩貢，泰和縣丞，與修邑志。
李旻，選貢，太倉州判，陞周府審理，文行兼優，稱古君子，與修邑志。
李仲煌，潮州訓導，陞雷州教授。持己嚴正，足爲多士□□庠，建祠尸祝，遷淮府紀善。
李晟，恩貢。
邱從周。
葉鵬，萬州訓導。
崔喬茂。
吴紹鄒，訓導，與修邑志。
林懋賞。
林懋绩，长樂訓導。
王貂，與修邑志。
陳世胄，府志未載。
李秋標，長沙訓導，陞安化縣教諭。

李最，歷番禺訓導、靈山教諭、肇慶府教授，友教多士，咸沐薰陶，三學諸生立碑以志不忘。

吳崇德，訓導。

陳廷瓚，崖州學正。

林有譽，靖州訓導，封川教諭，鄖陽經歷，有傳。

楊一英，與修邑志。

泰昌

林自得，恩貢，海寧縣主簿，署縣事。

天啓

梁麟祥，恩貢。

吳光裕，封州訓導，順德教諭，潯州教授。

林華棟，辛酉科副榜，准監。

楊潮。

李偉標，惠州教授。

麥峻，歷惠州訓導、福安教諭、鎮海衛教授。

凌尚仁。

崇禎

吳士甫，鼎元子，戊辰恩貢，壬午北闈副榜。

林柱鼎，戊辰貢。

李紹悅，庚午、癸酉、丙子三科副榜。

常宗思，選貢，金華通判，率廸宗黨，嘉言懿行，有古君子風。年九十六，士大夫共推碩德。

李應陽，東莞訓導。

劉化，南海訓導。

陳在宸，南雄府教授，與修邑志。

譚宏基，己卯拔貢。

陳奇偉，秉心醇謹，制行狷介。

吳士霖，鼎元子，澄邁訓導。

李粹。

陳敏。

易從周。

林廼熖，旌獎尚義，與修邑志。
麥挺芳。
林浩蓁，九戰棘闈，兩登乙榜。
林瓊樹，拔貢，國子監學正。
陳應龍。
陳聯第，癸酉、丙子副榜。
吳鼎夔，持己德禮是尚，訓子義方惟嚴。
林柱國。
常懋庸，壬午副榜。
林浩芫，恩貢，徐聞訓導，海康教諭。
吳孟褒。
梁方是。

附例貢 仍舊志。

吳睿，賦性樂易，不以世務攖心，教子成立，人謂盛德之報。
楊甘來，雷州府教授。

李孫豸

附例监 仍舊志。

黄鑑。

林宏高。

林廷棟。

李宏泰，考授通判，敬以持已，讓以接物。

劉寧邦。

林華陽。

林天俊。

林祉，事二母，間言不生。處鄉鄰，賙恤不吝。

吴乾時。

吴聖祝。

吴光宸。

陳孔垂。

魯先聲。

林廷選。

國朝

順治

吳士望，見「舉人」。

陳鳴登，恩貢，國子監博士。

常修庸。

梁挺秀，拔貢，與修邑志。

梁挺芳，府拔貢。

陳春第，端方尚義，與修邑志。

林昌宙，府貢。

龐猶龍，由廩入國子監，任瓊州教授。

姚大祥。

李參天，府貢，孝友性成，端方勤儉，邑中之士多受訓廸。

康熙

麥華岐。

林可檕，好古博達，恬淡山林，吳邑能交之士多出其門。

吳夢伯，恩貢，孝恭慕義，與修邑志。

龍正伸，與修邑志。

彭毓祥，府貢，與修邑志。

吳聯魁。

林震煜，與修邑志，作興圖說。

林間挺，十四年旌獎尚義，立義塚收埋枯骨，在壇地外邊嶺東，與修邑志。

李孫虬，與修邑志。

陳二生，府貢。

關名魁。

梁鼎鰲。

林震乾，與修邑志。

李炳倫。

麥秀岐，府貢。

李鳳英，府貢。

陳會啟。

吳仲超，文昌訓導，與修邑志。

吳冲雲，乙丑。

陳璣。

林中松，府貢，與修邑志。

李冲漢，海康訓導，署教諭，與修邑志。

陳文鰲。

李于琮。

吳騰雲，質直樂善，好學不倦，與修邑志。

吳德秀。

林魁彥，府貢，文行兼優，邑令宋公延爲義學師，與修邑志。

吳載錫，與修邑志。

吳觀韶，丁丑拔貢，與修邑志。

陳所蘊。

吳國佐。

伍瑞。

陳景廉，乙酉副榜，見「舉人」。

陳瑾。

古佩景，原姓黎。

陳睿，恩貢。

李時成。

易嚴聰。

林峻。

麥崇先，順德訓導，與修邑志。

林紫芝，澄邁訓導，與修邑志。

楊志先。

陳首魁，和平訓導。

李亘，龍門訓導，復選翁源訓導，與修邑志。

林中檜，廩貢，韶州府訓導。

林紫雲，廩貢，香山訓導，與修邑志。

吳飛雲，捐貢。

林宜瀛，捐貢。

吳聖舉，捐貢，山西安邑縣丞。

易暢元，廩貢。

楊志行，新寧訓導。

楊時行。

楊待舉，恩平訓導。

雍正

林苑蘭，元年恩貢，與修邑志。

陳純修，元年拔貢，與修邑志。

周公軾。

吳國倫，見「舉人」。

楊嵩，樂會訓導。

覃思遠，府貢。

吳文中，己酉副榜，甘貧嗜學，孝友端方。

陳道源，己酉拔貢，大埔教諭。

林傑，與修邑志。

陳梓陞，龍門訓導。
吳樹錦，曲江訓導。
楊世英，捐貢。
吳時芳，捐貢。
陳輅，廪貢。
黃建章。
林世翹。
林偉，廪貢，任新會、感恩兩學訓導，陞烏程縣丞，署德清縣知縣事。
陳玉表，合浦訓導。
伍象兩，乙卯拔貢，見『舉人』。

乾隆
李培，元年恩貢，大埔教諭，與修邑志。
陳梓棟，恩貢，會同教諭。
林世泰。
吳元宗。

麥國樹，優貢，見「舉人」。

薛裕。

陳麟詔。

吳若宗。

麥夢龍，花縣訓導。

林宏朝，辛酉科副榜，永安縣教諭。

吳宸颺，辛酉拔貢，開平教諭。

吳霽雲。

林世崧，高明訓導。

麥爲儀。

麥國材。

陳輪。

梁際時。

易若思，丁卯副榜。

吳國琰，新安訓導。

黄華信，恩貢，與修邑志。

林國瑞，恩貢，正直不阿，道範堪仰。

林世憲，肇慶府訓導。

林玉潤，恩貢，與修邑志。

林叔溪，恩貢。

林大華，龍川訓導。

楊藩。

林一華，廩貢，儋州訓導。

林邦瓆，癸酉拔貢。

黃德厚，廩貢，新興教諭，崖州學正。

吳文蔚。

符顯。

黃德屏，癸酉拔貢，原任平遠州知州，署安順府同知，後任常熟縣縣丞，清白盟心，慈祥撫衆，士民德政傳歌。

李鬱。

黎綱。

龍仁。

李卓峰。

楊藹，恩貢。
吳靜。
吳紹季。
李中立，鄉飲正賓。
林奠都，仁化訓導。
楊宗洛，己酉拔貢。
李元焱，雷州府訓導。
吳凌文，徐聞訓導。
陳孔秀，乳源訓導。
陳韓書。
常璟光。
林泰雯，庚寅、辛卯兩科副榜。
林邦瑞。
吳美周，恩貢。
林式僑。
林式中。

周文明。
黄敏修，丁酉拔貢，己亥恩科，順天副榜。
楊樹松。
林若崇，恩貢。
李本卓。
姚壯猷。
梁周封。
陳珩。
莫鴻，恩貢。
邱肇來。
吳造周，恩貢。
吳振發。
陳腹蘊。
李健榮。
陳之夔，恩貢，和平教諭。
林懋修，己酉拔貢，封川學教諭。

詹周佐，樂會訓導。
李上猷，己酉拔貢，會同教諭。
易方澍，恩貢。
李上元，廩貢，國子監肄業，署香山教諭。
李上耀，廩貢。
黃卿才，廩貢，國子監肄業，澄邁、陽山學教諭。
李上岐，廩貢，國子監肄業。
黃文才，廩貢，國子監肄業，高要、順德學教諭。
易業鎬，訓導，任嘉應州學。
冼穀輝。
陳獻猷，恩貢。
鄭光溱，恩貢。
李泮榮，府學，高要訓導。
易業霦。
林熙雯，河源訓導。
林健亭，清遠訓導。

吳駿基。

李士麟，府拔貢，署澄海教諭。

梁兆益。

李上明。

林家桂，拔貢，見『舉人』，在部改名聯桂。

林韓文。

林紀蘊，恩貢，署陽江學教諭，任永安學教諭，與修邑志。

鍾元澍，府學。

吳懋清，副榜，見『舉人』。

李珠，府學。

吳華川。

吳兆齡。

鄭宇泰。

龐英佐，府學。

陳楷，府學。

陳國光。

麥方進。〔二〕

陳式經，署海康訓導。

林鵬翀，廩贡，广州府学訓導，與修邑志。

李相邦，廩贡，惠东教谕，调陵水教谕。

林達珍，陵水学正。

李滋熹，廩贡，署海丰教谕。

詹时风，德庆州訓導。

李士龍，廩贡，署海康教谕，遂溪、澄邁、新会訓導。

李滋中。

林召棠，拔貢，見『進士』。

孫德器。

鄭宇元。

覃广忠。

林德天，府学。

〔二〕 原書此條之下至『武進士』皆已散佚，據哈佛燕京圖書館藏本補。

李士鰲。
林体乾，府学。
梁兆義。
吴汝風。
林材達。
林隆基，副榜。
吴士奇。
林隆徽，优貢，即补訓導。
汪浩，廪貢，候补訓導。
李玉葭，廪貢，候补訓導。
吴举廷，戊辰正貢，病瘦不能赴考，就例。
李學成，廪貢。
陳邦禮，恩賜副榜，見『舉人』。
鍾迪謨，廪貢，署合浦學正〔一〕。

〔一〕此處疑脱『正』字，補。

李元惠，恩賜副榜，見「舉人」。

易業藩，恩賜副榜，見「舉人」。

林緝照，廩貢，恩賜副榜，見「舉人」。

陳有孚，恩賜副榜，件「舉人」。

吳柱周，恩賜副榜，見「舉人」。

林馮鯉，恩賜副榜，見「舉人」。

翟翀九，恩賜副榜。

林宗謦，恩賜副榜。

梁正興，恩賜副榜。

王顴光，恩賜副榜。

附

孫崇修，詹事府主簿。

黃翰才，湖北松滋縣知縣。

李滋培，署阜阳縣縣丞。

黃祖香，泰州運判。

林章樹，增貢生，候銓布政司經歷廳。

林高翔，附貢生，候銓县丞。

國朝

武進士

易中，乾隆己未科，駐京提官。

武舉人

易中，丙辰科，見『進士』。

吴元芳，辛酉科。

易業富，壬申科。

吴龍川，己酉科。

吴滙川，庚申科。

林開第，甲午科。

易連標，丁酉科

易高飛，庚子科。

易連翀，庚子科。

李潁珠，庚子科，署瓊州鎮標千總。

潘汝渭，戊午科。

韓宸元，丙子科。

貤封

文官

覃恩封贈

宋

吳蒲，以子頤貴，贈光禄寺卿。

明

蕭希聖，以子惟昌任戶部主事，贈承德郎，配莊氏封安人。

林煥，以子廷瓛封永嘉縣知縣，贈文林郎，配陳氏封太孺人。

吳紹鄒，以子鼎泰任江陰縣知縣，贈文林郎，配林氏封太孺人。

明戶部主事蕭惟昌勅命二道，仍舊志。

勑曰：戶部司養民之政，其任匪輕，故置屬詳於諸部，苟非其人，曷稱厥職爾。戶部山東清吏司主事蕭惟昌，發身賢科，擢任斯職，歷年且既久，式著公勤是用，進爾階承德郎，錫之勑命，以爲爾榮。夫朕正治官以貴庶務之實，爾懋廉慎用臻來效，毋怠朕命其往，欽哉。

勑曰：夫婦，人之大倫。故朝廷推恩羣臣，命必及之爾。戶部山東清吏司主事蕭惟昌妻凌氏，端靜莊淑，克相其夫，茲特封爾爲安人，祗服榮恩，永光閨閫。天順八年七月十二日。

明永嘉縣知縣林廷瓛勑命四道，仍舊志。

勑曰：國家隆使臣之禮，原教子之功。爵賞既加其身，褒封必及其父。義實通於今昔，制不異於存亾。爾林煥乃浙江温州府永嘉縣知縣林廷瓛之父，晦跡韜光，讀書履善，義方之美，已收效于甲科。祿養之榮，竟遺哀於風木。乃因數績，昭示褒崇，茲特贈爾爲文林郎，浙江温州府永嘉縣知縣，庶靈爽之尚存，服休光於無斁。

勑曰：母之德，不専於鞠育，有教者存子之職，不限於旨甘，惟名是顯。爰錫推恩之命，用成報德之心。爾陳氏乃浙江温州府永嘉縣知縣林廷瓛之母，端莊有則，敬慎無違，徽令子之才名，式彰慈訓；授朝廷之彛典，宜示褒章。茲特封爲太孺人，服此光榮，益隆嘉祉。

勑曰：郡縣親民之政，每詢於按部之間；朝廷錫命之榮，或出於攷績之外。故法有定制，而恩有特施。凡沾旌異之名，必在褒嘉之列。爾浙江温州府永嘉縣知縣林廷瓛，拔雋賢科，擢官邑宰，涖下式勞，于撫字躬克，篤於慎勤，薦剡交騰，寵恩宜布。茲特進爾階文林郎，錫之勑命於戲，治民先於獲上，已徵名績之良善，始貴平保終庶，竭猷爲之益，明訓具在，尚克祇承。欽哉。

勑曰：士夫名行，豈無内助之資。朝廷褒封，必有旁推之命。典章具在，風化所關。爾浙江温州府永嘉縣知縣林廷瓛妻李氏，出自名族，嬪於儒門。職能供饋祀之勤，居不廢詩書之訓。爰因夫貴，用示國恩。兹特封爲孺人，益虔儆戒之心，以迓嘉祥之至。時弘治十一年六月二十一日。

明江陰縣知縣吴鼎泰勑命四道仍舊志

勑曰：夫士也，鬱青霞之奇志，如修夜之不陽。從古恨之茀燕，貽鵠起與身何異，而惠邀明綸光凝幽穸，亦足自慰也。爾貢生吴紹鄒，乃直隸常州府江陰縣知縣吴鼎泰之父，與行饒志，隨才奮彙，月書於芹校，屢吐金聲；剖天章於棘闈，竟成璞泣。蹉跎三策，蹭蹬一經，維爾力並，思以篤親，詩兼禮而訓子。雙珠潤浦，色暎韋賢之門。片玉輝崑，光呈郗詵之籍。肆今白眉振藻，亦既赤縣分符，積抱藉抒覃章，斯畀是用。贈爾文林郎如子官湛露懋，浥幽扃宿壤，頓書此日。

勑曰：賢令比衆，母言慈也。揆厥所自，必有賢母肇啟之，而後以壼慈，慈衆劬勞，豈弟若浥注然；睠懷伊蔚，若之何使無報也。爾林氏，乃直隸常州府江陰縣知縣吴鼎泰之母，毓自儒風，嬪於彥士，居室無逸，脫簪兼挽鹿之勤。出門有功，解珮廣弋凫之業。迨青氈莫展驥足，而丹穴已呈鳳毛。三徒既成，一同初試。絢荊巖之虹玉，爵拜陵楊。朗豐匣之霜鐔，功歸歐冶。是用贈爾爲太孺人，龍章彩徹，鶴隴馨騰。

勑曰：毘陵介處江陰，夙號腴壤，邇來法紀廢弛，扞罔滋衆，遂脊脊稱難治矣。剖煩理劇，寔資長業裕鯉庭，縱埒底之黄金。名蜚雁序，睠爾逡巡釋屩，跐赤烏以高翔。取次歌琴，手朱絃其立調。爰從蘂榜，遂試花封。鵬將六息而搏摶風，扶搖自奮。刀欲一鳴而出匣，盤錯無艱。保障蚤識，優爲美錦，寧須學製。騶鳴在望，駿惠宜敷，是用覃恩，授爾階文林郎，錫之勅命，史稱循良，則龔黄卓魯最矣。高山景行，雖不能至，而心嚮往之。夫千里之行，不起於足下乎。爾勿以不能至自阻也，朕且有顯擢焉。

勅曰：語有之：『維棠取甘，爲蘖取苦。』蓋芾棠之甘，出於茹蘖之苦也。鬱鬱縞綦，豈伊旦夕乃絲綸而可遺之爾。直隸常州府江陰縣知縣吴鼎泰妻李氏，賦德温恭，禔躬淑愼，秉敬戒而賓君子。桓汲惟勤，更篤齊以事尊章。任思克葉，佐同磨礪，處囊而潁脱南方。力贊騰驤，振足而圖收冀北。既絲而展素，且畫荻以詒謀。兹良吏作有脚之陽春，惟淑媛效同心之陰雨。是用封爾爲孺人，歆承紫綍，益砥素絲。時崇禎二年十月十五日。

國朝

麥廷英，郡庠，以子國樹翰林院檢討，贈徵仕郎，配李氏封孺人。

麥國樹，翰林院檢討，贈徵仕郎，配洪氏封孺人。

林天秀，邑廩以孫春澤任黄安縣知縣，贈文林郎，配陳氏封孺人。

林繩正，以子春澤任黄安縣知縣，贈文林郎，配羅氏封孺人。

林愈泉，候銓縣丞，以孫邦珖任分宜縣知縣，贈文林郎，配李何二氏封孺人。

林聯芳，候銓州同，以子邦珖任分宜縣知縣，贈文林郎，配陳氏封孺人。

陳克恭，以孫聖宗任惠州府教授，贈文林郎，配黄氏封孺人。

陳志仰，以子聖宗任惠州府教授，贈文林郎，配黄氏封孺人。

楊甘來，雷州教授。以子志行任新寧訓導，贈文林郎，配李氏封孺人。

陳天覺，以子道源任大埔縣教諭，贈修職郎，配冼氏封八品孺人。

黄通理，賞以子德厚任新興教諭。贈修職郎，配麥氏封八品孺人。以子德屏任常熟縣丞，贈修職郎，麥氏封八品孺人。

陳輪，以子尹東任番禺教諭，贈修職郎，配林氏封八品孺人。

麥瑞華，以子崇先任順德訓導，贈登仕郎，配柯氏封孺人。

林中檜，韶州府訓導。以子偉任新會訓導，贈修職左郎，配朱氏封八品孺人。

李上枝，以子亙人龍門訓導，贈修職左郎。

林紫雲，香山訓導。以子世憲任肇慶府訓導，贈修職左郎，配陳氏封八品孺人。

陳張元，舉人。任福建安溪縣知縣，陝西布政司庫大使，封修職郎，配林氏八品孺人。

林邦瑞，監以子泰雯任東安學教諭，敕贈修職郎，配李氏贈八品孺人。

陳五蘊，監以子璋潤任欽州學正，敕贈修職郎，配李氏贈八品孺人。

林光廷，監生。以子達珍任樂會教諭，敕封修職郎，配譚氏封八品孺人。

易貫一，庠生。以子業鎬任嘉應訓導，勅封修職郎，配李氏封八品孺人。

李珩，候選布政司理問。以子拔貢上猷任會同教諭，勅贈修職郎，配黄氏封正八品太孺人。

捐封贈

陳鷁章，以孫尹東番禺教諭，加贈奉直大夫，配林氏鄭氏加封五品宜人。

陳輪貢，以子尹東番禺教諭，加贈奉直大夫，配林氏加封五品宜人。

吴士澄，庠生。以孫元功舉人揀選知縣，加贈奉直大夫，配李氏陳氏加封宜人。

吴霽雲，歲貢。以子元功舉人揀選知縣，加贈奉直大夫，配李氏陳氏加封宜人。

吴元功，舉人。以子澧川州同職銜，加贈中憲大夫，配楊氏加封恭人。

吴澧川，貢候。銓州同加封授中憲大夫，配陳氏加封恭人。

梁炤，候選州同，授儒林郎，配吴氏封安人。

梁瓊觀，以子炤候選州同，贈儒林郎，配駱氏封安人。

詹厚齋，以孫禄瑞候選州同，贈儒林郎，配湯氏封安人。

詹萬與，以子禄瑞候選州同，贈儒林郎，配韓氏封安人。

李芳震，以孫珩候選布政司理問，贈儒林郎，配張氏封安人。

李高梓，以子珩候選布政司理問，贈儒林郎，配駱氏封安人。

黄仁，龍門都司，以孫瀚才□滋縣知縣，贈文林郎，配李氏贈七品孺人。

黄秀夫，例貢，以子文才高要學訓導勅封修職郎，以子瀚才松滋縣知縣，勅贈文林郎，配文氏七品孺人。

陳就虞，庠貢，以孫景清布政司理問職銜，贈儒林郎，配李氏安人。

陳自天，監生，以子景清布政司理問職銜，贈儒林郎，配易氏六品安人。

李爲楷，以子廷瑞按察司經歷職銜，贈文林郎，配林氏七品孺人。

李廷瑞，以己職按察司經歷，封文林郎，配龐氏封七品孺人。

陳德成，以孫壯才同知職銜，贈奉政大夫，配鍾氏贈五品宜人。

陳河書，以子壯才同知職銜，贈奉政大夫，配李氏封五品宜人。

李月盛，庠貢。以孫兆龍布政司經歷職銜，貤贈儒林郎，配吴氏六品安人。

李石城，庠生。以子兆龍布政司經歷職銜，贈儒林郎，配吴氏六品安人。

李元芊，以嗣子兆龍布政司經歷職銜，贈儒林郎，配氏□六品安人。

林祖德，增生。以孫高鸞布政司經歷職銜，贈儒林郎，配吴氏贈安人。

林紀藴，永安學教諭。以子高鸞布政司經歷職銜，贈儒林郎，配陳氏贈六品安人。

陳若瑞，以孫元勳布政司經歷職銜，贈儒林郎，配氏六品安人。

陳廷超，以子元勳布政司經歷職銜，贈儒林郎，配氏六品安人。

闞學信，以孫聖綱贈宣武佐騎尉，龐氏、李氏贈五品宜人。

闞文選，以子聖綱宣贈武佐騎尉，龐氏、陳氏贈五品宜人。

卷终〔一〕

武官

覃恩封贈

楊信與，以曾孫元超任春江遊擊，贈武翼大夫，配譚氏封淑人。

陽春魁，以孫元超任金門鎮，贈武功大夫，晉贈武顯大夫，配陳氏封夫人。

楊鼎餘，以子元超任金門鎮，贈武功大夫，晉贈武顯大夫，配梁氏封夫人。

楊元超，任福建金門鎮誥授武功大夫，晉授武顯大夫，配李氏封夫人。

房振登，以孫德勝任湖北遊擊，贈翼大夫前江西都司，贈昭武大夫，配詹氏封淑人，前封恭人。

許英富，以子許全任龍門千總，贈武信佐郎，配麥氏封安人。

吴允茂，以孫上明任電白千總，贈武信佐郎，配董氏封安人。

吴卓祺，以子上明任電白千總，贈武信佐郎，配孫氏封安人。

〔一〕『卷终』二字，应爲編修時未删前志之誤。

莫經華，以孫子英任龍門千總，贈武信佐郎，配陳氏封安人。

莫爲升，以子子英任龍門千總，贈武信佐郎，配黄氏封安人。

高瑞鳳，以子天奇任雷州把總，贈奮力校尉，配朱氏封孺人。

高天奇，任雷州把總，勅授奮力校尉，配陳氏封孺人。

黄永泰，以子德贊任吳川營把總，贈奮力校尉，配陳氏封孺人。

黄維斌，以孫德贊任吳川營把總，贈奮力校尉，配劉氏封孺人。

潘澤泮，以孫潘淮任電白把總，贈奮力校尉，配黄氏封孺人。

房位棟，以子德勝藍翎侍衛，贈奉政大夫，任江西都司，贈昭武大夫，任湖北遊擊，贈武翼大夫，配梁氏封宜人，再封恭人、淑人。

房德勝，藍翎侍衛。任湖北宜昌遊擊，誥授武翼大夫，前授奉政大夫，配梁氏封淑人，前封宜人。

邱秩陞，以孫位中任碣石遊擊，贈武翼大夫，配林氏封淑人。

邱顯剛，以子位中任碣石遊擊，贈武翼大夫，配蔡氏封淑人。

邱位中，任碣石遊擊，誥授武翼大夫，配李氏封淑人。

邱世隆，任香山都司誥授昭武大夫，配甯氏封恭人。

陳鼎鼐，以孫鎮疆任廣海寨守備，贈武德郎，前贈武信左郎，配吳、謝二氏封宜人、安人。

陳瑚，以子鎮疆任廣海寨守備，贈武德郎，前贈武信左郎，配吳氏封宜人、安人。

潘有洪，以孫潘韜任雷州守備，贈武德郎，配文氏封宜人。

潘國沛，以子潘韜任雷州守備，贈武德郎，任龍門都司，贈昭武大夫，配黄氏、沈氏封宜人、恭人。

潘韜，任龍門都司，誥授昭武大夫，配楊氏封恭人。

高輔朝，以子高懷藍翎侍衛，贈奉政大夫，配關氏封宜人。

高懷，藍翎侍衛。誥授奉政大夫，任左翼守備，配姚氏封宜人。

許國經，以孫許全任龍門千總，贈武信左郎配，曾氏封安人。全歷陞虎門遊擊，奉旨催貢致命焉。

□□□，□□□□□□□□□□。[一]

黄閣昌，以孫仁虎門守備，贈武德騎尉，配梁氏贈宜人。

黄大千，以子仁虎門守備，贈武德騎尉，配陳氏贈宜人。

林邦琦，以孫開疆千總，贈武畧騎尉，配吴氏贈宜人。

林官光，以子開疆千總，贈武畧騎尉，配易氏贈宜人。

易法天，以曾孫頌疆任碙石守備，贈武德騎尉，配常氏贈宜人。

竇景浩，以孫振彪任廣海遊擊，贈武翼大夫，配譚氏贈淑人。

竇星昭，以子振彪任廣海遊擊，贈武翼大夫，配吴氏贈淑人。

〔一〕此處因居頁邊列，影印缺漏，整列不可辨識。此條之下至『流寓』陈宜中皆散佚，均據哈佛燕京圖書館藏本補。

梁周翰，以子開桂守備，封武畧騎尉，配林氏贈宜人。

吳維翰，以孫昭光千總，贈武畧騎尉，配邱氏贈安人。

吳東濤，以子昭光千總，封武畧騎尉，配林氏贈安人。

張宏烈，以子國理把總，封武信騎尉，配李氏贈孺人。

陳奏福，以孫宏光把總，贈武信騎尉，配包氏贈孺人。

陳尚仁，以子宏光把總，贈武信騎尉，配王氏贈孺人。

林扶□，以孫振朝把總，贈武信騎尉，配周氏贈孺人。

林永昌，以子振朝把總，贈武信騎尉，配竇氏贈孺人。

莫比佳，以子遠仁外司，封修武校尉，配林氏封孺人。

□□□，以子金彪外司，封修武校尉，配□氏封孺人。

潘□□，以□□□□□□□□□□將軍，配梁氏、林氏贈二品夫人。

潘有洪，以孫潘韜閩粵南澳鎮貤封武顯將軍，配文氏、薛氏贈二品夫人。

潘國沛，以子潘韜閩粵南澳鎮貤封武顯將軍，配黃氏、沈氏贈二品夫人。

林柳文，以子建功外委封修武校尉，配易氏封孺人。

林粵元，以子萬年外委封修武校尉，配符氏封孺人。

林柳文，以子建功外委封修武校尉，配易氏封孺人。

林世譽，以子鳳來外委，贈修武校尉，原監生，配駱氏何氏孺人。

房貴綬，以子士元把總，贈武信騎尉，原正貢生，配陳氏封孺人。

竇星耀，以子振龍任海安營守備，贈武畧騎尉，配吳氏封五品宜人。

竇振龍，以子弟振彪任廣海遊擊，武翼大夫，配陳氏贈恭人。

陳朝賢，以子宏韜硇洲營千總，封武畧騎尉，配李氏封安人。

陳朝選，以姪宏韜硇洲營千總，封武畧騎尉，配李氏封安人。

李國楠，以孫榮韜把總，贈武信騎尉，配陳氏貤贈七品孺人。

李超培，以孫榮韜把總，贈武信騎尉，配符氏封七品孺人。

附

李可雋，壽九十六歲，身見七代，五代同堂，特旌「七葉衍祥」扁額。

龐彰，壽九十四歲，身見七代，五代同堂，例旌「七葉衍祥」扁額。

流寓

按：志乘例載流寓，蓋昔賢之所棲遲，即後人之所憑弔。其仕宦經過卜居此地，爲一族之鼻祖者。悉紀其始，即或偶然閱歷間有遺文，亦稱片羽吉光，不容汶没。庶幾善善從長之義云爾。

宋

吳保金，閩之莆田人。太平興國間，以進士歷官光祿大夫，晚謫高凉參軍，歲占籍吳川，爲上郭吳姓始祖。

林永吉，古閩莆田九牧端州刺史韋之裔，監薄上林矩之孫，宋明經。任瓊府儋州學正，宦滿回籍，道經吳川，遂卜居於城下郭，爲林族始祖，有真儒陳白沙贊，見『藝文』。

黄朝奉，景德初知高州，政先教化，創學興文，多士喁喁向化。居民編竹爲廬，頻罹火患。乃令易竹以瓦，不給者助之，州人德焉。去官後，隱居吳川博棹村，本姓陳，爲流泗岸大院兩族始祖。

李　穆，閩之漳州府龍溪人，宋嘉定間進士，初任化州，宦滿民扳留，不忍去，遂遊寓於吳，後占籍三柏鄉，爲李族始祖。

李定遠，閩之羅源人，進士，官永寧州刺史，道經吳川，樂此風土，因家焉。爲那羅村李族始祖。

孫梅心，原籍福建長樂縣人，宋舉人，任雷州教諭。致仕，卜居于吳之唐基，爲唐基奇豔始祖。

易仕熊，號鳳臺，新會人，宋提督易元伯第四子。登咸淳甲戌武進士，尚晉王郡主，官王府儀賓。從端宗航海，奮勇敵愾，及帝昺奔硇洲，知一木難支大廈，乃避地於吳，後遂卜居上杭，爲易姓始祖。

陸秀夫，宋端宗景炎三年爲左丞相兼樞密使。張世傑，景炎三年爲樞密副使加少傅，同奉帝居硇洲。端宗崩，奉帝昺即位，侍皇太后楊氏聽政焉。

陳宜中，宋端宗丞相。因宋室不支，欲往占城請兵，道經吳川，題極浦亭，見『藝文』。

元

陳伯鎮，閩之莆田人。宋狀元，左丞相兼樞密使，參知政事，都督諸路軍馬。文龍之孫，八宣之子。元時以明經辟薦，任石龍教諭，教士先德行而後文藝，時有經師人師之目。宦滿後遊吳，遂卜居乾塘鄉，爲乾塘陳族始祖。

李天與，號居平，原籍江西盧陵人，元化州路通判。承元之孫，以孫貴貤贈奉議大夫。究心河洛，精青鳥家言。至正間，由化州雙牌偕子仕顯封奉議大夫。長孫惟孝明經，柳州、饒州推官。次孫全孝明經、石龍教諭。同遷吳川平澤，爲平澤村李族始祖。

黄思温，號冰潔，閩之莆田人。元壬午鄉舉，任石城縣令，黄昱之次子。少舉明經，爲廣西博白教諭。失婚，後淡於宦情，來石省親，偶遊於吳，一時學者咸慕其名，爭聘延爲師，乃設教於舊倉前街。時有姚氏女，有賢名，生徒浼娶，生二子，長仲仁，歲薦。次仲義，庠生。常往來於吳石兩地，及父没，遂居于城南，爲嶺頭街與大岸黄姓始祖。

明

解縉，吉水人，洪武中爲翰林學士。奉命封交趾，道經吳川，題詠見『藝文』。按：解于永樂間以交趾參議督餉化州，縱遊山水，得罪下獄，非因出使也。

樊玉衡，黃岡人。萬曆癸未進士，監察御史。以上書請皇長子冊立冠婚，直指宮闈，聲震一時。謫戍雷州，以事至吳川，有雙峯塔記、八景詩遺，見『藝文』。

朱慈燭，明宗室益藩也。國變，避地，如安南，往返道經吳川，有題詠，見『藝文』。

毛毓祥，武進人，進士。崇禎間，以知縣分校粵闈，後陞禮部侍郎。國變後隱于吳川，著作見『藝文』。

吳碧巖，新會人，明舉明經，授王府長史。任滿後于嘉靖年間遊吳，卜居於石井，是爲石井村吳族始祖。

甯龍躍，原閩之龍溪人。登元進士，任石龍令。宦滿解組，士民扳留，初居邑治塘梧村。後遊吳，樂其風土，爰與長子舉人天奇、次子庠生天瑞，卜居山墟。後支派繁衍，遂爲南交、騰蛟、官塘、豢村各鄉甯族始祖。

吳川縣志卷之七終

吴川縣志卷之八

吴川縣知縣滇南李高魁杏園纂

人物

按：嶺南秀氣，代産名賢。吴邑雖屬彈丸，而鍾文翁、麗山之靈，忠孝廉節之士，自宋以迄本朝，亦時輩出。夫德行，本也。文藝，末也。人能於根本之地，有一二事質之聖賢而無愧者，即可以表異於當時，而垂美於後世矣。爰志之，以勵風尚焉。

宋

鞠杲，邑人。其先河南鞠詠之後也。宋元祐初，登進士。元符初，章惇、蔡卞以憸邪羅織善類，先生獨懷憤懣，上書數其罪惡，詞頗抗直，罹黨籍，遷謫，坎壈終身。

吴頤，號味淡，其先閩人。宋進士，銀青光禄大夫，保金公八世孫也。天性剛正，理學深邃。宋景定甲子舉於鄉。咸淳乙丑，連捷第四名進士。制策侃侃敷陳，深中當時利病。進呈度宗，覽策嘉歎，喜得直臣，擢以不次，爰授光禄寺卿焉。遭時多故，奸相賈似道擅權，排斥忠良，沮抑諫牘，凡劾奏者皆置極典。公以受國恩深，不能進賢黜奸，每與同列道及，涕泗交横。學士許衡、參政江萬里共相推重，及見時事日非，方正不容，不能自展。乃見幾而作，致政旋鄉，雖絶口不言朝事，然心念國艱，時形夢寐。每聞邸報，知大勢已去，未嘗不臨飧廢食也。公器量淵宏，功名富貴不介於心，而忠孝之性自然流綜論生平，忠孝萃諸，當躬出處。合乎先哲文章，德業冠冕一時，豈僅以登上第、晉崇階、闢吳陽之風氣已哉！厥後，奕葉繁昌，科名蔚起，盛德之報固不爽耳。

李凌雲，邑人。生有淑質，穎異能文。及長，厚重寡言，以博學篤行舉于鄉，恬淡不仕，崇祀鄉賢。

陳惟中，字子敬，宋寶祐四年進士，知文昌縣。景炎中，端宗遷硇洲，惟中轉餉至井澳，將趨硇洲。元將劉深帥師來追，張世傑前鋒稍却，深縱火攻。惟中與吳川司戶何時方朝食，投箸而起，親冒矢石，俱被創，力戰。天反風，宋兵亦乘上流縱火，深兵始遁去。府志載：何時，撫州樂安人，寶祐中文天祥榜進士，以朝奉郎謫吳川司戶，與元將劉深戰，勝之。

陳子全，惟中兄也。以太學上舍，爲廬陵丞。景炎丁丑，聞元兵陷臨安，與主簿吳希爽、尉王夢應起兵勤王，復袁州，元兵敗走。已而湘部諸郡縣相繼陷没，子全中流矢死。希爽力戰，亦死。夢應收殘卒，趨永新，圖後舉，力不能支，亦死。廬陵稱三忠，立祠祀之。爽，府志作奭。按：通志載，陳子全同時陳子敬起兵江西，應文天祥。疑子敬字惟中耳。

元　按：府志載張友明于宋，疑即宋末元初人也。

張友明，天性剛勇，每以忠義自負。至正九年，海寇犯合浦，逼瓊山。宣尉使檄四郡合兵討之。時化州路通判遊宏道招友明爲先鋒，會諸郡兵艘，追遁寇于海南澄邁之石確港，友明窮追奮勇，部下無不一以當百。俄海南番兵赴水遁，寇乘勝四合，諸軍皆潰，友明獨以孤軍倡，宏道與石龍簿木蘗飛、武德將軍廉州路同知羅仕顯從之，決死戰。援絶，不支而死。邑人祀之鄉賢。

明

林廷瓛，字公器，號南峯。世居下郭，受業陳白沙先生，登弘治庚戌進士。初令永嘉，開拓學宫，興起斯文。遷建昌府同知，廉敏公慎，未幾以内艱去，士民建生祠以祀。後補蘇州同知，嚴革織造陋規，大甦民困。公生平篤志理學，進退以義，功名富貴淡如也。以故不得大用，無媿白沙高弟云。子二，長秉全，孝廉。次秉性，明經。

吴稟純，號養吾，居上郭，以明經任感恩教諭。賦性純孝，制行端方。時父母及太父母均染疫，骨肉中有避匿者，獨夫婦扶侍左右，治湯藥，躬浣滌。既而後，先皆歿，昕夕哀毁。復值海寇犯境焚掠，毅然不避衰櫬，獲免。遇饑寒，覔升斗，不以自私，必分之昆弟。初授高要訓導，遷感恩教諭。給貧士膏火，謝絶脩脯，講課勤懇。崇禎間，郡邑諸生高其德僉，舉鄉賢。二子，紹鄒明經，紹洛儒官。孫七，鼎泰進士，鼎元、鼎和咸舉于鄉，鼎美明經。曾孫二十人，士望舉人，士甫、士衮、士霖皆明經。簪組蟬聯，人謂明德之報云。

吴紹鄒，字道宇。感恩學博，稟純子也。生而潁異，爲博士弟子，屢試棘闈，數奇不偶，以明經終生。平至行純篤，父卒官，哀痛幾絶，扶櫬歸里，不爲俗移，殯于中堂。撫弟妹，咸盡力。族人興化別駕廷彥宦歸自閩，歿于羊城，無子，遺二妾。爲經理其喪，籍其槖授之，纖毫不私。子二，鼎泰、鼎元，別有傳。

吳鼎泰，字葆中，號陽衢。性敦孝友，執親喪，哀毀骨立，終年未嘗御酒脯。少篤志于學，垂髫試高等領餼。萬曆己酉，與弟鼎元同舉於鄉。崇禎戊辰，成進士。初令江陰六年，定條鞭、公役米、革官戶、嚴寄庄、禁脚馬、繩羨耗，且捐俸備荒，沙田充餉，移倉于青暘，省遞運之費。分校南闈，網羅名士，以脂韋弗工，改調而去。邑人德之，建遺愛祠于青暘，且摭其政績上當事，祀諸名宦焉。調東明，適流寇披猖，設方畧守備，有捍禦功，調浙之龍泉。清慎如素，甫三月，解組歸，士庶遮留載道。及歸里，置祀田、設義學、助婚喪，族人與里閈無不受其賜，明經〔一〕。伯子士衮孝廉，仲子士望、季子士佳、孫嘉祉、嘉禧、嘉禎，皆列黌序，祀邑鄉賢。

吳鼎元，號仁衢，鼎泰弟，袁州司理。折獄明允，遷太平。奉詔討河南寇，設策勦撫，渠魁李荆楚授首。民獲安堵，當事上其功，晉順慶府同知。未幾，解組歸里，崇祀郡鄉賢。

吳一善，改名應祥，萬曆乙卯亞魁。禀性端嚴，澄心嗜學，不欺暗室，廉潔自守，惟以成就後學爲懷，七上公車不第。母老家貧，始授雷州徐聞教諭之官。手不釋卷，好修如常。事父母至孝，臨財以義，課弟子以文，行師嚴道尊，兼以闢門、鑿渠、改學、建署，徐之士誦聲至今不替。惜天不假年，丁丑會

〔一〕『明經』二字，疑爲衍文。

試，旅寓南雄寺中，端坐而逝。甫歿，陞象州知州。

林有譽，號匪溢，髫年失怙，母脱簪珥課學。未幾，母歿，哀慕不忘矢志。卒業，領郡餼。萬曆末歲薦，初授湖廣靖州司訓。適州以酷烈激變，諸生競譟，幾燬聖宫。公獨奮身撲滅，義叱諸生，乃罷去。厥後，悔禍繪象以祝焉，直指薦疏云。清怡粹品，博雅宏才，時已晉封川教諭。五閲月以前剡章轉鄖陽衛經歷，不屑簿領，辭祿還里，與子弟講學賦詩自娱。有《宦途倦飛》二集，林棲二十餘年，長吏罕識其面。邑令童公高其行，以望隆通德颜其門。郡守黄公朝英，靖州人，知其事，深加敬禮，嘗造廬焉。

吴鼎和，天啓辛酉孝廉。事親至孝，友于誼篤。少年登第，喪偶，人有勸其續婚者，毅然矢不再室。生平篤志，嗜學志，期遠大，竟不仕而卒。

吴世紹，孝廉廷彦父也。父殁奉母，竭力甘脆，委曲承歡。無何母失明，世紹哀號而籲者，窮百方言與淚，俱以舌舐目，周旋不離側。一日樵于江之南，聞母有暴疾，弗遑待舟，憑筏以涉，忽爲陽侯滅頂。吴邑咸目爲孝子。

李擅懿，貢生，三栢人也。秉性孝謹，持己端方。時值兵燹，寧死不辱，竟被害。

陳以類，庠生，居乾塘。早失怙恃，事繼母，純孝。母篤疾，彷徨無措。赴父墓前，號泣竟日，願以身代。至夕，夢中忽若父告之曰：『母疾得魚羹可救。』達旦入海，徧求弗得，望天號泣。忽有白鷗，啣魚而飛墮于前。持歸爲羹，母疾果愈。他日母病，嗜鮮蠔。時盛寒，解衣入水，採取盈筐，歸奉，母復愈。里黨賦詩美之，請于都諫，李學曾聞之，郡守陳公宏載擬薦于朝，因謝，事不果。

吴龍，庠生，髫齡嗜學，清介自持，非公不至宰庭，市井罕識其面。萬曆間賓于學宫，授冠帶。

林引鳳，正直不阿，壯老一節，姓名不掛訟牘。萬曆間，推介賓。

吴日新，庠生。雅志清操行誼，無忝于鄉評固邑之好，修士也。萬曆三十年介賓。

張才賦，庠生。生平樸茂禔躬，不越繩矩。族善逋賦，能率先急公，不爲俗移。萬曆間介賓。

麥嘉光，壯遊黌序，晚年隱居。沉靜寡營，處家勤儉，與衆無忤，稱潛德焉。

吴人傑，庠生。性質恂恂始終，以清白自守。

林邦達，庠生。稟性樸茂，不蓄機巧，邑人之稱厚德者必歸焉。

林時涬，庠生。内行純備，恤二嫂，教猶子成立，扶植善類。

林朝弼，庠生。居家克敦孝，友處里閈，周及貧寒，葢今人而行古道者也。

林懷，仗義好施，性負剛直，有古俠士風。

林愷，性剴亮冲怡，于世無忤，且常周人之急。

吴紹洛，庠生，孝廉鼎和父也。持己嚴正，訓五子，皆成立。父卒于官，奔喪，哀毁致疾，葬祭盡禮。

崇禎間，授儒官，延大賓，壽六十六。閤老陳公子壯有序。

吴明宰，庠生。惇行無媿，勉力報其嗣祖。友于誠篤，與人樂易，教子義方。

林永喬，事父母以孝，處兄弟以和，且輕財仗義，設粥賑濟，常于白沙、公子二渡具舟以濟涉。親戚不能婚葬者，每爲周恤。以高年舉鄉賓，邑人推重焉。

林蘇，庠生。苦志窮經，數奇不售。以德禮持躬，義方訓子，多士樂從之，里人咸稱高行。年五二而卒。

吳貴，增生。行己謹慤，設教方嚴，事親誠孝。

吳夢顔，庠生。立心謹愿，制行詳審，凡公事身歷，務期底績。雙峯塔之建，功居多焉，前令周公推重。

吳道中，庠生。坦直自矢，仗義侃侃，吳邑艱鉅之事多取決焉。崇禎間，舉鄉賓，邑人咸稱，不忝所舉。

國朝

吳士衮，貢生。天性孝友，好學能文，年長當婚，遭親喪，朝夕哀毀，有勸之娶者，折以大義，堅拒不從。處同氣恩義俱至，勵族黨惟廉恥是尚。好施尚義，瘞枯骨，賑饑寒，終身不倦。順治十四年，有司旌獎尚義，數奇不遇，士論惜之。

吳奮第，貢生。謹厚持己，和易與人，因遷界，產業悉廢，甘貧如飴，久厄名塲，困頓成疾，年未艾而卒，輿論惜焉。

林玉瑩，貢生。博學能文，父病腹結，藥餌弗效，力禱于家廟，願以身代，尋愈。父歿，事母盡孝。卒後，營喪葬，痛哭至絶，廬墓期年。事兄友愛彌篤。

吳士標，廩生。少失怙恃，依祖父母，盡孝，好學能文，葬父母至罄家，食貧終身。

林天秀，廪生。敦孝友，文行丕著。後進樂其教育，鄉里仰其謙光，稱古君子。

林瑶植，補弟子員。父歿，偕母避寇化州。蓬户疏食，奉養倍殷。母卒，絶粒數日，哀毁踰常。適風雨夜作，屋茅盡捲，零雨及棺，乃解衣以覆，衝寒成疾，病亟，顧柩未掩，抱恨掩泣以逝。進士周鳳來題其墓。

李作楫，廪生。貢生孫虬子也。温文爾雅，學行並懋，屢拔前矛，試棘闈者五。

林中桂，廪生。廉潔忠厚，事父母孝，處兄弟無閑言，邑人重之。

歐陽鳴宗，廩生。甘貧守道，絶跡公門，師範嚴正，邑人敬之。

林全初，郡庠生。持己耿介，訓子義方，異母昆弟無閑言。甥孫幼失恃，撫恤備至，得以成立。順治十七年，舉鄉賓。

林廼炤，庠生。九歲失怙，母邱氏撫植。迨長，苦志力學，勵節敦行，儀容莊肅，見者避道。

吳之瑋，增廣生。義以正己，禮以訓俗，勤學好問，至老不怠。瑋，府志作璋。

吳鼎臣，增生。醇謹端方，型家範俗，凜然不可犯，年七十八而卒，邑人推其齒德。

陳位中，庠生。世居流泗岸，勁節自守，族黨賴其維持，邑令張公顏其門曰『不媿太邱』。舉介賓。

林孔昇，廪生。素性謙謹，不以賢智先人。講學課藝，族黨賴其陶成甚多。

李孫賢，廪生。事親行己，不媿儒者，生平不設機巧，可謂篤行之士。

梁登甲，庠生。幼失怙，恪遵母訓，義方教子，奬掖後學，子挺秀、挺芳同入泮，同飧于庠，甲午同選拔。嘗拾遺金，不去，俟其人，還之。

易經世，廩生。倜儻負才畧，少年親喪，教養幼弟。康熙十三年值兵亂，條陳積弊，皆切當時事。

吳初錫，郡廩生。居家孝友，篤志嗜學，足跡不履公庭。

麥方惠，廩生。少失怙，事母盡孝，訓俗以行誼爲先，卓然有先正遺風，苦志力學，數奇不遇，人咸惜之。

陳廷冠，廩生。敦厚樸直，一生不履公門，安貧篤學，屢拔前茅。而設教無私，不計脩脯，士出其門，皆有所成就焉。

李九鼎，庠生。幼失怙，事母至孝，崇禎末爲諸生。敦睦族黨，輕財好施，生平慷慨尚義，言行足以服人。康熙十八年，海寇犯城，結義勇保護鄉井，所全甚多，邑令屢加旌奬。年八十餘卒。

陳憲教，庠生。孝友端方，年踰四十，不間定省。嘗館于外，有以時菓餽者，必先上父母，越日介返，然後敢食。兄憲輝至館，必衣冠迎之。居喪三年，不御酒肉，不入內室。家雖懸罄，洒如也。

楊峻，廩生。性清介，賦詩弄琴，超然物外。親歿，撫育二弟，雖成立，後偶染恙，撫摩備至。二弟學業不進，輒歸，哭于親之几筵。未三十，遭鼓盆，不復娶，鰥居没世焉。

林其翰，廩生。天資卓犖，雅有胸襟，爲文直追古人，不囿于風氣，嶺表聲稱籍籍，所著有《南海文瀾》十卷藏于家。

陳景濂，號東海，辛卯舉人。苦志好學，工文章，與同時余鱗傑齊名，太守魏公男鄭公梁深所賞識。

楊元瑛，字玉華，號晴窓，郡廩生，瑚琳人，讀書爲人詳載郡志。性尤純孝，事繼母如所生母，嘗臥病躬親，湯藥歷數，寒暑無倦容，迨母氏即世，幾欲捐生，後竟以此得羸疾焉。嘗受知高郵王冢宰。人嘗以三千金乞公一言，公慨然曰：『予行未孚於衆，致人敢干以私，自愧之不暇，敢尤人乎？』因善謝其人以去。公之勵行如此。

梁挺茂，生于明天啟丁卯。居貧食力，淡泊寡營。年迨期頤，精神矍鑠。殁于雍正丙午，壽百歲，亦吴川所僅見者，惜以家貧未及請旌。

麥廷英，庠生，贈徵仕郎。賜翰林檢討，國樹之父。生平孝友忠信，雍睦親黨，饒有萬石君遺訓。

麥國樹，字柱臣。博聞強記，簡練揣摩一部四書，題作文殆遍，足不出户庭者數十年，屢試輒冠一軍。學憲王高郵以孝友端方特疏題薦，恩准優貢，旋登乾隆甲子賢書。年八十餘，猶上公車，欽賜翰林院檢討，致仕家居，而五經諸史歲必一過。

吴國倫，己酉經魁。生平嗜學，文藝優長，設教數十載，登賢書者多出其門，邑人咸敬仰之。

林宏朝，字衮卿，號渭淵。秉性耿介，自幼而嗜學，文章宗先正，力黜浮華。弱冠遊泮，強歲中辛酉副車，催授永安教諭。生平澹泊寧靜，聲色貨利不入其心而動必以正非，公事不至公堂，有子羽氏之風焉。碩望久著於鄉邑。邑侯楊李二公，叠舉鄉飲大賓，至庭訓有方，世濟其美。子式橋、式中並列薦，孫文飛、文捷食餼采芹。

林闈階，字雋升，號雲衢，丙子丁丑連捷進士。家本寒素，齠年即自力于學，能自得師。後任山西靈石縣令，居官甫閱月即拂衣而歸，閉户日坐書巢中，了無榮辱之色。

陳尹東，字漸南，號泗溪。自少純篤，克敦孝友，刻志芸窗。弱冠補弟子員，壬申登賢書，初署當陽縣知縣，繼署武昌同知，後署武昌知縣。值湖水爲患，公設法拯溺，捐俸濟饑，民賴以甦。後又改教番禺三總兩齋，一攝監院，培養士氣，德教旁敷，不特一邑，蒙化雨也。二子，長張元孝廉，次張仲庠生。

陳國成，字秉均，癸酉舉人。爲人磊落不羈，嫻于吟咏，分發浙江試用知縣，上憲一見，即以異才目之，攝篆錢塘。煩劇卓有異政。紳民有『時雨清風』之目。題補仙居，未到任而卒。

易宗亮，庠生。幼失怙，事母色養兼至，待兄弟友愛彌篤，與戚友處八十餘年，雖遭橫逆，恬然而受，惟以不爲善自責，莊狀元滋圃爲文褒之。

麥崇先，歲貢，順德訓導。家貧克孝，善誘有方，前志經其手定，闔邑咸以爲公。

林紫雲，歲貢，任香山訓導。生平孝友可風，廉節足式。舊當里長之艱難，親屬咸賴其顧恤。至秉鐸大邑，勸課惟殷，多士群沾雅化，壽八十八而卒。

林紫芝，歲貢生，任澄邁訓導。篤孝嗜學，好義敦行，遷黌宫新文閣，與修邑志，亦有成績。

林香寅，字廷翼，號雅齋。天姿聰頴，未冠入泮，登壬午賢書。生平倜儻好義，朋友多賴以維持。曾有某孝廉，身故無嗣，妻將改嫁，公素不謀面，即捐金以贈，幸存節義，且假手旁人，不以示恩，爲尤難焉。司鐸增城，僅一載，終于官，士論惜之。子溥章、鵬翀俱登黌序。

房德勝，字明高，號宣一，以侍衛任湖北遊擊，署施南副將。幼失怙，性最孝，每以王事靡盬，不遑將母爲心，歷仕途四十載，紫誥三頒，而孺慕之志弗衰。迨解組歸田，壽八十二。公雖以武顯，而雅好儒術，子貴綬食餼于庠，能承父志焉。

易中，號梅溪，武進士，官綏京塘。雖身列武班，而躭志詩書，雅歌投壺，意弗尚也。凡梓里同寅有厄于京邸者，恤之如至戚，闔邑共仰其高誼。子三，業富、高飛、連標，皆武孝廉，孫演河文庠，洵爲一門濟美。

陳偉論，庠生。與弟偉觀幼失怙，性至孝，以祖父母與父窀穸未安，奔走號泣，夢老者命葬于文曲嶺，至山果見老者指示穴處，如言開鑿，有大石平坦容三棺，葬畢回顧，老者倏不見，觀者咸駭異，爲孝感云。

鍾錫豪，正直謙和，事繼母能得歡心，撫孤姪如己子。歲荒，常竭貲賑濟助婚葬之不逮者，至于捐嘗田建祖祠，尤爲敦宗睦族之誼焉。

鍾漢，國學生。幼失怙，事母以孝聞，母偶有拂意之事，必長跽慰勸，色霽乃起。遇母病，輒終日不食。惜年僅五十而終，未竟其志也。生平和兄弟、睦鄉鄰，人無閑言，又其餘行。

陳宏功，庠生。孝友勇敢，康熙初流賊時肆劫掠，倡率捍禦，族賴以全。三子，仲梓、陞季、梓棟，俱以明經司鐸。

吴霽雲，歲貢生。好學能文，義方訓子。每歲延師，族内有貧而不能學者，邀而就讀。丙辰歲荒，發粟賑濟，沾其惠者甚衆。

林榮，陪貢生。博通經史，教育門徒，不受脩脯，前修邑志，亦與其事焉。

吴若宗，字公傳，號魯堂，歲貢生。清心寡欲，矢志學文，幼失怙而恪遵母訓，奉寡嫂而產業不爭，蓋所謂廉介樂善士也。

吴元功，字敏子，號健齋，庚辰恩科舉人。處豐履厚，而謙冲之氣藹然可挹。凡吴邑義舉，無不捐貲倡首，諸如救貧濟饑、施棺掩骼之事，不可枚舉。上憲與邑侯叠旌其門，人咸目爲長者云。

李培，字材因，號果齋，恩貢，大埔教諭。自幼失怙，事母始終，克盡其道。生平謙恭，樂易周恤鄰貧。秉鐸名邑，不受脩脯羔雁，而化雨春風，至今猶在人耳目間也。

林叔溪，恩貢生。敦行好學，理解融徹，遊其門者咸仰之如泰山北斗，即鄉里平常之人見之者莫不加敬焉。

楊嵩，字伯岳，號柱中，瑚林人，樂會縣訓導。姿性豪邁，人不敢干以私，遠近士民有疑事而不決者，得公一言立判。家素豐於貧乏，兄弟饑寒，友生有求於公者，如欲以給。尤孝於事親，及父母歿，葬于雷陽，每月必往省視，有終身孺慕之風，享年八十有六。

林大華，歲貢，催授龍川訓導。爲人廉靜寡營，英姿卓犖，博通經史，诱人不倦，遊其門者類多名士焉。

吴元方，辛酉武舉。髫年遊泮，壯歲鷹揚，賦姿篤厚，持己端方，人當急難則解之，族有大典則倡之，亦士之善歟。子三，滙川武舉，靈川、光川，孫一材、一榮，皆武庠。

李雲登，字天簡，號健菴，正貢生。學問醇正，師範端嚴，負笈從遊者每年不下百人，鄰里鄉黨有曲直未分者，無論尊卑長幼，得公一言，無不帖服，雖婦人孺子亦無不知有天簡先生也。

陳抱，廩貢生。生平孝友，輕財仗義，凡事關風化者力肩其任，如建文塲、營祖祠、送學田，皆文教中之美事焉。

李本卓，歲貢生。文章古奥，屢試前茅，五經四子之書，研究數十年，晝夜不疲，確有心得。作有《學》《庸》《論語》注解，未竟而終，士林惜之。

林仲律，庠貢生。好施樂善，見義勇爲，移建縣署，開文明門，爲力居多。乾隆戊戌、己亥兩年，吴邑大旱，餓殍相望，日爲粥以飼饑者，倾囊不足稱，貸典產以繼，人多賴以全活云。

黎綱，字應五，號古愚，歲貢生。清貧力學，至老弗衰。學庸一書，體認精切；先儒語録，無不融貫通曉，邑中名士多出其門。

吴靜，歲貢生。賦性良善，淡泊寡營，事繼母能得其歡心，卒歸于慈愛。友于諸弟，白首無閑言。楊邑侯舉爲鄉飲正賓，自以爲有愧，卒力辭之。年六十有四，易簀時，對子孫族人猶諄諄以忠厚爲囑。

李中立，字介夫，號強齋，歲貢生。温厚端方，尤重孝弟，父赴省考貢，卒于旅邸，匍匐扶櫬而歸。苦志力學，自壯至老，手不釋卷。邑侯李公舉充鄉飲正賓，享年八十有八。

陳孔誘，歲貢，乳源司訓。生平嚴正宅衷，廉隅勵俗。其事父母也，兩堂奉養，無間人言。且性喜恬靜，寡交游，耻苟得，惡奔競，不愧老成典型焉。

林傑，歲貢。生平孝友端方，疎財重義，族屬孤貧以獻。得從亂名冊，竟焚之，存活者以萬計。王高郵大人贈詩有『常以母心懷赤子，不將官面對蒼生』之句。未幾，以前官事落職，且丁外艱，而倉署適遭回祿，罄産塡補，家遂貧。而性甘淡泊，益潛心理學。事母至孝，依依孺慕。庚寅年，戚友勸贈入都，祝皇太后萬壽，復六品職銜，隨丁母艱，服闋後，降授縣丞。初補南滙，繼調常熟，官降而行益高，處貧而節彌勵。百姓聞公廉明，皆趨走質訟，縣貳例不授事，公諭遣弗去，隨事剖析，民皆悅服，來者不絶，公亦弗能禁也。常熟投牒，有官錢爲硃墨費，公曰：『是何足汚我大署。』票尾曰：『本衙不收陋規。』役卒無所得，多棄役散去。由是以器量人品見知。上官皆曰：『丞簿中安得是人？』調署嘉定，令檄下，以病終常熟署，不能成殮，士民如喪父母，醵錢者響應，巷歎路惜，而士夫嗟悼，有不知其所以然者，常人至今感德立傳，常昭縣志設位崇祀名宦焉，亦肫篤君子也。

李存性，事父母以孝聞，母葬大虫，山地陡，遇水漲，廬墓守視。至於歲饑賑濟，又其餘事耳。

陳就虞，庠貢生。少孤貧，奉母至孝，友愛兄弟，人無閑言。嘗傾貲以保祖墓，絶無德色，族黨以義慤見推。

梁炤，庠生，職授州司馬。多財樂施，凡遇歲荒，每爲減價以雜糶，邑中義舉必捐貲倡首。戊寅大旱，縣發常平，時公僑居博立，目覩時艱，特請邑侯楊公運米至庄，並代爲輸發，處置得宜，南一二啚所賴以全活者，皆公之力。

李時芬，庠生。秉公守約，富貴貧賤視之如一。室如懸罄，而舌耕所得，反以給貧士膏火之資。

林東藩，庠生。秉性醇篤，孝友端方，而親屬之窮乏者亦賴其扶持，有古君子之風焉。

陳而兆，國學生。性成厚樸，簡靜居心。戊戌歲饑，捐囊周濟，曾經李撫臺顏其門曰『任邮可風』。

麥鉉，郡庠生。存心温良，待人公正，教家訓俗，息訟解爭，饒有古人風範。

林邦瑞，字文玉，號美田，國學生。賦性坦易，不立厓岸，而義之所在不少，假借與邑侯張公交至契，而始終未嘗一語及私，劇爲所器重。子泰雯爲王公延主義學，嘗戒之曰：『教讀，乃士之常，若借此以作干請計，吾所不取。』其子亦守之不衰。

李高梓，字翰柱，號拱南，國學生。以子珩布政理問贈儒林郎。質直尚義，樂於施與，常捐金倡建梅菉社倉，貯穀防饑，諸如建祠立嘗尊師重道，無不得大體。

孫系曾，字受一，號統萬，國學候銓縣丞。爲人仗義，族中貧不能娶、孀不能守者，皆給以田產，並周邮鄰里，捐資成美。臨終焚券，諸美舉洵，有君子風焉。壬申，三子，錦、鑑、鈞，同進黌宮，論者謂厚德之報。

鄭嵩，號常修，國學。天性肫篤，事父送死有昔賢，泣血三年，未嘗見齒遺意。至傾己囊以濟凶歲飢寒，助膏火以教族中子弟，其行皆可以砥礪末俗焉。子五，子瑛候銓縣丞，餘俱邑庠國學。

楊樹松，歲貢生，字四榮。家貧嗜學，秉性簡厚，母逾九旬，而孺慕不忘口織之資，亦公諸昆弟焉。

李自蘇，國學生，候銓縣丞。慷慨仗義，和睦鄉鄰，冠婚喪祭凡有不足者，必爲之資助云。

林大參，貢生。言行謹篤，善事父母。其母患喘，常不能寐，仝妻陳氏日夜扶持。及殁，執喪誠慎。族中有貧無以爲葬者輒助之，不能娶者捐貲完姻，其高義如此。

林祖德，增生。髫年穎異能文，弱冠即受知于惠學憲。淹通經籍，潛心理學，手抄左史，暮年不輟。奉侍父母惟謹，父有疾，不解带以侍藥餌。歲饑，平價發糶，房親貧乏者，尤加意賑恤焉。生平敬師儒，篤友誼，修身訓子，洵足克紹，南峯前徽云。

林長蘇，郡庠生。孝友端方，温恭恤物，邑侯楊公曾舉鄉飲介賓。

吳國芳，字仲香，號蘭菴。性最孝，凡服勞奉養，皆眞心流露，非襲儀文，讀書務法前賢，作文力追先正。恭以持己，恕以待人，德厚學深，不遇於時，葢無意於名利者也。

李自暢，字克茂，號燕堂，貢生。早歲失怙，事母孝謹，終身如一日。母殁，哀痛欲絶，祭祀必盡其誠。設立家塾，延師訓子，數子皆蜚聲庠序，元琳孝廉，人皆以爲盛德之報。

林復瀚，字通漢，庠生。幼失怙恃，哀毁欲絶，事祖母，得其歡心，撫兩幼弟幼妹，友愛異常。兩弟故多病，破產以供藥物，日泣父母靈前，願以身代。兩弟相繼殁，哀鬱成疾，逾年而卒。子懋修拔貢生，昭庠生。

麥國棟，增貢生。英風卓卓，智畧過人，弱冠遊泮，公正果決，鄉黨敬服，人咸以趙清獻王彥方擬之。

林序綸，監生，候選衛千總。禀性孝友，齠年失怙，事母極盡孝養，待異母弟雍睦無間。鄉黨有困乏，周恤之無遺力，壯年而歿，人惜之。子日暄庠生。

鄭輝，庠生。持己恭，事親孝，型家範族，有先正風。且輕財仗義，建宗祠，營祖墓，終身未嘗疾言遽色，子孫繼美，無非盛德之報云。

李葯苞，字果琼，郡廩正貢。少失怙，事母至孝，國初海寇爲累，携母逃竄，得粒食，悉以奉母，自忍飢晏如也。遷居中街，苦志力學，持己恭慎，决事以義，當道多引重焉。

李冲漢，字爲章，歲貢生，海康訓導。經史子集無所不窺，尤究心理學。秉鐸海康邑，振興文教，凡訓生徒必語以宋五子之學焉。

林在鎬，郡廩生。幼聰慧能文，屢試優等，雖童稚與語必盡其誠，蓄蒸嘗建祖祠，一人之力居多。

李若香，字叶伯，號泮齋，廩生。孝友天成，行誼不苟，少聰頴，九歲能文，生平以聖賢自責，嘗自言曰：『士子讀書所學何事，雖不得爲聖賢路上人，亦當向聖賢路上走。』今觀其文，皆眞性磅礴，洵不愧其言云。

吳晉，字用錫，邑增生。禀姿頴異，賦性淳良，弱冠採芹，耄年嗜學，生平孝友克敦，一言一行皆爲鄉黨模範，而苦志上達，十戰棘闈，數奇不過。

吳元起，庠貢生，字喜子，號一堂。養敬祭誠，孝友無間於人言。生平嗜學，七戰棘闈。寄情詩歌，曾屢薦鄉飲大賓，凡遇邑中興革大典，無不竭力以勷厥成焉。

陳式東，字法南，貢生。秉性孝惠，執親喪，哀毀骨立。乾隆戊寅年歲荒，出家資賑濟貧乏，族黨賴以全活者甚衆。

李慕相，字任卿，號枚卜，郡庠。性敏悟，善屬文，爲人孝友端方，弱冠遊泮。家貧親老，辛苦奉養，極得歡心。至宗族義舉，身肩其任，一鄉賴其維持者十年。

孫鈞，字秉五，號簡菴，郡庠。敦孝友，崇節義，慈良易直，常存濟人利物之心，捐資督修塘菉橋，使往來無病涉，而行人共沐其澤焉。

吳時著，幼而好學，因家貧，廢書服賈。事母至孝，性好推解。

李元果，貢生。性醇厚，事父母能孝，待兄弟以和，尤好施與。戊戌歲饑，發粟賑濟，臬臺顏其門曰：『爲善必昌。』

楊體乾，字美中，號霞侶，逸叟也。明嘉靖年間，由東莞遷吳川瑚琳鄉。好施與，矜孤寡，族黨佃户感其恩惠，不舍忍去，從遷者三百餘人，公皆助資斧，至今猶食舊德焉。創立義田、祭田以垂永久，子謙由歲貢任增城教諭，後之人文繼起，簪蟬聯[一]皆公肇其基云。

楊甘來，字衍九，號快生，瑚琳人，任雷州府教授。竭己救人，能化強暴。時寇盗擾攘，公與長男道行設策，連結鄉民互相保救，由是賊不敢犯鄉里，德之生六子，三博士三明經，其六子志行任新寧訓

〔一〕此處疑脱『纓』字。

導，勅贈公文林郎，享壽八十二而終。

楊志行，字貞簡，號麗巖，任新寧縣訓導。秉性剛直，友愛性成，尤愛惜人才，自子姪以至友生，誘掖奬勸，曲意玉成。嘗躬耕北三地，時四鄉疊遭水殃，公詣邑侯乞緩徵，以甦民困，一方受惠焉。

楊舒泗，字杏源，號鄒山，職監生。賦性温厚，恬靜自持，雍容樂易，與物無忤。嘗自謂於法不敢擅出於創，於俗亦豈盡隨於因，尊崇祖訓，參酌時宜，咸得其正，一時共推爲長者。至其建嘗田，設義學，屢行賑濟，尤懿行之表見者。

楊祖望，字副瞻，號蒿亭，邑廩生，楊元瑛之長子也。性高潔，讀書爲文，卓然成家，年十六肄業高凉，作有高凉山諸記，爲當時名宿所賞。不幸怙恃早世，偕兩弟苦志勵學，故能學問純粹如此。

易若思，丁卯副榜。事親至孝，奉後母，甚得懽心，待寡嫂、撫孤姪，恩義兼盡。生平輕財重義，樂施予。教授生徒，善誘有方。族黨戚友翕然稱之。

吳邦卿，貢生，號敏菴。幼失怙，與兄邦倚，事母楊孺人，孝敬無間。及兄没，撫姪如子，卜葬祖父母幽宅，葢克敦孝義如此。

陳道源，字會中，流泗岸人，遷居城内。理學正宗，得關閩濂洛之奥，爲諸生顧學，憲器重之。帶隨棚閲卷，即於是科選拔。廷試後，歸家閉户讀書，偃室罕至。教授生徒，名士多出其門，任大埔教諭，栽培士類，有胡安定遺風。滿任告休，合邑敬仰，事闗名教者，得公一言，無不悦服，眞老成典型也。

吳勳，號淺溪，邑庠生。少聰敏，績學能文外，詩詞書畫無不兼長。禀性端肅，雖盛暑而衣冠必正，雖闔室而瞻視必尊，與伯兄鎮峰先生主持族事，建祠存嘗，皆親經畫。至誠感人，能化頑悍，故當其時合族無隻字入公門者，蓋有陳仲弓、王亥方遺風。卒已數十年，族人每爲道及，猶肅然起敬云。

黄德屏，字遠瞻，號忝堂。生平誦法程朱，品行文章重一時，以高才生中乾隆癸酉科，拔選廷試，後以貲授貴州平遠州知州。居官務德化，值苗匪倡亂，公單騎深入開導，其酋長感誠，縛爲首以獻。

陳聖宗，字統姚，號芷江。生有殊質，讀書目下數行，經術湛深，會墨三藝，取材三經，塲中僅見，登乾隆庚子進士。事親孝，與士信。三從弟聖宏，少失怙恃，公之父母撫養之。及長，家貧，生計復拙，公竭力攜持，愛若毛裏。官惠州教授時，慮宏不贍，撥租六十石佽其薪水，俾無塵甑憂，其篤於友于又如此。子二人，長文瑞，庠序有聲，當道咸以大器期之。

陳張元，字肇發，號春林。性孝友，少失恃，寄養於族伯德修家，十歲始歸就傅。及父泗溪任番禺教諭，攜公之任，親課之。公少性善睡，泗溪嚙臂致警。及卒，每撫摩齒痕，未嘗不泫然流涕。事庶母及異母弟，鄉黨無閑言，公體貌偉俊，性篤而志大，文章宗法《史》《漢》，渾浩動盪，力掃浮靡。弱冠補博士弟子員。丙午登賢書，三上公車不第。乙卯大挑一等，分發閩中署孝義川軍民府撫民同知，秉正不阿，以案忤上憲。適教匪倡亂，官軍進勦，檄公解餉，欲置公於死地。得倭藩臺調護，借補廣積庫大使。時寇氛未靖，軍儲浩繁，設軍需局，以公主其出入。公禁絶陋規，絲毫不染，以此得廉直聲，上憲無不器重。歷委署湃陽、涇陽等縣事，愛民如子，留心學校，民論翕然，循聲大著，温藩臺以卓異薦，逾格資送引見部銓福建安溪縣知縣。安溪處窮山，地窵民悍，素稱難治，公以德化之，聽斷如家人，不尚刑法，而剪除凶横，猶具風力。邑有巨猾案纍纍，莫敢谁何，公設法钩拏，擣其巢而置之法，合邑肅然，望風悅服。齋厨屢空，或曰一舉火，泊如也。郡守王紹蘭悉心推獎，曰爲廣東名士。後以大吏巡邊，偶供給弗備，怒填計典，左級罷職。公私交迫，疾病满室，典質既盡，民争投以薪束菜把。王太守聞之，每月致以銀粟並諭屬僚供薪水，公處之恬然，詠歌不輟，蓋公之志識大故，世之升沉菀枯不足動之也。後二年卒於泉寓溪，民致櫬資，乃得歸葬。公以經術飭吏治，雖温温未竟其抱，而論者當即其已然想未然。

李建榮，歲貢生。少孤，事母以孝聞，家貧力學有異質，讀書日下數行，博學能文，弱冠即見賞於鄭學憲，目爲渥洼神駒。少年英姿卓犖，及數戰棘闈不第，絕意進取，築別業於章棟，屏跡城市以圖史，有娱心齋，坐忘涵養純粹，人罕見其喜愠之色，後從遊日衆。及門多知名之士，世稱『棟山先生』。

林紀蘊，字周材，號瑞齋。天性純篤，父母兄弟之間竭誠盡禮，宗族無閑言。凡禔躬涉世，皆眞性流行，絕無緣飭。世居附郭，而杜跡公門，讀書自樂。未冠補士弟子員，旋食廩餼，所爲文根本經術，不拔時好，故二十一戰棘闈不第。庚申以明經科授廣文職，初署陽江，即留心學校，以作養人材爲己任。學内有以訟爲縣移革者，公悉其情，力持不可，縣始怒而終敬之。及罷，生旋傾城祖餞，張鼉江化雨大旗，以贈公行，雖猾胥獷卒，無不歎息於路，嘖嘖稱好老師。迨司永安鐸，接士以禮，五載不阿取一贄。兼掌書院，教立規條，以課寔學復請於縣，增其膏火，士論翕然。公送玉山珠海匾於學署，颜其德，又贈以聯，有『茆芹化雨』『桃李春風』之語，此以見公之德感人者深也。子孫數十人，科名雀起，咸推盛德之報云。

李士忠，字誠卿，號璞山，甲子舉人。少聰頴，稍長，騰文譽諸生。時秋農姚提學、蓉鏡杜太守，爭以品學相器重，然性骯髒傲，偃室罕至，邑人以是高其守。迨事母及本生母，承顏養志，得其歡心。胞弟兩人，窶難自給，分舘金以資膏火，謀生理垂，二十餘年無吝心。蓋其孝友之寔，發諸天性者，摯也。丁丑大挑一等，簽發北直里門需次，竟以一病而終，聞者扼腕。

房士升，本營把總。膂力邁衆，智畧勝人。嘉慶辛酉，防守麻斜汛，海寇突擊，幾陷，守陴皆哭。升勇衝擊，屢轟大礮以挫寇鋒，危而獲安。寇怒，率舟師大至，四面受敵，士卒驚潰，升諭以大義，慷慨警衆，擡礮下沙灘擊賊，束沙堡以自固。賊計窮，乃潛遣人登岸，襍村民中，升方率衆放礮，賊遽自後刺之，解其屍。從兵張天德與其難土人感其烈，齊集環守，賊終不能逞而退，現祀郡昭忠祠。

林春澤，康熙乙酉舉人，湖北黄安縣知縣。少負異質，讀書過目不忘，年十五已熟文満千，極見賞於陳景濂先生鶚薦，時年纔十九，論文與闈中，不爽銖黍。及知黄安，潔己愛民，刑清政簡，遊方推薦，而公請封後，即捧敕歸而娱親，家居杜門，戲綵依依，孺慕敦宗，拯厄善事尤多。晚歲精岐黄之術，能以至平之藥醫至奇之疾，救人無算。乾隆乙酉，重宴鹿鳴，後再壽十年而卒洵。

黄仁，號峰上，龍門都司。九齡失怙，事母極孝，因母苦節志切，顯揚業儒不遇，廹而從戎，冀以禄養。在官輕裘緩帶，吟咏不輟，有雅歌投壺風焉。請封後即告歸，優遊林下十餘年。子四人，皆能仰體公志，友愛敦篤。次子翼夫候選衛千，敦本行，明大義，創建家廟，特享公而佐其成者。公之四子秀夫也，秀夫號建齋，少攻儒術，長貢成均，父晚得足疾，卧床六七載，扶持按摩，始終不懈。素善治生，而義利之辨甚嚴。嘗有某寄金数百，猝卒，子尚未知，公奉而歸之，子乃驚謝。秀夫曰：『士縱不自好，何至没人遺金。』臨財不苟如此。若賑宗族、周貧乏，義所應爲，必盡其力。中年喪偶，以有子不再娶，旁無媵妾，獨卧半生，清志寡慾，亦人所難。七旬壽誕，長子文才肄業太學，瑚中堂聞其事，特製序祝之，馮太史魚山題其像詩，載『藝文』。

李郁，字文山，歲貢生。天姿英敏，績學能文，十八游泮，連科食餼，屢試冠軍，擢優等者十一次，戰棘闈者十五科，經義淹通，制藝醇正，友教數十年，揔以踐履，着寔扶持名教爲主，眞老成典型也。

易端一，字道沛，邑增生。天姿肫篤，事親色養備至，處兄弟和而有禮，禔躬甚嚴，片言不欺，細行必謹。至名教之事，猶所勇爲，合族稟决，四隣景從，張邑侯舉爲都正。自少嗜學，老而彌篤，迨十戰棘闈不售，延名師以教子姪作養，裁成不遺餘力。今子孫多列膠庠，皆詒翼之報云。

林世憲，號鶴野，歲貢生，任肇慶府學訓導。少失恃，事父，以孝聞。父渾菴，任香山學，公以父年老隨任，不離左右，能承其志，同異母昆弟八人友愛均一。性聰頴，博通經史，以累戰不第，秉鐸端溪，培士氣、扶名教、捐膏火，學校之功甚偉。公自请封後即休，致生徒相與祖餞，依依不捨，多泣下者。宦囊蕭然，不以介意，歸而絶跡公門，訓課子弟之暇，手不釋卷。長子香寘已領鄉薦，次郡增生。族有大居有尚幼，公手錄儒先格言，朝夕指示，以返己自修根本篤實之學。至若存嘗睦族，解纷賑乏。族有大事，得公一言，即頑梗之夫無不樂從。壽八十有五，令子孫廣文繼世，書香奕葉，人共推爲世德未艾云。

陳秋潤，字時實。少性肫篤，讀書刻苦自勵，弱冠時隨父庠貢生素蘊往外戚，乘舟返里。中流，父失足落河，一時倉卒無措，赴水救，遂致同溺。其僕馬保見之，亦赴水救之，不起。夫從井救人，聖賢不取，謂其傷生而無濟也。然父子天性一，且變起倉卒，若爲之計利害，遂坐視其父濡首擲足，輾轉於洪流中，即痛哭呼籲於心安乎，心之所不安而懵然以身赴，此實發於天性，最初一步，若一轉念则私意起，而眞性隱矣。自古以臣死君，以子殉父，彼豈逆計其事之必濟哉？亦行其心之所安而已。故公之孝，人以爲愚，我以爲純至。馬保亦能以僕赴主之難，其分雖殊，而發於心之所不能已，則一也。後厥配李孺人，卒能守節。立姪太學生敏本爲嗣，忠孝節烈萃於一門，何怪孫曾之食報未艾哉。

林邦瑞，號澤軒，歲貢生。性敏識卓，讀破萬卷，弱冠食餼，後七列優等，兩薦棘闈，文名藉甚，與族弟雋升公齊名。程學憲試高凉，得公卷，擊節歎賞，決意選拔，命隨行訓課。及返高，聞母病，奔歸視母。及母愈，返郡竟誤科考，雖准補考附一等，已不能違例選拔。程公歎惜慰藉，公怡然不以介意，此可見孝思之篤，亦可見素志之大矣。後竟以明經老，乃以一經授其子旦峰。旦峰名卿雯，邑之名增生也。少而穎異，能讀父書，事親之孝，與士之信，臨財之廉，及績學能文，亦兩薦棘闈，皆與公無異，惟公胷襟豁達似狂，旦峰志節謹嚴似狷。旦峰嘗爲丁邑侯推重，邑人結訟者，以百金求其一言不可，可概見矣。且旦峰精於醫，不論貧富，不避瘟疫，活人無數，令其子錫爵已捷賢書，可以售二公未售之志也歟。

林爲岡，邑增生，恩貢生，叔溪之子也。夙承庭訓，能讀父書，累戰棘闈，薦而不遇，苦志力學，至老不衰。晚歲涵養深邃，德性堅定，人望而敬之。爲族正十餘年，鄉無訟牘，里鮮澆風，皆其正躬率物所致，至今父老猶稱誦之。

李石城，郡庠生。少年嗜學，歷戰棘闈。天性孝友，人品端方，凡事關名教者，必力爲主持。張沈二邑侯舉爲族正，族中有疑不決、爭未平者，得公一言爲定。遇歲荒，傾囊賑濟，有大典必率先備倡捐，每年延師，族黨中有貧乏子弟，必勸之入塾，資其膏火。蓄嘗建祠，不避艱苦，合族德之，故公没之日，立其主配，享太祖勒碑志美，以其子兆龍就職藩參，敕贈公爲儒林郎。

黄敏脩，丁酉拔貢，中己亥順天副車。明敏剛毅，少而孤，四弟均幼，友愛敦篤，弟有過失，誨之不聽，輒焚香父前，哀泣引咎，務使弟感悟改悔而後止。弟犯奇疾，已無生理，公日夜泣祷，精誠所感，卒能保存。爲諸生時，總役某恃官寵子，欲就考，公以辨别流品，力陳不可，初忤邑令，終以剛正敬之，霽颜謝過。邑有學田，爲豪者漁奪，公力爭使田歸義學，以贍膏火。親戚單寒，提擕保護，始終不懈。其見義勇爲，百折不撓，至横逆之來，旁觀代爲攘臂，公又以一笑置之。選拔後肄業太學，諸先達見其丰采，共相推奬，樂與之遊。及充四庫舘謄録，議叙學博，竟以疾卒於京邸。同鄉陳觀樓、馮魚山兩太史經理其喪，倡捐扶櫬，不崇朝而金以千計，因得歸葬，其感人之深如此，眞名教中之干城也，惜未展其才。

林樹兩，字植中，邑增生。品質淳篤，祖父俱享壽九旬，公能承顔養志，使怡然忘老。母患瘰腫潰，吮膿嘗藥，衣不解帶，待兄弟族戚情誼敦篤。家貧，嗜學，至老不厭，爲文崇正軌，十一戰棘闈不遇。

教授生徒，加意培植，不責脩脯。他如建祖祠，造橋梁，贈金化盜，至今父老猶樂道之。

李元琳，號藍田，己酉科舉人。海豐學教諭，廼貢生自暢公之第七子也。雙親高壽，公舞綵承歡。及親没，生忌日雖在外亦不與宴會，退處飲泣，數十年如一日也。兄弟八人，列膠庠者七，互相師友，每歲時伏臘聚首言歡，路人歎羡。鄉薦後，友教四方，遠近雲集，門多俊彦，文可雕龍，才堪展驥，而宓琴未御，遒鐸先沉，士林悼惜。

黄文才，號質菴，廩貢生。國子監肄業，高要、順德儒學，性體肫篤，厚重寡言。少失怙，事父貢生建齋，能承志於形聲之先。母故後，父不再娶。及公中年失偶，亦鰥守終身。友愛其弟，其爨數十年，家事皆委之，一無置問。性好讀書，手不釋卷，經史外旁及河洛理數，能扶其奥，在國學十餘年，陳觀察觀樓、馮刑部魚山，皆器重之，生平敦氣誼，喜施與，眞足寬鄙敦薄云。

吴貞爲，號田味，正貢生。自幼卓犖不羣，弱冠餼於庠，歷擢優等，連出薦房試文出，當道競以巨手相推，乃鄉闈叠蹇者浩歎，公淡然也。性酷嗜朱子之書，凡褆躬教人，一以忠信篤敬爲宗。家貧，授徒遠方，自甘藜藿，而甘脆之奉於親者罔缺，或父母偶疾，未及聞信，己必心動，倍道旋家，力爲調侍，晝夜無倦。有祖遺嘗遇一功服之尊者，欲析而分之，公苦勸再三，料其難轉，捐囊以濟其急，嘗賴以不廢。生平正直不阿，廉介自守，品醇學邃，而孝道爲尤著焉。子四人，次文中副榜，餘皆蜚聲庠序。

麥實發，號嶷圃，戊午舉人。生淑質，少而岐嶷，其父方山，公愛憐之。方山名埏，郡之增生，孝友性，生數月，失怙恪，遵母訓，出言舉足履薄臨深。雖壯年遊泮，不忍遠離，杜門娱親。一經訓子故，公少依二人之側，深愛婉容，仰承色笑。遇母有疾，衣不解帶累月。老執父喪，食疏飲水，至性所流，其來有自。酷嗜古籍，自束髮受書，至老手不停披。經史性理諸書，背誦不遺。時推行厨秘書，爲文力崇正軌，清眞雅正，不涉時蹊。再試禮部，薦而不售，歸而養親友教，從遊日衆，咸奉爲文壇圭臬云。

潘韜，字滙東，南澳鎮總兵。七歲失恃，事父與繼母，愛敬無違。家本貧寒，慮無以供甘旨，年十八，奮志從戎，冀以祿養。乾隆三十年，由龍門協外委。以年壯技優，熟悉水性，洊陞至閩浙督標水師參戎。值台匪叛據，奉委帶領南澳銅山二營弁兵赴台，進勦衝鋒，破敵前後，奏大功五十三次，加賞甚厚。緣主將失機被困，請羅城中，三月力窮糧絶，外援不至，羅雀掘鼠之後，至食樹皮蕉根，士卒餓死如積，守陣皆哭，公日夜巡視，以大義鼓勵衆志，僅而獲存。大兵至日，吉制軍親執其手，獎藉再三，與公結爲兄弟。隨奉令駕船出洋堵截餘黨，時賊棄城歸舟，烏合尚衆，公深識水性，每踞上流，發砲摧堅，多建奇績。平臺後，矜恤流民，察其實心，向善者准其投誠，存活無算，班師奏捷，陞福建澎湖協副將。旋丁父及繼母憂，喪葬盡禮，讀禮六年，杜門掃軌，睦隣周急，捐捧助祀，修譜聯宗，訓子裁花之外，不聞外事。禫滿，以原職補授香山副將，禁革陋規，整飭軍實，俱有實跡，隨署虎門總戎，功列水師一等，陛見。欽點鎮守南澳鎮總兵，任後，上疏謝恩，恭叩聖安，蒙上特賜敕命一道，欽奉硃批，有：鍊兵整伍，諸事用心，莫圖小利，有勞爾問，順問爾好之論，奬飭如此。公益加奮力，冀酬國恩，督兵禦寇，設法衛民，任重事繁，憂勞致疾。革時，傳中軍各弁至，歎曰：『洋匪未平，死有餘恨，公等忠心戮力，勿負國恩。』言畢而終，不及家事，年六十一。今其子汝渭現任閩安副將，居官清勤，亦有父風。

易業銓，號罥亭，邑增生。孝友温淳，守父貫一，公邑庠生遺教，日與其兄歲貢生嘉應州訓導業鎬公競學，手不釋卷，未嘗問家產，砥節礪行，互相師友。及十戰棘闈不第，乃聚徒講學，友教鄉里，循循善誘，至老不疲，多所成就。長子義成廪生，次文成鄉貢，咸稱爲家學淵源云。

吴光禮，字德謙，太學生。幼失怙，常依倚於母側，聞人道及父事，必涕泣不食。及母卒，泣血絶粒，如執親丧，後遇誕諱，備物飲泣，至老不衰。延師卜葬，不惜重資，待兄庠生光周，能承其意。分爨時，盡推其所置產與之，兄老得癱疾，姪又得癧症，延醫服藥，參茸並進，皆出其財，眞待兄如父，視姪猶兒也。繼族淺溪後，主持族事，睦族存嘗，排難解紛，族中不興訟者，三十餘年。子懋清、懋基連捷賢書，人謂皆公尊師重道之報云。

吴舉延，號雲亭，正貢生。年十五，怙恃俱失，次年繼母又卒，上止有老病之繼祖母，下有未周歲之異母弟，負郭無田，陸處無屋，母舅貢生李載道憫之，授以數畝，使之畊然。因其祖庠生坦軒好藏書，歸而摩挲不忍捨，甘貧力學，幸性敏能自得師，博通羣籍，經史外，凡諸子百家有用之書靡不研究。與之論古今、辨疑難，娓娓不倦，且多雋解。士不論敏鈍，皆樂從之遊，公因材善誘，成就甚多。天性孝友，每書卷中見父淺溪公批註字蹟，必掩卷飲泣。父母生忌日，懸像瞻仰，親寫祝文，流涕祭奠。教弟成立後，家口日繁，廹而分爨，每館歸家食，必招弟共飯。歲荒，功緦之親不能糊口者，多就食其家。族事有不決，以公言爲行止。嘉慶己未，郡城開設文明門，惟公爲督，經營籌畫，厥功居多。生平砥節礪行，有體有用，惜十戰棘闈，薦而不遇，臨貢之年又以病痿就例，未竟其抱。

鍾元樹，號愚菴，歲貢生。眞純潛靜，自少以孝弟聞，長而篤志勵行，一切聲色貨利不入其懷，專心嗜學，博通經史，於宋儒諸書尤有心得。教授生徒以《小學》《近思録》二書爲根本，故門多名士。家素貧，常捐脩脯，以賑貧乏，屢空晏如，所稱安貧樂道，庶幾近之。子昌敬，妙齡食餼，能讀父書。

李政，號簡堂，增貢生。天性孝友，人品端方，嗜古成癖，尤於性理一書，潛心研究，至老不疲。常録朱子格言以自勗，故言動皆有準繩。爲文力追先正，不喜趨時。會見賞於翁學憲，庚寅薦而不遇，士論婉惜，公不以介其心也。與人交不尚意氣，淡然相對使人之意也消。撫愛子姪，善於甄陶，衣冠濟美，而公益嗃然不自滿，假可以覘其所養矣。

吴泰周，號遜齋，太學生。少失怙，奉母能體其性情，務得歡心。巾牏皆親自浣濯，不假婢婦。没後，殯葬尤虔。兄恩貢生美周，號赤亭。天資高明，敦氣節，重名教，大義所在，勇於必爲，公事之如師，而佐之以謙和，見宗黨戚友，雖狎亦加以禮貌，從無相忤之人。賑貧拯難，尤盡其力，時謂赤亭如夏日可畏，公如冬日可愛。然和而不流，故人不敢干以私。少壯勤學不遇，乃就例成均，故崇儒重道，出於真性。至晚歲，延師教子，猶披吟不厭，爲諸子率。今子孫林立膠庠，五子，家駿早捷賢書，皆義方之報云。

林式巾，字通南，歲貢生。任海康訓導，沉潛嗜學，博覽羣籍，制義外兼長於詩。友教四方，從遊甚衆，四鄉推重，故乾隆辛丑舉爲都正。庚戌沈邑侯重脩邑志，舉公爲主筆及司鐸，時年已七十，猶窮經不已，壽八十有七，殆年彌高而德彌劭歟。

陳璋潤，號方流，己酉舉人。長寧、欽州、瓊山三學教諭，性學兼優，言行不苟，褆躬教人，總以敬爲根本。讀書不屑於高頭講章，而實有心得，爲文力追《史》《漢》。少時極類國策，後潛心性理。涵養既邃，文亦歸于平淡，時推古文作手。生平不妄交，而與之遊者久而彌見其眞。李公藍田，公同年也，辛酉同上公車，旋時卒於旅次，資斧俱乏，公一路丐捐，卒扶櫬歸于其家，並立嗣而後去。晚歲秉瓊山鐸，刊邱文莊公朱子學的一書，以教多士，可以覘其學矣。

吳振發，號躍亭，歲貢生。質頴而端，少而好學，弱冠食餼，七拔優等，交譽蔚起。與陳芷江廣文同見賞於邊翁兩學憲，及十四戰棘闈，屢薦不售，乃退而講學。生徒聞風景從，書理經義，詳細剖晰，著有古心講義一部。晚歲於五經每年必温習一次，發爲文章，粹然儒者之言，病時猶手不釋卷，洵爲好學之士。

林懋脩，號淑廬，拔貢生。國子監肄業，充實録舘校録，授封川學教諭。性質温靜，品行端方，自少束身圭壁，篤志力學，文譽噪一時。選拔後，九年太學，不屑奔競，讀書臨帖之外，正襟危坐，所養愈醇，及兩薦京兆不售，乃歸而養母。旋授封川學博，不一年，丁艱返里，友教及門，以主靜爲宗，仍終日讀書臨帖，不以世務攖心，齋廚蕭然淡如也。其書法倣虞世南，能以懸筆作小楷，如精金美玉，爲世所珍。識者謂字如其人，信然。

林懋昭，號曙山，甲寅恩科舉人，拔貢懋脩之弟也。三歲而孤，禀性純孝，事母黄氏，依依左右。

鄉舉後，不忍遠離膝下，故不試禮部者十餘年，以養親爲樂，不願仕也。待兄弟子姪，親愛之誠，入人肺腑。蓋其至性過人，故護建祠，勸善息爭，族人亦樂於從命。性喜交遊，竭誠盡敬，披肝膽，有車裘與共之風。少聰敏，長而文譽鬱然，與兄競爽，壯年鄉捷，未展素抱，遽爾捐館，士論惜之。

陳獻猷，號淡園，恩貢生。庚午恩賜舉人，授布政司經歷職，孝友性成，事父母能承色笑，有戲綵風。六十執喪，哀毀絶粒，每遇生忌日必哀思飲泣，孺慕不衰，弟四人少同衾枕，老而友愛彌篤。教子姪，敦宗族，整飭家規，勒石祖廟，宗黨賴之。平居淡泊明志，不問家産，潛心嗜古，耄年手不釋卷，尤精於《易》。子姪林立膠庠，恂恂被服皆其作，養壽八十有六。

孫亘脩，號逸園，太學生。少失怙，事母至孝。十齡時，胞伯養爲嗣，定省兩堂，愛敬均一。及伯生子，欲歸。伯愛之，不允，視本生。與出嗣兩弟友愛敦篤，如同一家。性質真誠，一生言不妄發，事不苟爲，無一戾俗之行，無一欺人之語，清心寡慾，厚重不佻。與之處，初無可喜，久而自然生敬。晚歲延師教子，傾産不惜。今其長子大焜早登賢書，次子大燎亦列膠庠，厚德之報不爽云。

林鵬翀，號云垂，廩貢生，廉州府學訓導。少失怙恃，事祖如父，愛敬甚至，與兄邑增生溥章塤篪極叶，析爨時盡推父所遺産業，與兄不計。而待弟與姪訓課尤嚴，其姑適吴門，少寡，家貧無子，公與族人謀竭力捐租，爲姑立嗣。邑侯沈公與公最契，詩文之外，未嘗少干以私。司鐸三載，以扶名教，培士氣爲主，諸生有無辜受累者，必力爲調。自紫雲公後，至公四世，廣文家有藏書，門多問字，文譽世家，邑中首屈。子輝墉庠生。

鄭光溱，號潛菴，恩貢生。性聰養，邃善事，兩代孀慈，友教一堂，弱弟入無閑言。自束髮受書，不攖世務。於五經四子及性理諸書，沉潛研究，能折衷衆説以歸于至當，持躬以敬，居常正襟危坐，從無跛倚之容，亦無喜愠之色，對之者謂如坐春風中也。爲文清眞雅正，法本先民，故八列優等，三薦棘闈，從遊口衆多，士皆謂無媿經師人師云。

林鶴齡，號仙嶼，己卯舉人，太學生，元相次子也。相性至孝，母病劇，嚙指血書誓，披髮叩天，願減算以延母壽十年。後，母適以其月日卒，人甚異之故。公生而天姿敏慧，風神朗映，少號神童。幼失怙，事母極孝。家貧力學，頴異能文。十六補弟子員，十九食廩入餼，弱冠捷賢書，一試春官，薦而不第，卒於京邸。著有《水經註圖》《漢書畧》二書，行付剞劂。嘻！徐鉉十齡作賦，謝藺八歲工詩，才矣，而未登金馬，遽賦玉樓，豈不快哉。

易樹邦，名採仁，以字行。武庠生，自少膂力過人，弓馬嫻熟。弱冠外入營效力，以才技拔補高州右營把總。嘉慶元年，調征湖廣猺匪，聞信喜曰：『此吾立功報國之日也。』慷慨出門，毫無顧戀。及赴陣，自請衝鋒，奮勇向前，三戰皆捷。即以軍功擢陞千總，益加奮勵，靡旌摩壘，屢建奇功。以率所部深入，遇伏，彈中其腹，猶扯旗緊裹，轉戰而前，大師報捷。凡在陣身死者，皆錄功入奏，特恩優恤，世廕其子熙賢爲雲騎射，崇祀昭忠祠。

李定邦，平澤人。少慷慨，有大志。家貧親老，遂棄儒從戎，冀博升斗以養田。外委擢補把總。垂十年，履險不驚，臨難不顧，膽畧過人。嘉慶庚辰督舟師洋巡，適大風雨，士卒多投岸逃生，定獨竭力護持，且諭以大義曰：『舟猶城也，不可棄城而逃，又安可捨舟而去？吾誓與此舟共存没！且諸君協力，又未必舟必不可守也。』不料自午至亥，風愈烈，水愈急，纜斷篷飛，力不能支，乃整冠履，繫印於臂，與舟俱覆。次日，風定，瀕海居民見死者狼藉，乃醵金掩埋，見其有印在臂，知其官也，表而記之，以待認者，故家人得而歸藏焉。狀聞于朝，特恩優恤，以其子鍾奇襲其爵。

陳壯才，號秀峰，候銓府同知。早年失怙，事母能順承其志，事必稟而後行。凡母所命，不憚勞苦，必親爲。竭蹷得當以報，博母歡心。少有顯揚大志，家居枕海，善取自然之力，頗有餘產，即損資急公就府佐職，請封兩代，外而周貧濟困，鄉黨賴以舉火者數百家。當海氛猖獗，時不惜千金召募義勇，沿海堵禦錢提戎唐郡尊皆主於其家，贈匾奬勵。遇邑中大典，必率先重捐，邵賢侯以憂卸篆，貧不能歸，公並非受恩，與邑中好義者數人，立捐銀數百，俾得束裝就道。生平無謾語，無慝行，從善如轉圜，蓋亦好義之士也。

卷之終〔一〕

〔一〕原書如此。

節婦

盛志曰：吳川，越在海徼。自宋明以來，寇亂相尋，幾無寧宇，民生其間，抑何不幸歟！及披覽邑乘，數百年中以節烈者，不下二十人，莫生于世胄，夙嫻禮教者固已，即蓽門蓬戶之下往往不乏其人，何風之古也。嗚呼，歲寒知松柏，不信然乎！若夫高涼爲馮冼故國，當年犀渠錦繖，保障嶺表數十州，智勇絶倫，以榮名終，誠千古所僅見，豈山川靈淑之氣獨鍾于婦人耶？凡若而人者，或表揚當時，或幽□□闡。方今聖天子首重名教，凡節操顯著者，咸得列于祠祀，流芳不朽，則纂輯志乘，諸君子爲功于世道，又豈淺鮮哉！

明

吳氏，麥靖妻，南三都吳英之女。成化十年適靖。生一子，曰成甫，七月，靖卒。時吳年十九，甘貧守節，竭力課子，爲邑庠生。其孫維嘉復補邑廩生。年八十餘而終。

陳氏，林憲邦妻。年十八適憲邦，尋卒，陳氏才二十二歲，二子亦殤，以姪學易嗣，遊邑庠，娶李氏。至二十八歲，學易又夭。陳與李復取姪學書子仰高爲學易嗣，年老而志愈堅。通學公舉學，使蔡公書正節之門以旌。嘉靖萬曆間，巡按陳公、蔡公先後旌表。

李氏，林彥幹妻，玉愛即其女也。隆慶三年，流賊劫林氏，一家三十餘口俱被擄，獨李氏及女不從，罵賊不去，李氏死于家，玉愛死于市。事聞郡太守吳公國倫，判牘云：『李氏玉愛首倡大義，因罵賊而捐身，繼則全正，隨同母而遇難。吳川一裔土耳，民俗頗不甚淳；彥幹一匹夫耳，儀型豈必盡善。今李氏爲夫，義不受辱；玉愛爲母，義不偷生。禍起一時，鋼如百鍊。抗聲罵賊，心已烈于丈夫；駢首搆凶，性不移于天植。血濺海洋之岸，可使蠱賊膽寒；屍分家廟之前，無媿先人面見。一門雙節，五嶺稀聞。相應遵照，亟爲轉達表揚，以慰英魂，以挽頹俗。』時臺省監司以正烈表其門，分守道桂云：『玉愛誓不從，罵賊不絕口被殺，其足可刖，其首可斷，其身不可辱，正氣完節，眞可以風世教。』

邱長姊，邑人邱東漢之女，許聘林三松。未嫁，而三松死，長姊即往守制，曰：『生從不得與同室，死寧不得與同穴乎！』母兄勸諭，即自經，力救而免。煢煢孑立，年五十餘而卒。

陳氏，庠生林懋植妻也。海寇突至，氏與翁姑俱被執，賊欲殺姑，氏求代死，且曰：『釋姑先歸，則贖金至矣。』乃縱其姑，而縛翁及一蒼頭登舟。向夕，贖至。陳度賊將釋翁而留己，乃剪髮付蒼頭曰：『持此以示吾夫。』遂沉于水。時年二十五。

麥氏，教授璣女也。年十七，適庠生林愼，十九而寡，遺一子，甫三月而家無擔石之儲，翁姑勸其他適，氏斷髮毀顏，以死自誓，名其子曰全節，以見志。後造寇變，冒火以救夫棺，入河以援姑溺，竟獲免難，若有神物護持。崇禎間，建坊旌表，壽九十二而終。

陳氏，庠生林頴秀妻，訓導陳廷誥孫女。年十七歸頴秀，三載夫亡，傭績以事翁姑。一日颶風大作，城舍俱燬，氏伏夫櫬號泣，片瓦不颺，一念之誠，能回風伯之暴。教子天俊入太學。崇禎四年，奉旨建坊旌表。

邱氏，林永秀妻。年二十而孀，遺孩。甫及期，痛哭幾絶，欲從地下。姑以撫孤強之起。既而姑病，氏斷指髮以禱。時海寇焚掠，里人盡竄。氏念夫未葬，守死不忍離。幸火未至而賊遁，不及于難。人以爲節孝所感。教子迺炤遊泮。崇禎六年，奉旨建坊。

李氏，常州府訓導李夢周女，庠生林懋建妻也。早年夫死無子，哀毀不食，自經者數矣。婢覺，救之而甦。因繒夫像，朝夕敬奉，哭不絶聲，守志六十餘載。崇禎十二年，御史旌其門曰：『正苦流芳』。壽九十二而終。

國朝

譚四姊，茌芋人，增生譚璁之女也。年十七，未字。順治五年，闖兵搶掠，四姊被擄，不從。極口罵賊，因剜其股而殺之。

舒氏，吳萃奇妻。年三十三，順治五年，爲闖兵所執，不從，见殺。

錢氏，吳亮朝妻也。順治十二年，西寇犯境，被執，寧死不辱，竟被害。

李氏，林其菁妻也。康熙十九年，海寇掠梅菉，氏年二十一，被執，不從，爲賊所害。

吳氏，李廷班妻。生子培甫，二十餘日而喪夫。矢志苦節，事其孀姑林及祖姑黄，以克孝稱，存殁盡禮，撫孤成立，餼於庠，後任大埔教諭。四世單傳，賴以復振，雍正八年請旌建坊。

黎氏，林翰英之妻。年二十二生子，名子禎。甫期夫亡，撫子成立，娶譚氏，生子世隆。數月，子禎亦歿。時譚氏年二十四，姑憐其少，勸之改適。氏愀然曰：『姑孀守二十餘年，所恃以娛桑榆者，惟夫耳。今夫不幸，倘氏亦去，姑老誰養，稚子誰育耶？願繼姑志，必不效喪節婦。』遂與姑共甘苦，紡績以給，環堵蕭然，晏如也。世隆年近六旬，而譚氏尚康強。兩世苦節，邑人憐之。

張氏，庠生楊炳然妻。年二十八，夫亡。痛哭，喪一目，毀容。矢志孝事二姑。姑歿，與翁柩經營合葬，盡禮。邑被寇踞三年，田荒稅逋，合族俱逃。獨撫四孤成立，又相繼而歿。遺孫二人，方在乳哺。亦氏撫育婚娶，年八十二而卒。

黃氏，吳聖妻，邑庠生吳裔超母。年十九適吳。未幾，夫被兵死，時超方期。氏事翁姑及祖姑，謂盡孝。翁姑歿，無期功之親可依，窮年紡績，撫子成立。年八十二。

張氏，邑人李亦白妻。白幼避寇南寧府，娶氏，生子紹芳。年二十五而寡，衣食莫繼。父母欲奪其志，氏堅不從。撫孤成立，寄身營伍。雍正三年，廣西提督韓良普以勁節幽芳表其門。六年，携子歸吳，得還故土。

陳氏，邑庠吳士澄室也。賦性端莊，事繼姑無閑言。睦妯娌，勤荻訓，立父嗣，置産室，尤爲孝而賢者，今以孫元功貴，貤贈宜人。曾元林立四賢書、六明經。食餼遊泮者，十有三人，無非厚德之報。

李氏，廪生林玉潤、附生林玉澤之母。年二十七，夫故守節。端儉淑慎，孝事寡姑，歷久不倦。喪祭盡禮，撫教二子，克旨成立。乾隆二年，建坊。

旌表

黃氏，係廩貢易暢元之媳，易朝翰妻也。年二十于歸，五年夫故，無子，孀守。孝敬翁姑，生養死葬，盡禮盡哀。治家勸儉，閨範端莊，養夫胞弟一子承祀。族黨仰焉。乾隆十年，奉旨旌表，建坊。

王氏，王業生女。自幼言笑不苟，孝事父母。許聘李潤暢爲妻，將嫁，而暢卒。氏聞訃，一痛幾絕。水漿不入口者七日，誓欲奔喪守節。父母不允，潛素衣，疏食飲，泣一年。迨父母轉受邱聘，女見時窮勢廹，泣于夜，焚香告祖，潛赴江水，端坐而死。詰朝，父母搜其衣帶，有願歸葬李家遺囑。李家憐氏冰心，迎棺合葬，擇服姪李卓茂爲嗣。士大夫爲詩文弔之。乾隆十一年，奉旨旌表，建坊。

陳氏，李樹秀聘妻。生而端莊孝順。未及于歸，夫故。姑適夫家，時年二十一。孝事翁姑，先意承志，生事死葬，無不盡禮。備嘗艱苦者三十餘年。乾隆十七年，奉旨旌表，建坊。

李氏，歲貢陳孔煥之媳，陳其珩妻也。二十歲于歸，夫故，誓不欲生。念姑年老子幼，矢志支持。紡績以供甘旨。凡遇翁姑疾病，湯藥親調，衣不解帶。及遭喪葬，變賣簪環，心力曲盡。訓子義方，持家勸儉，鄉里咸敬法焉。乾隆十八年，奉旨旌表，建坊。

梁氏，邑人梁延選女，許聘寇翰徽第三子愍聖。未嫁而愍聖死，時氏年十八。聞訃絶食，幾至傾生，即服孝往守制，立夫胞兄志聖子峩承嗣。侍奉翁姑，生養死葬，盡敬盡禮，不出閨門者三十四年。乾隆二十七年，奉旨建坊，旌表節孝焉。

林氏，林春達次女，陳學源次媳，監生模妻也。端莊淑愼。時氏年二十八，模故。痛哭不絕，矢志苦節，孝事翁姑，和睦妯娌。翁姑雙歿，葬祭必誠。立堂姪陳宸璿爲嗣。乾隆二十七年，奉旨欽旌，永表節孝。

李氏，乃陳偉紀妻，會同教諭陳梓棟三媳。年十八于歸，二十孀守。經營故夫塋，孝敬翁姑，志姑。撫夫長兄監生陳偉綜次子星輝，繼撫夫六弟增生陳偉絨長子星奎爲嗣。乾隆二十七年，奉旨欽旌，永垂節孝。

林氏，監生陳紹琦妻，貢生陳用楫之母也。貞靜淑愼，夙嫻姆儀。年二十五孀守，兒孤親老，克盡孝慈。洎祖姑亡，喪祭盡禮。孤子成立，式穀倍殷。孀居三十餘載，動轍辛勸。乾隆二十七年，奉旨欽旌，永垂不朽。

鍾氏，李鳳韶妻。年十七于歸，秉性淑愼。翁姑祇將，菽水夫子，敬戒無違。迨雙親淪亡，髮夫告逝，抱養房姪，以承宗祧。厥後，葬親葬夫，無不盡禮。孀守三十餘載。乾隆二十九年，奉旨欽旌，以志不朽。

李氏，陳秋潤妻，監生敏本母也。秉心貞節，賦性冰霜。于歸兩載，夫與翁同逝。未幾，而祖翁與兩姑又復繼亡。命愈蹇而節愈堅，遇彌艱而孝彌篤。盡心營葬，事事盡禮。後撫姪爲兒，教之成立，總一生貞孝四十餘年。族黨咸敬仰之。乾隆四十二年，奉旨旌表，建坊。

梁氏，化州監生梁琦女，邑監生詹周盛妻，貢生交錦母也。年二十結褵，未幾破鏡。孤兒遺腹，二老臨年，氏矢志苦節。事翁姑以孝聞，存歿盡禮。撫孤成立，列於縉紳。年逾六旬，常謹禮度，合鄉稱其貞孝莊慈。乾隆四十六年，請旌，建坊。

曾氏，曾志明女，趙富四媳，趙秀妻也。將娶，秀身故，氏聞訃，自將手織白布三疋，包裹夫骸，絶食三日，易服自縊。伊父報女爲夫身死，氏翁憐氏冰心就義，迎棺合葬於那余坡廊嶺。次孫赵禮宗承祧，蓋所謂蔀屋中之烈女也。士大夫多有詩文弔之。乾隆四十七年，奉旨旌表，聿昭奇節。

吳氏，係州同梁炤次媳，梁尚殿之妻也。氏年十六，未嫁夫亡。聞訃時，泣縊數次，母兄力勸，始免捐生。願往夫家守節，翁姑遂禮接成服以成其堅志。奉雙親，撫嗣子，孝慈兼致。守婦道而端壼儀所貞操者，四十餘年矣。閨範流芳，鄉鄰敬仰。乾隆四十九年，奉旨旌表建坊。

招氏，乃李永藹妻，廩生李上明母也。年二十賦于歸，歲廿三悲破鏡，兩兒夭而髮夫亡，家翁淪而繼姑寡，命愈蹇而節愈堅，家愈艱而孝愈篤。以婦代子，撫姪爲兒，營喪葬，訓孤兒，舉一生辛勤者，蓋三十六年矣。鄉黨仰其貞節，家人奉爲典型。乾隆五十三年，奉旨欽旌，永昭不朽。

黃氏，乃生員黃匡臣女，修職郎李超桐長媳，李玫之妻也。賦性温恭，幼嫻内則。氏年十八于歸，旬日，適遭遺破鏡。氏絶飲食，幾至捐生。迨承翁姑訓，遂以婦供子職，立嗣承祧。事翁姑以孝，訓二子以慈，矢志冰操者，曾三十五年矣，鄉黨咸敬仰之。乾隆五十三年，奉旨欽旌。

梁氏，梁雲呈之女，許字譚有紀之子交學爲妻。未嫁而學卒，氏時年十八，聞訃慟倒氣絶，復甦，即欲往守丧。父母勸阻，氏絶粒數日，竟自縊而死。夫家聞之，迎其柩，與合葬於大皇樹嶺。一時遠近文士作詩致輓，邑侯陳公題其墓。

李氏，林春韶妻。年二十一于歸，二十七夫亡。家貧無子，矢志靡他。擇弟春瑞之子延眞爲嗣，孀守五十載，以全節終。

吴氏，李時薦妻。年二十于歸，二十八而夫亡。家貧無子，惟姑在堂，氏乃食力事姑。養生送死，克敦婦道，以姪李大文爲嗣，孀守三十餘。載入無閑言，現年屆六旬。

陳氏，吴殿秀妻，秉質幽貞，賦性端謹。年二十于歸，甫經四載而夫亡，無子。氏矢志自守，竭誠奉親。一切財産，任憑夫兄措置，不計多寡。並慮夫禮祀弗嗣，辛勤蓄積，自置田米六斗，永爲夫蒸。嘗使血食不絶，以從弟吴殿瓊之次子吴侯承嗣，年六十有二而卒。

林氏，吴鴻嗣妻。年二十于歸，閲四載而夫亡。姑老子幼，事姑訓子，胥得其道。年逾六旬而終。

洪氏，蔡楨周之妻，邑增蔡元菁之媳。年二十于歸，閲一歲，而夫妖無子。嗣子尚幼，氏仰事寡姑，俯育幼子，孝慈克盡。現年五十七歲，孀守三十餘載。節操始終不渝，業經移文詳請旌表。

蘇氏，鄭夢吉妻。秉心慈孝，賦性堅貞。年二十四于歸，二十九夫卒。家徒四壁，親老子幼。氏則孝事翁姑，養生送死，自然合節。教養二子，亦底於成立焉。現年六十六，子德榮國學生。

楊氏，黄司培妻，貢生黄上玫母也。年十九于歸，閲五載而夫亡。止生一子，雙親在堂。氏則孝事翁姑，生事死葬，必誠必信，義方訓子，節儉持家，卒底於豐豫焉。孀守五十餘載，壽七十餘歲而卒。

吳氏，林才周妻。年二十于歸，閱四載而夫亡，無子。氏能存攬家業，廢而復興。擇從姪廷悅以繼夫嗣焉，現年六十。

陳氏，吳捷昇妻，監生冠川祖母也。年二十于歸，二十六而夫亡，悲痛欲絕。後以事歸寧母家，父母以家貧勸令他適，氏則怒形於色，不辭而歸，絕跡不復至焉。居家孝事雙親，教養幼子。孀守三十七年，壽六十歲而終。

孫氏，李毓仁妻。年二十二于歸，二十八而夫亡，獨生一子。幼穉多病，家無儲積。氏獨紡績供奉雙親，撫養幼子，艱難備嘗。享年七十有七而終。

陳氏，李爲瑚妻，歲貢生李健榮母也。年十八于歸，閱數載而翁姑繼喪，又兩載而夫復亡。時氏年二十有七，二子甫離繈褓，家業蕩然。氏獨力撑持，營葬三棺，撫養二孤，克底成立。年五十八而終。

陳氏，麗元燦妻。年二十三夫亡，越數月，生一子偉倫。娶鄭氏，生三子，年二十八而倫又亡。鄭氏事姑愛敬兼盡，姑年五十二，亦繼夫而亡。氏典裳鬻釵，喪葬盡禮。迄今年五十九，與姑陳氏俱孀三十年，一門雙節，殆足風焉。

邵氏，麗仲德妻。二十一于歸，未兩載而夫亡，越三月生一子。家無擔石，志矢水箱，敬事翁姑，養送無憾。迄今年五十有四，節守三十一年。四鄉共仰閫範焉。

邵氏，孫子敬妻。二十于歸，生一子。廿二夫故，氏欲從亡。但念翁姑年老，幼兒無依。矢志栢舟，閨門不出。迄今年五十有七，孀守三十五年。敬奉翁姑，撫育孤子，承先啟後，兩無遺憾焉。

鄭氏，孫士材妻。年二十七，夫亡。一子尚幼，足不出閨闥，志時凜冰霜。長伯盡廢家業，氏無怨言。事姑孝順不違，姑死棺殮葬祭。身肩其任，至遭歲凶，寧枵腹以自苦，不叩富門，不登外室。迄今年五十有九，節守三十二年。梓里共憫其苦，欽其儀焉。

鄧氏，莫春華妻，莫李平、李睿、李秀母也。年廿六，夫亡。絶食六日，幾殉夫葬。但念翁姑年近古稀，無人奉養，勉強節哀。勤紡績，以供菽水，育幼兒。迨翁姑繼逝，氏廢簪裳，力營喪葬，悿傷過度，至於喪明。今年七旬有三，苦節四十餘年。牧四世以一爨，獲子孝而孫賢，鄉黨莫不惜贊焉。因顔其門曰『節並松筠』。

李氏，陳闢書妻。十九于歸，廿五夫故。與祖姑凌氏、阿姑易氏俱年未三十。矢志栢舟，喪祭盡禮，課子成名。一門三寡，仝壽古稀，邑侯朱公以節孝可風，旌其門。

姚氏，李堂妻。年二十五，夫亡無子。姑繼亡，氏矢志冰霜，事翁盡孝敬。孀居三十五年。姪邑庠士忠承祧。

易氏，增生林崑材妻。于歸數年，崑歿，無子。以崑兄巍材之子秉乾爲嗣。氏年二十八，慇懃教子，乾長娶陳上華之次女爲媳。越八月，而乾復亡。時陳年十九，與姑矢節孀居。或以繼嗣無人，勸之他適。陳以姑一生苦節，滿望承祧，不幸夫故，願甘同守。今易年六十有八，孀守已四十一年。陳今年已五旬，勵志又三十二載。姑媳二人伶仃孤苦，形影相弔，人共稱爲一門雙節云。

楊氏，林華初妻。于歸甫踰載，而夫亡，無子。家貧如洗，誓欲捐軀以殉，旋以姑老不果。姑尚有二子，於氏夫爲兄，而饘粥惟氏。是任姑歿，典裙布以殮。終年獨處一小室，詬誶盈耳，煢然以紡績度日，童稺罕覩其面。現年六十有三。

李氏，林鍾城妻。年十九于歸，越三載而夫亡，無子。家徒四壁，翁又多疾。氏躬承湯藥，養生送死，皆其自力。逾年而翁姑雙亡。氏枹三杖，呼號迫切，死而復甦。自是綢繆葬資。夫與翁姑之柩，皆賴以厝焉。現年五十有九，而妯娌送迎，足不踰閾。

麥氏，業儒吴元宏妻。年十八于歸，甫兩載而夫亡，無子。氏堅心自守，紡績奉親。生事死葬，克敦婦道。以夫弟次子齊川爲嗣，享年八十有四。

央氏，庠監生陳孔讓妻。年二十三而夫亡。氏甘貧矢節，教育二子吾清、吾潔成立焉。現年五十有三。

黄氏，梁遴選妻。年十八于歸。祇將菽水，敬戎無違。越五載而翁亡，服喪三年。而姑又逝，姑喪未滿，而夫又亡。自于歸至二十七歲，九年之内長遭凶憫，痛哭不絶。夫既無子，又無弟兄。家貧如洗，難於擇繼，乃食貧自守，紡績以葬三棺。年六十六終焉。厥後女壻監生李元翰始爲擇立族姪梁聯榮爲嗣。

陳氏，廩生李若香妻。秉心貞節，賦性孝慈。年二十于歸，事翁姑以孝。二十五夫故。時氏哀痛欲絶，自縊者數次，婢覺救之，得甦。有遺腹子，撫養成人。足跡不出閨閫。孀居三十九載，壽六十四而終。與夫仝葬院村城頭嶺。子元炳監生，孫玉芳、玉華同遊泮。

李氏，庠生麥國沛妻。年二十二而夫亡，子生方數月，時氏痛哭欲絶。翁姑以撫遺孤強之起。自是屏鉛華，矢苦節。後經五十年，未嘗有豫色。孝事翁姑，克敦婦道。年七十有一。子挺庠生，孫實發廩生，有聲庠序。

李氏，關時用妻。年十九于歸，二十三而夫亡。遺腹子未產，而且翁姑連喪。依倚無人，四壁空存，饔餐難繼。氏食力教子，備歷苦况者五十八載，年八十一而以全節終。

董氏，李鳳翥妻。年十八于歸，二十一而夫亡。親老子幼，事親育子，曲盡其道。現今五十有一。治家有法，人無閑言。

吳氏，李懋昭妻。年二十于歸，甫三載而夫與翁相繼歿。遺腹一子旋殀。家貧如洗，拮据營葬翁與夫二柩。事姑孝敬，益篤没而喪葬盡禮。以從兄惠昭子松齡爲嗣。撫育教誨，俾至成人。現年六十有三。

楊氏，吳崇鄒妻。年二十五孀守。撫育二子，奉養雙親，存殁盡禮。一生辛苦五十餘載，年七十九而卒。

麥氏，庠生林世祿妻。年二十于歸，廿三孀守。奉養寡姑，謹循禮法。後立堂姪廷維爲嗣。六十二歲而卒。

吳氏，陳敬授妻。年廿一于歸，數月夫亡。奉孀姑，撫猶子。生事死葬，莫不盡禮。所苦節者三十餘年，迄今五十四歲矣。

凌氏，李吐枝妻。年十九于歸，廿六孀守。事親以孝，教子以慈。二子並列膠庠。年八十五而卒。

陳氏，冼君鄭妻，生員冼介章母也。氏十八于歸，廿八破鏡。葬翁姑，撫三子，教以耕讀。於今六十有二，所孀苦者三十四年。

陳氏，生員易爲清妻。年十八于歸，廿六破鏡。教育二子，中錦、中實俱列武庠。營葬雙親，更加謹慎。孀守五十餘載，年八十而終。

黄氏，林泰元妻。二十結褵，逾年夫歿，遺腹子復汪。及長，娶李氏。未及三載，汪死李殉。氏以祖撫兩代之孤，貞操三十餘年，六十餘歲而歿。葢所謂一門雙貞烈也。

林氏，李嗣白妻。十九于歸，廿三孀守。擇姪監生李鳳揚爲嗣。清操四十餘載，年六旬餘而終焉。

林氏，詹早昌妻。年廿四孀守，於今三十六年。事寡姑，教孤兒，謹守禮法。年近六旬而貞操如一日也。

林氏，陳詔九妻。庠貢陳嘉猷母也。年二十于歸，三載夫亡。姑老子幼，上供甘旨，下訓和丸。迨姑喪，殯葬盡禮。子遊黌序，訓戒彌殷。孀守五十餘載，壽七十七而終。

凌氏，吴珏妻。賦性貞静，秉質端莊。十八于歸，二十孀守。撫嗣子，奉雙親。苦節一生，竭盡孝慈之志。至今五十五歲，孀守三十三年。亦閨範之貞操可挹者。

梁氏，吴盈川妻。年二十八夫亡，無子。以兄之子庠生鳳岐爲嗣。翁姑早逝，節守靡他。現年六十有六。

林氏，梁沛之妻。二十于歸，二十四夫死，無子。家貧如洗，人皆勸其他適。氏念翁姑年老，奉侍無人，竭力紡績，以供菽水。撫姪景光爲嗣。現年六十六歲。

李氏，龍奇煥妻。年十八于歸，二十四而夫故。家貧親老，氏紡績、事親、教子，翰清成立焉。壽八十四而終。

林氏，陳德九妻。年十九于歸，二十五夫故。家貧，矢志孝順雙親。養兄陳常九之子爲嗣。現今七十有五。

陳氏，儒生李芬妻。結褵四載而夫亡。止生一女，家貧如洗。氏窮餓自守。以兄之次子載永入繼。未幾而嗣子旋亡，氏事舊姑，撫弱孫。茹荼飲冰者五十餘年，壽七十有八。

陳氏，李鳳至妻。年十八于歸，自力以養翁姑。越一年而翁卒，逾六年而夫又卒。並無半畝之遺。父母欲奪其志，不從。婦姑二人更相爲命。逾年姑又繼夫而卒。氏伏櫬號泣，幾不欲生。旋以三棺未葬，不可不留身以畢吾事。厥後，得嗣子飛香，尚幼。而營葬三棺，皆氏之力焉。現享年七十有七。

林氏，郡庠鄭周綿妻。二十結褵，廿五破鏡。奉翁姑生事死葬，撫嗣子宇瑞，教育彌殷。至今六十六歲，孀居四十余年。紡績之勤，始終不惰也。

蘇氏，庠生龍在天妻。年二十于歸，六載夫故。姑老子幼，紡績爲生。及姑没，喪葬盡禮。苦節六十餘年，至今八十二矣。

李氏，林萬紫妻。二十結褵，廿三破鏡。親老無子，終不變節。事翁姑，營喪葬，撫姪國璧爲嗣。備嘗辛苦者四十餘年，現今六十有九。

蘇氏，楊時茂之妻，庠生楊沾露之母也。年二十于歸，甫年餘而夫亡。時氏生子，方兩月，矢志守節。上事翁姑，下撫孤兒。嗣翁姑相繼亡，氏盡禮盡哀，義方訓子。享年六十七而終。

黄氏，吴兆元妻。年二十于歸，二十四歲夫亡。矢志守節，撫孤泰昌成立。今年五十有四，猶勤紡績不倦，可稱貞苦者矣。

李氏，林一菖妻。年二十于歸，越三載，夫亡，無子。家徒四壁。紡績以奉翁姑。越數歲，翁姑相繼而亡。氏號泣哀切，盡禮盡誠，三棺賴以葬焉。現今七十有六。

陳氏，貢生詹威武妻。年二十于歸，事翁姑孝謹。二十六歲夫故。越數載，而翁姑俱殁。盡禮盡誠，和丸教子。邑侯王公顔其門曰『勁節千秋』。壽八十一而終。子周裔、周德俱國學，孫文炳、大魁俱庠生。

梁氏，施揚瑞妻。年十八于歸，一載夫亡。撫遺孤，奉父母。勤勞紡績，以供饔飧。矢志冰霜者，曾會四十餘載矣。年及六十餘，而女工猶不輟焉。

戚氏，鍾錫貴妻。年二十五孀守，教孤兒有成立。事後姑盡敬，遇翁姑喪葬，竭力生平。不信師巫邪説，此亦女中有士行者，現今七十餘歲。

李氏，陳上瓊妻。年十九而孀，衣食莫繼。父母勸之他適，弗從。傭績自活，撫孤成立。苦志五十餘載，鄉閭共仰閨範焉。

許氏，王尊義妻。年十八于歸，旬月夫故。奉翁姑孝，及遭喪葬，盡禮不懈。立王建猷以承禋祀。現今六十有五，所苦節者四十餘年。

李氏，邑庠孫鑾之妻。年二十三于歸，二十八夫亡。越四月，生一遺腹子，矢志苦守，撫孤成立。娶媳黃氏，數載子亡，而媳亦逝，養一嗣子，未幾而又故。形單影隻，現年六十有七，鄉鄰其恤之。

林氏，陳煥珠之妻，生員陳本第之母。年十九于歸，二十三孀守。奉事翁姑與後姑，盡禮盡孝。及翁姑俱亡。氏紡績以營葬，和丸以教子。現年七十有二，四鄉共仰閨範焉。

梁氏，吳德仁之妻。年十九于歸，二十夫亡。幾欲與夫同逝，因家姑在堂，乃矢志冰霜，紡績以事家姑。招嗣子以承夫祀，奈家無擔石，無人肯嗣。歲月遷延，患結難解，至二十二歲而卒。

朱氏，梁振鴻之妻。二十一歲于歸，二十六歲夫亡。子大欽方在繈褓。有以姑老子穉，勸改適者。氏剪髮自誓，撫孤守節四十餘年，卒全其行。

林氏，吳茂達妻。年十八于歸，二十夫故。遺腹一子，家貧姑老，氏全節事姑，育子成立。年五十二而卒。

朱氏，易振熙妻。二十于歸，數月而夫亡，無子。父母以家貧，欲奪其志。氏輒投水，被救得甦。自是節烈不磨，紡績度日，孝事翁姑。壽八旬而卒。

李氏，吳翰糧之妻。事姑能盡孝，二十六歲夫故。矢志柏舟，教子成立，即候銓縣丞鼎三也。迄今花甲幾周，貞操益勵云。

李氏，陳彩龍妻。恢著毋，年二十一夫亡。營塟事，撫遺孤，孀守數十年，完節無玷。嘉慶五年，旌表建坊。

姚氏，李堂妻。年二十五夫亡，無子。姑繼亡，家貧翁老。氏紡績以易甘旨。盡孝盡敬，孀居三十五年。姪甲子舉人士衷承祧。嘉慶七年，旌表。

吴氏，張宏熖妻，國球之母。年二十五孀居。貞操自矢，盡孝撫孤，數十載如一日。現八十一歲，嘉慶八年，旌表。

易氏，林繡蘊妻。年二十三而偕伉儷，二十五而悼孤孀。節既堅貞，孝能篤摯。竭誠盡禮，敦事乖於老姑；迎養送終，報劬勞於生父。痛良人之早逝，皎日矢懷；育嗣子以承祧，義方立教。小姑許嫁，竭力綢繆。孤姪無依，勞心撫字。守貞七十六載，凛若冰霜。苦節五十一年，志同金石。嘉慶六年，旌表。

吴氏，鍾迪德聘妻也。年十九，未歸而德故，訃至，赴喪泣血，戢影毁容。當海氛未靖時，移家避寇。姑抱沈疴，氏籲天請代，侍湯藥五年，無倦容。迄今花甲，將週柏心逾勁。嗣子鳴鳳遊庠，咸以爲苦節之報。嘉慶二十三年，旌表。

李大姑、小姑者，異凡挺凡女也。少失恃，鮮兄弟，父貧病，無以自給。姑矢志不字，緝績以供藥食。垂十稔，異挺繼亡，晨夕泣奠，血淚並流。族人感其孝，擇旁親爲兩父後。時姑年尚艾，有勸適人者，輒憤然作色曰：『願終爲李氏子足矣，詎望所天也。』由是戢影扃門，持齋繡佛，歷數十寒暑。雖至親罕得見面。壽八旬外，乾隆庚午、壬申，先後就世。欽賜檢計麥國樹爲之傳，當道有司爭以扁聯旌之。

李氏，鄭業彰妻。年十九于歸。越五稔，夫亡。堂中親老膝下兒孤。氏稱未亡人，傭績以易旨甘，和丸而嚴督課，孝慈兼盡。人稱完節無瑕，應侯旌表。

李氏，增生楊宗淳妻。年二十四，夫殞，誓不他適。茹荼飲蘗，艱苦備嘗，養親必具旨甘，教子不吝脩脯。男繩祖餼於庠，人以爲苦節之報，應侯旌表。

戴氏，廩生黄德蕃妻。夙佩女誡，年十九歸蕃。事翁姑，以孝著。二十四蕃故。雙白在堂，孤赤在膝。氏堅節忍死，代所天了事畜之責，常仰體夫志，推産以周骨肉。自甘貧苦，義方教子，里黨咸欽敬焉。子敏恭，丁年食餼，庠序蜚聲，里閈咸推坤教云。

鍾氏，林位元妻。年十九歸，元二十六卒。撫棺泣血，誓以死殉。衹以高堂姑耄，陪侍無人，含淚偷生，承顔養志。迄今姑婦煢煢形影相依，潔白之操遐邇無閒。

李氏，庠生陳張仲妻。稟性正潔，年二十八夫死。越數年子又死。伶丁孤苦，與所生姑相依爲命。貧極，紡績佐飱，十指不辭勞。夫兄張元官死安溪，櫬歸，喪塟大事，氏不惜典簪珥以佐之。迄今茹荼集蓼而志益堅云。

陳氏，高若奎妻。歸四載而夫死。大慟，剪髮自誓欲殉。姑止曰：『若再死，如堂上人及遺孤何？』氏懼傷姑意，蓬首垢容，含悲茹苦垂數十載。諸姒罕覯其面。

陳氏，李文高妻。年二十四，生一子，夫亡。毁容守節，朝暮不，贍恬如也。父母憐其少貧，勸再字。陳氏剉髮誓曰：『未亡人不即從夫地下以衛孤耳，何得以失義陷女？』遂杜門，女紅自給，裹足不往母家。歷年八旬餘矣。

麥氏，林文浩妻。年二十四寡居。氏柏舟自矢，撫孤成人。子廷珖娶詹氏，舉一子珖，隨繼亡，詹氏二十二亦寡。一門夭折，兩世孀守。婦姑相依爲命，日夜勤勞。其子桂芳，克自樹立，髫年補邑弟子員。

蘇氏，庠生凌貢之妻。早年喪夫，家貧無子，氏誓死守志，苦節自甘，食素四十載。後以姪祥龍爲嗣。居常以禮自檢，雖父母家亦罕至焉。

陳氏，李泮發妻。年十八歸發，牛衣對守，貧寠兼常。越四年，發亡，無子。有諷他適者，斷髮自誓。習女紅，不與閫外事。雖日一舉火，晏如也。伯叔高其節，以姪嗣之。年垂六旬餘，内外無閒言，應侯旌表。

李氏，吴義妻。年二十六夫亡。斗室蕭條，紡績自給，忍飢食蕨，不乞憐於人。孀居四十餘年，人稱完節無玷。

竇氏，李榮階妻。十八歸階，越二十二階故。氏茹荼飲蘖，奉垂老之翁姑，撫承繼之嗣子。享年九旬，戚族咸以苦節稱，應侯旌表。

陳氏，李榮敷妻。年二十孀守。事親撫子，克孝克慈，與伯嫂竇氏居賤食貧，丙夜機聲不絶。一门双節，族黨嘉之，應侯旌表。

吴氏，業儒林華芳之妻，儀廷之母也。年二十六夫故。氏矢志守節，戢影深居，勤女紅以養親鞠子，孟機姜績，卒勞苦以終，其身享年七十五歲，應侯旌表。

易氏，李祖皐妻。年二十七夫死。鳳已分飛，雛猶未抱。家貧姑老，困苦難堪。奉姑養志承顔，雖辛苦拮据，曾不敢以愁容見老人，慮成其志也。後以夫弟法皋之子豪選爲嗣，教之成立。迄今亮節貞風終始一轍云。

李氏，林振國妻。孝翁姑，睦妯娌。年二十七夫亡，越月遺姑又亡。薄産不敷藥餌殯塟之費。氏拮据十指，辛苦半生，立嗣承祧，釐襄大事。衆議請旌，氏聞拒曰：『薄命人從一終，分耳。何必播其苦於衆也。』其見大義如此。

羅氏，鄭以靖妻，廩生章理母也。年十九歸靖，越兩載靖故，無子。哀毁不食，雞骨支牀，廹翁姑命，舍悲強起，假色笑以娱老人，稟義方以訓嗣子。鄉鄰戚族稱其完節，可比柏舟云。

李氏，庠生鄭秉中妻，監生緝誠之母也。年廿八秉故。氏柏舟自矢，孝事翁姑，嚴課弱子，貞風亮節，鄉里無閑言焉，應俟旌表。

李氏，冼天潢妻，監生盛凡女也。孀守撫孤。嘉慶庚午，海寇掩擄其家，掠氏與幼子榮珠，挾渡硇洲，勒贖。氏籲夫泣血，誓不生還，罵賊而死。聞者泣下，咸以節烈兩全稱之。

何氏，李健芳妻，湎泗母也。早年喪夫，家貧兒幼。氏朝夕泣奠，織紡教子，塟祭大事，躬親營辦。雖典衣質珥，斷不肯苟率以圖成。卒年七十二歲。

李氏，鄭以惠妻。年二十五而孀。絶粒飲血，厲蘗茹荼。事翁姑以孝，聞撫諸孤以慈著，母儀婦道兩無憾焉。

李氏，陳虞慶妻，監生陳彝銘母。孀居五十餘載，鄰里共仰壺範。嘉慶十五年，旌表，建坊。

李氏，吳標廷妻，歲貢吳靜之媳。少嫻女箴，賦性淑慎。二十于歸，事親能得其歡。二十四夫故，家貧無子。紡績以助甘旨。姑梁氏，素患痰喘，氏湯藥必親。喪葬盡禮。後以夫弟忠廷之子統仁爲嗣，撫孤成立。守志三十餘年，族黨奉爲女宗焉。

林氏，吳誠達妻。年二十于歸，二十五而夫故，無子。家翁先逝，姑麗氏，年老多病，爨火久虚。氏紡績辛勤，夜以繼日，甘旨湯藥獨力支持，不以委之。妯娌姑媳相依爲命者四十餘年。姑壽九十有四，氏壽六十有八而終。合族致祭以嘉其孝焉，應侯旌表。

一門雙節：陳氏，吳士禮妻。黄氏，吳士英妻。陳年二十六而禮故。黄年二十四而英卒。兄弟相繼淪亡，一門雙寡。止英生一子洪昌，二氏俱撫之，慈愛均一。家赤貧，數喪未葬。並燈紡績，午夜猶聞機杼聲，辛勤樽節以供養生送死之資。後昌犯内症，傾身調治。及昌卒，二氏亦相繼而没，計其妯娌守志相依者幾五十年，從無一語詬誶，亦人所難云。

陳氏，吳士榮妻。年十一歸榮，爲童養婦。年十六榮以痘瘍卒，時猶未合巹。暈死數次，既以夫數代單傳，家貧姑病，舉目無親，留身有待。自是匿影深閨，紡績供奉。外家屢次勸嫁，氏嚙臂自誓，杜跡外門。家翁德茂先逝，姑黄氏脛痛流注，沈頓床簀，膿血狼籍。氏問醫求藥，不離左右者十六年。及姑卒，喪葬之費，俱出十指。一生辛勤，未嘗一夕就床安寢。夫房弟璠盛，好義之士也。止生二子，感氏孝，義以次子敬姬爲之嗣。氏長齋繡佛，今已七十餘年。

招氏、孫氏，一門雙節。招氏者，廩生陳星聚之妻。年二十于歸，越六載而夫故。孫氏者，陳星煌之妻。十九于歸，越五年而夫亡。皆監生緯綜媳也。二氏初歸，事翁姑以孝著。六七年間相繼而寡。未幾，姑又逝，兩弟復夭。且老翁臥病於床，幼弟就傅於外，零丁悽苦，二氏支持。凡藥餌甘旨，俱二氏紡績以供。迨翁壽終，盡誠盡禮，營葬六棺。爲幼弟完娶，幸天垂憫，弟生七子，招則撫其長，監生謂然，孫則撫其五，童生杰然，皆能成立。招壽七旬餘，孫五十三而卒。

麥氏，妙金院村廷珍之女。珍年老無子，家貧又難立嗣。金矢志養親，誓不適人。息影綠窗，傭十指以供甘旨，歷數十年如一日。及父没，族人爲其父擇繼以慰其孝，金亦終守女子之貞，與大姑小姑同時稱三孝女云。

李氏，孫敬修妻。年二十于歸，越五載而夫故。氏迸血絶粒，誓與同穴。翁姑責以大義，始延息，稱未亡人。孝翁姑，睦妯娌，教孤子，各盡其道，婦德尤爲無憾焉。

吳氏，林邦球妻，監生體仁之母。早年夫故，一痛幾絶。翁姑在堂，奉事惟謹，藐孤在抱，教育綦嚴。孀居數十年，人以清閨白壁稱之。

李氏，陳才龍妻。夫死子幼，氏孀居守義。步不踰閑，珥不飾首，撫遺孤，慈嚴父，至奉祭祀黍稷惟虔。迄今三十餘年，人以完節稱。

袁氏，鄭之元妻。夫死無子。堅誓守節，以事舅姑，立祀承祧。孀居二十餘年。

何氏，高若斗妻。年十九于歸，年十六夫卒。氏以翁姑垂白，夫不及終事爲憾，晨昏定省，甘旨必親，送終盡禮，撫嗣成人。鄉里以節孝聞。

顔氏，國學陳敏本媳，邑庠陳星光妻。二十結褵，次年夫逝，一兒遺腹。貞堅自矢，撫孤成立。歷飲冰茹蘗之艱，事翁姑存亡盡禮，内外無閒言。

黄氏，職員黄毓英女，少有賢名。年十七歸于拔貢生林瓊樹。樹以妙齡選拔，識者均以大器期之，不意年止弱冠而卒。子庠生甫申尚在腹中也。氏雖椎心欲絶，然念親年近邁，腹有遺孤，乃忍痛誓心。事親竭誠盡禮，及孤兒長大，挑燈課讀，愛而能勞，卒能教之成名。壽年七十有四，今其孫曾詩書繼世，科名雀起，人皆謂幽貞之報。

李氏，庠生李奇相女，歲貢李本卓姊。年二十歸林翹都，二十三歲都故。一子植邦，時甫三歲。上有六旬孀姑，氏親供甘旨，蒸祭盡禮，且睦妯娌，勤紡績，閨門不出，壼範克敦，内外無閒言。壽逾古稀，苦節五十年。

吴氏，易乾元妻。年二十于歸，二十四而乾故，並無子女。時欲投繯殉死，以親老故，爰稱未亡人，以婦代子職，事事盡禮。且德性淑慎，舉止端詳，睦親和隣，内外奉爲禮宗焉。現壽六十八歲。

莫氏，吴成玉妻。年十九歸玉，越七載而玉卒。子紹昌甫在繈褓，雙親在堂。氏乃茹蘗飲冰，仰事俯畜，盡孝盡慈。及姑没，後復事後姑敬禮有加。後昌亦亡。遺孤孫正芳、正華二人。氏又以祖母代父撫之成立。今年踰七旬，辛勤不懈，允爲苦節全貞。

龐氏，吴巨望妻。十九而詠于歸，廿五而悲失偶。親老子幼，家復素貧。氏乃菽水承歡，自甘藜藿，恩勤鬻子，不憚譙脩，敬慎無違，族黨咸仰。

梁氏，林茹芳妻。年十九歸，芳以賢聞。二十四歲翁故，典質簪珥，喪葬盡禮。越年夫亡，止生一子啟秀。矢志撫孤，日夜紡績，事繼姑得歡心，後凡遇翁姑生忌日，必典衣備物，流涕哀奠。現年六十有三，哀慕不衰，真孝義兩全云。

李氏，吴就文之妻。年十八而嫁，二十五而孀。上有老病之舅姑，下止一子惠元，家赤貧，饔飧不給。氏乃以婦代子，紡績以供甘旨，復以母代父，教養而使成立。敬戒無違，恩勤備至。及翁姑棄世，喪葬之費皆出十指。壽六十有四。

王氏，王業成女，廩生王三錫之姑也。稟性貞慎，年十八爲楊愈椿室，二十七而椿亡。絶粒數日，幾欲捐生。旣以堂上姑老，抱中子幼，合淚承歡，茹荼教子。乃姑卒後，子亦旋殤。孤苦零丁，貞操愈厲，松眞松柏之性，歷霜雲而不渝者乎？

潘氏，麥夢菊之妻。二十而賦《桃夭》，五載而悲破鏡。嘔心泣血，誓以死從。時有姑在堂，親戚苦勸，擇子立嗣，乃忍慟節哀。上事老姑，下撫幼子，必敬必戒，以慈以嚴。壽八十四而終。即監生大芬之母也。

鄧氏，蕭舒馨之妻。十二于歸，二十三而夫故。一子樂天甫繈褓。堂上有祖舅姑及翁，家貧如洗。氏矢守自誓，茹荼如薺。及祖舅姑與翁相繼淪亡，氏拮据典質，必盡其禮。雖家道衰微，煢煢孑立，而戢影空閨，冰操益厲。今年將六旬，夜晝紡績，辛勤不懈。

吳氏，吳均廷之女。年二十歸國學易舒一之子業瀚爲妻。越六載，瀚故。高堂老病，孤子齠齔。氏投井相殉，斷髮自誓。紡績爲業，菽水是供。及翁姑繼逝，凡附身附棺，事事皆經親手，不以諉之他人，恐不逮其盡心也。計其孀守三十餘年，撫子成立，允爲始終全節云。

麗氏，劉福新妻，國學麗彪女也。年二十歸劉，二十八而夫故。舅姑在堂，穉兒在抱。氏欲殉節，不得，乃杜門匿跡，以女紅爲活，養親教子，不憚勤劬。其持守之嚴，鄉鄰罕識其面，即妯娌亦從不聞其詬誶聲。蓋婦之有德者，現年六十有三。

詹氏，麗超龍之妻。適夫二載而夫故，時年止二十一耳。青年破鏡，膝下無兒，泣血痛心，煢煢在疚。時有勸之另適者，翁亦聽之。氏囓臂盟心，因是絶跡外門，匿影孤幃，以紡績度日。十指所積，卒能爲夫立嗣，撫之成立。至六十而終，族人猶莫識其面也。

林氏，庠生復林瀚之女，明經林懋修、孝廉林懋昭之胞妹也。婉順端明，少有志操。適黄宏才，宏才素有痼疾，病中于歸。氏寢食俱廢，湯藥必親。未一月而宏不起。氏慟絶三四，誓以身殉。翁諭以繼嗣未立，乃含淚稱未亡人，息影空幃，非父母大事不出閨壼。侍翁及父母孝養盡禮，內外無閒閑。不但節可嘉，孝尤無憾焉。後以伯兄交才之三子嵉爲嗣，撫愛過於所生，教之成名。宗黨屢欲爲氏請旌，而氏雅不欲以節自炫，其節之最純者歟。

吳氏，吳其瑁女，明慧有德。年二十歸廣文黄文才之次子黄巘。敬慎無違，越一載，而巘故。哀慟幾絶，遺腹一子源長，遂矢志撫孤，心如井水，雖夫家正當華盛，妯娌如雲。而氏屏飾毀珥，安之若素。

且性至孝，事翁如父，甘旨藥餌，每事必親。族黨稱歎。今年屆六旬，足跡未嘗出閫門外也。

王氏，李正仁之妻。歸仁四載耳，芳齡失偶，慟不欲生。止以腹有遺孤，乃聽翁姑勸，起治喪事，嗣生一子滙泉，節哀乳養。家本清貧，氏茹蘖如飴，上事高堂，敬順無違；下撫孤兒，恩勤臻至。孀守三十餘年，族黨欽仰。

林氏，莫比端妻。年十八于歸，二十一夫故，無子。椎心慟絶，誓以死殉。聽祖姑與姑苦勸，始留身爲立嗣計。自是奉祖姑，生事死葬，盡禮無缺。事姑孝順，相依數十年，菽水承歡，至老不倦。後以伯兄次子爲嗣，完娶數載，無子而卒，再以姪昭奎繼。今年將六旬，杜門不出，洵克紹祖姑節孝，徽音鄉黨稱爲一門雙節云。

冼氏，李道珖妻。珖夙膺弱疾。氏歸珖後，湯藥皆氏親嘗。未滿三載而珖卒，年二十二耳，止生一子文龍。姑復老病，家徒四壁，旁無親援。有憐其貧寡勸之改適者，氏以大義拒之。自是杜門息影，矢死靡他，惟以紡績女紅，養姑教子。文龍年十九娶媳陳氏，乃越四載而龍復故，兩世孤孀亦足悲矣。幸龍遺一子，媳亦能體氏志，因共撫之，皓首青春，淒其相弔。然遇愈窮而操愈厲，氏眞松柏有心者與！

孫氏，李兆麟之妻。年十九歸李，越四載，麟亡。氏哀毁絶粒，慟絶數次。幸腹有遺孤，翁姑諭之，乃漸進饘粥。數月後生一子，顯邦柏舟，自矢茹苦而甘。因年尚豐少，自防甚密，足不踰閾。事舅姑生死盡禮，宗族稱美。壽七旬而終，今諸孫林立，人謂節義之報云。

李氏，吴廷章妻。歸章時年方二十二，越七載而章亡。既無子女，家復赤貧，誓欲殉節。緣雙親年老，侍養無人，且嗣子未立，乃忍死矢志。紡績養親，綢繆立嗣，上盡其孝，下盡其慈。不幸嗣子復殀，孤孫正幼，氏以祖母代父，辛勤備至。命愈蹇而節愈堅，里黨並無閒言。

李氏，國學易業創之嗣媳，本仁之妻。歸九載，夫亡。氏慟哭欲自盡，翁姑勸諭。因念親老子幼，事畜攸關，嗣是生事死葬，孝道無違。撫孤成立，且體夫心事，本生父母如一。生平尊師訓子，長子禮賢，蜚聲庠序。將來食報更未有艾云。

林氏，吳東暉妻。暉卒時，氏年二十七。家貧無子，矢志柏舟，杜跡母家，紡績爲活。雖塵甑屢空而我心匪石。今年六十有四，計苦節三十餘年，允爲白璧無瑕云。

黃氏，吳泰昌妻。歸昌數載而寡。尚未有子，止有孀姑在堂。氏以姑老無依，即以姑之節爲節，相依爲命者數十年，族人憫氏一門雙寡，以別房子繼隆爲嗣，不越十載，隆復殀亡。氏以夫祀已斬，日夜涕泣，賫恨而終。嗚呼！天於節義之家，何阨之若此極也！

楊氏，貢生陳紹昌之繼室也。紹壯年破鏡，一子方齔齔，三十外始續娶楊氏，越歲而卒。氏年僅二十歲耳，舉聲慟絶，逾宿而甦。因前室遺有孤兒，乃含哀撫養，推乾就濕，濡煦過於所生，即庠生掄元也。娶吳氏，歲貢吳振發之女，明靚貞閑，生有淑德，年十九歸掄。數載而掄復故，止遺一女，數歲亦殀。姑媳雙寡，並無子息。青年礪節，形影相依，塵甑茹荼，淒凉萬狀。今楊已逾七旬，吳亦六旬外矣，立堂弟立之之子爲掄元後，共撫之。苦節幽貞，不愧薇楊彤管云。

楊氏，太學生吳兼輝之妻。稟性幽閑，年二十歸，兼循禮自盡，允蹈四德。舅姑稱其孝，妯娌樂其賢。數載夫故，止妾生一子，尚在繈褓。妾化於氏，德亦矢志守貞，相與撫孤至於成名，即庠生衍周也。今年踰七旬，妾亦六十餘，猶杜跡閨門，罕睹其面。至於敬兄嫂如舅姑，惠婢妾如兒女，和鄰恤困，善行尤多，堪爲巾幗矜式云。

李氏，黄秀文妻。子歸六載，止生一子而秀遽卒。氏杜門屏跡，儼如處女。家翁亦罕見其面，叔弟從不接其言，蓋端莊靜默，出之天性。故茹苦窮居數十年，並無愁怨之色。至於事親以敬，教子以義，從無絲毫苟且，必盡其力。今年六旬餘，尚未出閨門半步也。

謝氏，林楊英妻。英卒時，年始二十四。一子樹梁幼穉多病，雙親垂老，家又素貧。氏慚絶復甦，對屍誓志，菽水以承親懽，篝燈以課兒讀。雙親没後，葬祭彌虔。畢世辛勤，一生清白。現年居七旬。

李氏，林堂之妻。年二十一于歸，生一子棨叢，三歲而堂故，次子寗叢尚在腹中。氏年止二十六耳，雙親已老，弱弟正在髫齡，釜甑凝塵，饔飱不繼。氏仰體夫志，身任其勞，事雙親，撫弱弟，養孤兒，追亡撫存，克盡其道。今年六十有三，茹蘖守貞將四十年。姑先逝，事翁益謹，教子益力，蓋窮而彌堅云。

黄氏，林天樹妻。年二十歸于天樹，生一子，越四載而樹卒。家貧親老，子又幼弱多病，孤苦艱辛，人不堪處。氏矢志既堅，茹荼如薺，篝燈紡績，每至夜分。人有勸之改適者，氏痛自搗曰：『吾豈有遺行耶？何人以失節疑我。』勸者驚逸。今年七十有一，終身未嘗一日安飽，亦可謂苦節矣。

陳氏，林迺熊之妻。年十九歸熊，數月而熊卒。止有遺腹三月耳。氏慟絶數次，水米俱屏。翁姑痛哭苦勸，因念腹中兒，冀其生男，爲夫延一綫之脉。乃含淚進飿，以共姜自誓。後果生男，辛勤教養，撫之成立。事親敬戒無違，每遇翁姑有病，延醫問卜，親侍湯藥，不辭勞悴。親没後，凡生忌日必對筵哀泣。終身如一，誠節孝兩盡云。

鄭氏，增生陳其璿妻，歲貢生陳所藴之繼媳。年十八于歸，德性貞静，甚有知畧。舅姑没後，夫即繼故。氏年甫二十六，有三子。氏矢心撫孤，杜門紡績。饔飧不給，減飧哺子，艱苦備嘗，志節愈厲者十年。不料夫之本生父債逼無償，將氏私嫁，素知氏矢志靡他，不敢與謀。轎至始説其由，氏思顯拒則翁不得財，痛哭則人必防守。乃陽爲歡笑，欵待來人曰：『俟沐浴更衣乃行。』從者不疑。氏乃具浴盛服，縊於密室。語云：『慷慨捐生，從容就義。』於乎氏兩得之矣！以視苟采之烈，又何多讓焉。

洪氏，吴殿行妻。二十結褵，舉一子名念祖。六載夫亡。事姑撫幼，節苦心貞，閭里咸仰之。

李氏者，李偉傑女，念祖妻也。二十有六，夫故，無嗣。體夫志以事姑，一如姑之事祖姑。族人擇别房子振宗爲殿行後，振宗之子爲念祖後。李氏養姑撫兒，不遺餘力焉。今李氏年居六秩，嗣息年僅數齡也。愈光後先媲美，洵足勵風教焉。

黄氏，陳予瑀妻。于歸後，與瑀伉儷甚篤。逾年舉一子，越七載，瑀卒。家徒壁立，紡績養兒，自甘藜藿。母屢廹之改適，氏指石誓曰：『此而可爛，我心不移。』遂杜跡外門者二十年。安貧誓節，白璧無瑕，七十而卒。

吴華姊，吴巨岐女。少端静，寡言笑，足跡不踰閾，事親以孝謹稱。十四歲許字郭唐勲爲室，婚有期矣，而勳遽亡。時女年二十有一也。旦夕悲悼，誓欲奔喪，父未之許。數月後，漸聞冰人踵門議姻，女傷憤交作，乘暮入圃自經焉。誠貞烈之操也。先是女亡之夕，郭氏母夢一少女入其室，自稱爲郭家婦，醒覺駭異。及早而訃適至。貞魂所感，理固有之。越日，郭氏迎主于歸，諸紳投牒請旌。通詳各憲，鄭鑾邑侯贈以舍生遂志之額，並製《烈女歌》長篇，比之疾風勁草，義士忠臣。今板現存郭宅，士大夫亦多詩交弔之。

陳氏，麗綜萬之母，十九歲歸綜父麗濤龍。家貧親老，菽水承歡。生綜萬未滿一月而濤故，年方二十二。迨二十六而翁亡，三十四而姑没，連遭大變。氏拮据祭葬追亡，撫存無違者，婦道代子，不特節足嘉也。

林氏，修職郎李石城媳，兆英妻也。十九完娶，舉一子，七載夫故。家徒四壁，苦節自貞。勤女紅以贍姑兒焉。今年登七旬，貞操常勵，内外並稱焉。

吳氏，武舉人吳滙川之仲女。二十于歸李新邦，越三載而寡。家貧，事親盡禮，教子以義。紡績勤儉，艱苦備至，數十年如一日。宗歲欽羨。

陳氏，李肇愷妻。十九賦《桃夭》，二十一悲破鏡。夫故無嗣，哭夫之切，水漿不入口者三日。其甘貧植節，孝事翁姑，亦皆可表著者。氏年六旬，松筠之姿，初終一致。族議以氏夫堂弟松愷次子名而培爲嗣云。

鍾氏，陳秀英妻。十九歸英，英捕海爲生，室如懸磬。氏雞鳴戒旦，三載食貧，而英劇卒，尚未有子。氏念翁姑雖老，自有二伯奉養。決志殉節，絶粒七日不死。翁姑憐之召氏，父母勸之歸，暗屬另適，以存其命。氏聞之痛哭，沐浴端坐而縊，繩未結而氣已絶。嗚呼！其烈女子哉！

陳氏，陳有璋女，武舉人易業富媳，易宣仁妻也。十九于歸，越一月夫故。自是屏膏沐，除色笑。孝事乃翁，義訓猶子。閨門植節，不履父母之家者數十年。今近六旬，貞操如昨，閭里不悲其遇，欽其志也。嗣子登賢國學生。

冼氏，鄭文明妾，少有烈操。于歸數載，舉一子。周歲而明病，氏侍湯藥，衣不解帯者數月。及明卒，慟絶數四復甦。念孤兒在抱，厲節撫孤。不幸孤兒復殀。氏拊膺呼天大痛曰：『我所以不從亡人於地下者，以一塊肉在耳。今已矣，彼蒼者天，曷其有極！』乃沐浴正襟，投繯自盡，時年二十六耳。宗黨傷之，普擇堂姪之爲其後，私謚節烈。嗚呼！氏其雖死，不死哉！

冼氏，國學冼蔚州女，黄承亨妻也。二十一結褵，二十六破鏡。家貧無子，翁姑令之他適。氏悲號不允，願矢死以報夫焉。爰抱兄子振國爲嗣，堅持訓育，備歷酸辛。今年越六旬，猶每日至夫墳啼哭一次。殆所謂『義理如山，心堅匪石』者與！

李氏，鄭維仁妻，廩生李珍女也。出自儒門，少有至性。年二十歸仁，越三載而仁故。家貧無子，祖姑及翁姑具在，兩弟幼小。仰體夫志，以奉養爲己任，不憚勤劬，非大事不歸外。家翁嘗爲債逼愁歎，氏詢知，典質衣簪代償，無吝色。祖姑年九十有四，膺重疾，氏湯藥扶持，以一板臥於牀前，數月不解。及祖姑卒，而氏得風癡症，竟至不起。以弟維鈞之子爲嗣。氏四十八歲而卒，族黨咸傷之。

李氏，林邦衢妻。二十歸門，數月夫逝。流涕飲泣，誓不欲生。旋以翁姑年邁，侍養無人，勉全餘生。用修婦職，由是生事葬祭，咸盡禮焉。族擇別房之子爲嗣。氏以義方教之成立人，咸稱焉。

吳氏，鄭炳道妻。年二十于歸，越六載而夫故。止有遺腹數月，翁姑已老，家本清貧。三月後，幸舉一子，由是杜門戢影，勤女紅以供菽水，稟姆訓以教孤兒。茹荼集蓼三十年，從無怨言訴語。《列女傳》所『端操有蹤，幽閑有容』，可爲女詠。

張氏，林天衢妻。年十九于歸，生一子楊泰。兩載夫亡，一慟幾絶。旋以孤孩在抱，強起提携，且以冰雪之操，終菽水之養，勁節與孝道均懋焉。享年古稀，鬖篁儷質，族共欽羡。

吳氏，吳文華女，黃士毅妻也。十八成婚，誕有二息。二十四夫亡，貞志撫幼，孝事孀姑，常不離側。姑瘵疾十餘年，不起牀褥，躬親臭穢，毫無難色。姑歿，哀慘慘百倍尋常。每逢翁姑及夫誕諱，必預茹素三天，端身盥奠，老而不衰。壽九旬有二而終，長子在中太學生。

李氏，林達禮妻，雲錦母也。二十歸門，兩年夫歿。糧無隔宿，義凜三從。其養二老也，婦兼爲子。其訓孤兒也，母更爲師。節孝兩全，壽登七旬，其貞操洵可表耳。

李氏，黃振闈妻，宜文母也。二十于歸，五年破鏡。孤兒在抱，四壁蕭然。氏苦節自堅，女紅是給。鐵石之志，四十餘年若一日，斯節操之完善者耳。

李氏，李巨生女，庠生林松媳，林翰苑妻也。十八于歸，生一子名瑞桂。二十三歲翁夫繼逝。連遭喪事，徒撫孤兒，冰雪盟心，松筠勵品。事姑以孝，葬祭竭誠，課子維勤，脩資弗吝。蓋亦貧苦中之所難者，貞守五十載，耄而益堅焉。

韓氏，彭兆西妻。十九有家，廿四失偶。剖心泣血，殆不欲生，翁姑憐慰交加，乃稍節哀存活。然家無擔石，勤織紡，贍高堂，育孤兒，洵艱苦備嘗焉。若夫翁姑遘疾，禱神願以身代，歿後喪葬盡禮，亦皆可傳者。今六旬餘，晚節彌堅，遐邇咸稱。

陳氏，林際芳妻。德容素著。芳卒時，氏年二十六，家貧無子。三旬九食以水爲飱，心如鉄石。隣有憫其孤苦者，勸之曰：『身之不保，名將安附？汝毋徒自苦。』氏指甌中水曰：『此最清冽，吾飲之而甘，不爲苦也。吾自遂吾志耳，豈求名哉？』勸者嗟歎而去。今年七十，歴盡淒凉，惟杜門甘餓，未嘗向親黨乞憐一飯，葢節之最苦者。嗣子名振常。

黄氏，增生黄天佐孫女。賦性貞淑，少有賢名。年十九歸于羅元貴，數載貴卒，尚未抱子，翁姑已老，強近無親。貴臨終執氏手曰：『我死子嫁，固也。恨親老家貧，舉目無親耳。』氏嚙臂自誓曰：『我已決志相從，今君既以雙親爲念，請爲君假息奉養，俟翁姑百年後，君待我於地下耳。』自是杜門紡績，孝養無缺。數年翁故，喪葬如禮，與孀姑相依又數年。年四十有四，一病不起。將卒時，呼姑至牀前，叩首曰：『兒命不足惜，惟不及送姑終，負死者所托，賫恨入冥矣。』目不瞑而卒。此之謂孝，此之謂節也與！

莫氏，陸元升妻。二十歲結褵，越二載，夫端午塘浴滅頂。氏奔視慟絶。及殯，瀕死數次。姑以遺腹婉諭，始肯苟全。未幾，舉一男，氏稍欣慰。嗣是清操自矢，紡績辛勤，養親撫幼，胥盡道焉。今姑年八秩，氏逾五旬，奉事彌謹，其子受室成立，幼孫復見。人皆以爲節孝之報。

邱氏，邱肇周女，蘇英妻也。十六歲許聘後，英往外貿，待字十三年，始賦《桃夭》。合巹方四十日，而夫往外亡，家貧無嗣。勤紡績，事耄姑，葬祭如禮，自矢堅貞，今八旬有九。

陳氏，邱卓秀妻。十九歸門，廿三喪偶，無子。氏誓欲相隨，旋以姑養誰供，邱壠孰奠，存生守義，備歷淒涼。然以哀傷之過，竟至喪明。以堂姪恒隆承嗣，今花甲將周，清操益著，閭里重之。

蕭氏，庠生林元之媳，林呈華妻也。廿歲結褵，七年夫逝。家貧無嗣，誓欲捐生。然而耄姑在室，菽水誰供，爰矢柏舟，苟存性命。祭葬循禮，閭里稱之。惟是議繼未成，煢煢孑立，至今七十有九矣。非真可敬憫者與！

吳氏，吳定興女，黄煥中妻也。十七于歸，生一子，名承泰。二十八歲夫故。家甚貧，惟勤女紅，以事翁姑，供薪水，營棺槨，洵爲苦節之貞焉。尤可憫者，子方受室，強歲又歿。乃與孀婦陳氏同勵冰心，初終一致。壽八十有六，鄉黨無閒言云。

麥氏，姚正倫妻，統萬母也。十八鼓琴，廿年破鏡。遺腹一子。屆夫卒，哭而生。堂無親眷，地鮮立錐，唯奉七旬外之祖姑，形影相弔。聊勤績紡，以給饔飧，始終盡禮。孤兒長大，劬愛兼施。今年將六秩，苦節彌堅云。

楊氏，陳錫爵妻。年二十于歸，翁姑相繼而逝，越四載而夫又故。連遭數大喪，皆拮据如禮。遺一子宗虞，甫在繈褓，三世單傳，門無期功之親。一身孤立，家徒四壁，艱苦備嘗。氏唯持十指，教養孤兒，至於成立。有富家慕其德而重聘之者，氏矢死靡他。每遇翁姑及夫生諱，享禮必敬，哀動四隣。壽七十有六。

何氏，冼玉泗妻。二十三歲喪偶，一子海清方週歲。姑又孀居年邁，冷突不黔。氏以柏舟自矢，杜門不出，專務女紅。奉養老病之姑，教育孤寒之子。迨姑故，喪葬之費，子大誦讀之資，皆出氏十指。今年届六旬，族黨猶罕識其面云。

楊氏，李文軒妻。生長儒門，夙承姆訓。于歸後，荊釵布裙，鴻案相莊，不謂伉儷。八年藁砧遽卒。氏以在堂親老，繞膝兒孤，飲蘖茹荼，機寒紡夜，供親鬻子，不憚辛勤。卜吉厝兩代之棺，擇隣營三子之宅。今曾元綿衍，皆食其澤云。

陳氏，李日升妻。歸升五載，止生一子而升故。堂有病風之老姑，懷有幼病之弱子，家徒有壁，灶久無煙。氏拮据十指，辛苦半生，甘食奉姑，恩勤鬻子，和隣睦里，志潔行勞，宗黨欽仰。

李氏，陳馥仁妻。于歸六載，生一子而馥卒。慟絶者四，既以翁姑垂老，孤子無依，乃節哀茹痛，守志撫孤。然以年貌方豐，翁姑不無他慮，氏斷髮泣誓，絶跡外門，養生送死，教子取媳，一切皆氏紡績儉積所出。今年届古稀，族至親亦罕覩其面。《詩》云貞靜純一之德，氏良無忝。

陳氏，王謨光妻。年二十于歸，逾三載而謨卒。身幾化石，淚盡成珠。緣尚未抱子，矢志立嗣。杜門紡績，一月得四十五日，翁姑有疾，湯藥必親，不以諉之婢僕。立嗣後，親持家政，不憚辛勤。荅薑桂之性，老而彌篤云。

林氏，梁兆奭之妻也。賦性貞淑，歸奭七載而孀。堂上親老，膝下兒孤。氏松柏爲操，冰雪爲心。

供甘旨以婦代子，嚴訓課以母爲師。動勞紡績，和睦妯娌。杜跡閨幃，克敦壺範，貞風亮節四十餘年。現壽九十有六。

周氏，梁正隆妻。歸隆三載，生子一旺。甫三月而隆卒。矢志撫孤，事翁姑益加篤敬。氏外家雷屬海康，距吳二百餘里。值翁病危，氏心動奔歸，適翁停牀，一見即瞑。人以爲孝心所感。後與姑相依，姑性最嚴，曲意順承，或鞭撻流血，氏惟跪受。及老病在床，氏親爲滌穢，不避艱苦。三十年不懈其餘，治家和隣。内外無間言，族黨欲爲氏請旌。氏力阻，以爲盡吾分耳，何必表揚。眞能見大義也。

林氏，李幹盛妻。年及笄而于歸，數載幹故。家貧親老，尚未抱子。氏號慟絶粒數日，留身待嗣，茹苦集蓼，養志承顔，使二老不以無子爲憾。又能儉積餘資，爲夫立嗣，撫之成立。苦志五十三年，現七十九歲。鄉里稱羨。

詹氏，韓廷玢妻。于歸四載而夫故。家貧如洗，絶粒三日。翁姑垂泣苦勸，乃食。茹哀以養二老，守節以立遺孤。每遇翁姑有疾，侍奉不離，焚香告天，願以身代。迨翁姑繼逝，殮葬無資。氏典衣鬻髮以市棺槨。後遇誕諱，一飯必虔哀泣竟日。今年屆七旬，猶日夜紡績，視姪如兒，撫孤承祧。鄉人望盧生敬。

鄭氏，陳福普之妻，即碣石遊擊鎮疆之媳也。出自儒門，素有節操。于歸數載，尚未有子，而普遽卒。氏誓欲殉亡，妯娌勸止。乃矢志守貞，勤儉樽節，得有餘資，撫姪光唐爲嗣。計今孀守已五十餘年矣。

吳川縣志卷之八終

吳川縣志卷之九

吳川縣知縣滇南李高魁杏園纂

事蹟紀年

盛志曰：志之體例猶夫史。史有紀、傳、志、表之體，則事以類從，取其博而備。有編年之體，則始終條貫，取其約而該。昔之作志，槩從紀傳之例，于編年或闕焉。舊志志祥異，一則例用編年，而附以興廢之故，意誠善也。然取捨詳畧猶有未備，因其所紀少爲增輯，更之曰事蹟紀年。志昉于明，故斷自明洪武始定吴川之歲，以迄於今，俾一邑數百年中之事，展卷瞭然，且令後之官于茲土暨鄉先生之留心掌故者續書之，則凡事之有關于政治得失、天時人事之故者，咸信而有徵，即爲異時志乘張本，可也。

明

洪武二年，己酉，元海北海南宣慰使副陳乾福降。

三年，庚戌，改化州路爲化州府，吴川屬焉，知縣乞住始至。

八年，乙卯，復改化州，吴川仍屬焉。縣丞汪季清攝任。

九年，丙辰，降化州爲縣，吴川改屬高州。尋仍爲州。

十四年，辛酉，改高州爲府，吴川仍屬州屬府，設河泊所，後裁。

十八年，乙丑，知縣庾誠任。
二十四年，辛未，知縣曹定任。
二十七年，甲戌，設寧川所，千戶徐本始築土城。
二十八年，乙亥，奉工部堪勘合知縣曹定始令民間修築塘堰，興水利。
永樂元年，壬午，知縣林泰任，千戶李忠修城。
十四年，乙未，知縣陶歆任。
正統三年，戊午，知縣劉震任。
四年，己未，知縣劉震、典史馮完重建大成殿。
七年，壬戌，縣丞徐崇善攝縣事，重修學宫。
十三年，戊辰，有星孛于南斗。
十四年，己巳，大水溺人畜。
景泰七年，丙子冬，有大星自南東入天璧，有聲。
天順二年，丁丑，春二月，海寇犯寧川所。
成化三年，丁亥，知縣陳衍任，指揮俞鑑開城濠。
五年，己丑，知縣鄧宣任。
十四年，戊戌，大水溺人畜，僉事陶魯拓舊城，易以巨磚。

十五年，己亥，大有，知縣陳安任。
十八年，壬寅，春三月，地震，四月天水，至八月始退，是年災傷。
二十三年，丁未，元日，有白氣如練漸消，有聲如雷，八月二十日夜，地大震。
弘治四年，辛亥，知縣鍾英任。
八年，乙卯，知縣蘇智任。
十一年，戊午，七月十一日，初昏，有大星自東南經西北，聲如雷。
正德二年，丁卯春朔，日有食之。
三年，戊辰，知縣胡經任。
七年，壬申，知縣張禎任。
九年，甲戌，知縣方宜賢任，修學宮。
十年，乙亥，六月朔，日食，星晝見。
十二年，丁丑，夏不雨。秋八月，大水。
十四年，己卯，知縣廖雲翔任。
十六年，辛巳，颶風發，雨大作，傷禾稼。
嘉靖二年，癸未，知縣胡大化任。
四年，乙酉，秋冬恒雨，又自十一月十八日至五年九月，日未出之，先既入之後，赤氣亘天，雖雨亦然。

七年，戊子，知縣鄭希智任。

十年，辛卯，三月初二，日大雨雹，震電。

十一年，壬辰，知縣經希伋任。

十四年，乙未，知縣葉秀任。

十六年，丁酉，知縣莫息任。

二十年，辛丑，知縣謝德仁任。

二十一年，壬寅，七月颶風大作，壞官民牆屋。

二十二年，癸卯，八月十六日，月食甚。

二十四年，乙巳，五月朔，日有食之，星晝見。

二十五年，丙午，咸潮泛湧，異于平時，沿海田被傷者過半，高鄉苦旱，輟耕者亦多，知縣程鎬任。

二十七年，戊申，府境内大疫，吳邑尤甚，三四月不雨，六七月大水傷禾，九月霜露繁，晚禾多秀不實，穀價高，民難食。知縣王汝翼任。

二十八年，己酉，三月朔，日食，大水傷禾。

二十九年，庚戌，謝明暘任。

三十二年，癸丑，正月朔，日食。

三十三年，甲寅，知縣趙世德任。
三十八年，己未，署縣事丞周同建學宫齋舍。
三十九年，庚申，知縣丁一道任，建名宦鄉賢祠。
四十五年，丙寅，知縣王一棟任。
隆慶二年，戊辰，流寇掠縣境，邑人林彦幹妻李氏女玉愛駡賊，死之。
三年，己巳，知縣黎永清任。
四年，庚午，五月朔，日食。
萬曆二年，甲戌，知縣葉春任。
五年，丁丑，九月二十三日申時，彗星見西方。白氣亘天，至十一月，漸不見。
七年，己卯，知縣劉逢旦任。
八年，庚辰，二月朔，日食。九月，彗星見西方。
九年，辛巳，九月至十二月，啓明星不見。
十年，壬午，知縣陳霑任。
十一年，癸未，十一月朔，日食。
十二年，甲申，知縣王一俞任。
十三年，乙酉，城外上郭虎暴。

十六年，戊子，知縣吳中正任。

十七年，己丑，四月，颶風大作，壞屋傷禾。

二十年，壬辰，知縣鄭人和任。

二十二年，甲午，旱潦不時，五穀不登，歲大饑。

二十三年，乙未，米價騰貴，民大饑，多流離死亡，知縣許宏基任。

二十四年，丙申，又饑，有『隻鵝只換三升穀，斗米能求八歲兒』之謠。

二十五年，丁酉，風雨，時禾稼稍登，知縣周應鰲任。

二十六年，戊戌，風雨，時歲大有。十二月二十九夜，地大震。

二十七年，己亥，風雨，時早晚禾稼大登，米價每石二錢。九月二十一日建限門塔，是日，海中三龍見。十二月，塔前小港出海粉。

二十八年，庚子，正月，城外下郭有豹至。知縣咼邦永任。

二十九年，辛丑，四月，倭寇吳川圍城甚急，分守嶺西道盛公萬年，募集鄉勇擒獲，驍賊乃宵遁。始置吳川營及限門寨，增築敵樓城垣，濬濠，設四門軍器。

三十一年，癸卯，知縣梁景朱任。

三十四年，丙午，知縣李文淵任。

三十七年，己酉，知縣林憲曾任。

四十一年，癸丑，知縣唐盛世任。

四十三年，乙卯，知縣段冠任。

四十五年，丁巳，七月十四日，颶風大作，傾屋拔木，有舟自水中飛屋上，禾稼盡淹。八月十五日，風又大作。知縣李友蘭任。

四十七年，己未，署縣事海防同知陳所立于城西開通川門。

天啟三年，癸亥，知縣吳夢鰲任。

崇禎二年，己巳，海公魚死，流入限門。是年，海寇李魁奇犯境刦掠，知縣揚華任。

四年，辛未，知縣朱宏任。

五年，壬申，四月，海寇劉香老入限門，大肆刦掠。

六月，大水泛漲，江船至縣前，壞民居無算。

六年，癸酉，海公魚死，流入限門，民刳割三日。

七年，甲戌，海寇劉香老複入限門，官率民船連環攻賊，忽南風汛發，賊縱火燒船殆盡。八月，三江堤崩。自此，北三都田大被潦患。

八年乙亥，知縣曾用修任。

九年丙子，知縣童兆登任。

十一年，戊寅，知縣王泰徵任。

十二年，己卯，大旱，六月，颶風大作，破商船八十餘艘。知縣徐鳴岐任。

十四年，辛巳，九月初九日，地震。知縣蔣堯勳任，重建文廟。

十七年，甲申，三月朔，日食，天地昏暗。知縣王協卜任。

國朝

順治三年，丙戌，十二月初二日，戌時，雷鳴，王師入粤。

四年，丁亥春，三鎮取高州，遣遊擊汪齊龍、守備王忠領山水營寨至吴川，知縣王協卜歸附。二月十三日，黑暈四圍侵日。四月，海防同知戴文衡、知縣陳培亨入吴川。六月八日，土寇龍泉楊千秋、鄭哨牙六倡亂，號爲義兵，攻城。時汪遊擊與縣不協，回郡。守備王忠率營兵敗之，斬鄭哨牙六。次日復戰，敗，守備王忠死之，城陷。同知戴文衡、知縣陳培亨、縣丞徐啟璉、典史王大任、教諭吴士驊俱被殺，死者無算。聞郡兵至，散去。十五日，郡兵下縣，會李定國攻高州告急，撤兵還郡，留汪遊擊招撫吴川，時故明守道黄兆禳連結山寨拒王師，通李定國。秋七月，定國遣施尚義、葉標、古鼐等復犯化州，村社間咸樹白幟應之，吴川遂分東西水兩地對壘，民不聊生。八月二十九日，遊擊汪齊龍爲雷州叛鎮黄海如所殺。是夜，風雨異常，飄入淹禾，自是夜常聞人馬聲，恍如齊龍。五年，戊子春，黄海如復還兵雷州，黄兆禳招集山水營晝守吴川。時大饑，穀價每石二兩餘。五月大水。秋九月，粤提督李成棟叛，挾總督佟公養甲至肇慶，被害。遣將門可義下高雷廉瓊，兆禳迎戰而敗，被執。可義破吴川城，屠戮甚慘。

七年，庚寅冬，僞將冷宏傑、唐天星攻城，男婦被難無算。

八年，辛卯，黄應乾任。

九年，壬辰，改設化吳石營，參將一員，守備一員。

九月，降將杜永和船泊鳥坭，芷芓等處颶風，覆舟溺死甚衆。

十年，癸巳，重建雙峯塔，有山馬二至，一渡石塹河，一自城東南角入城。七月，土寇同謀勾引葉標、施尚義復犯化吳，知縣黄應乾以下被執而死，化吳石參將應太極陣亡，海防通判劉士芳統兵追勦，遁去。又七月二十七日，頓當墟雷擊死四十餘人，邑父老相傳被擊者即土寇同謀未滅之衆。八月，大兵至，勦殺土寇殘黨甚多。知縣周允斯任。

十一年，甲午，三月初二日，李定國自廣西復出石城，陷高州、化州、吳川，知縣周允斯被逐失印。四月，李定國將高文桂、黄元才破電白。八月甲午朔，日食。冬十二月十四日，平南王、靖南王督大兵破李定國於新會。十九日追至高州，定國盡焚册籍西遁。二十八日，總兵李公率泰安撫遺民，吳川賊亦遁，高雷廉始定。

十二年，乙未，縣令楊翼國始蒞吳川，失印，未給關防視事。

十三年，丙申，太白晝見。

十五年，戊戌，設水師營參將一員，守備一員，千總二員，把總四員。

十六年，己亥，知縣高鴻飛任。

十七年，庚子，有龍過芷苧，壞民居，有死者，崩陷田塘。

十八年，辛丑，始給縣印。

康熙元年，壬寅，二月朔，日食。三月初，遷界。八月初六至十六，颶風大作者三，禾稼盡淹，歲大饑。

二年，癸卯，水災，民饑，奉詔蠲本年錢糧十分之三。

三年，甲辰冬，復遷界，裁水師營參將。十月，改化吳石營爲吳川營，設遊擊一員，守備一員，千總二員，把總四員。十二月，彗星見東南方，芒如帚，長二三丈，又有二星相鬭，地震如雷。

四年，乙巳，八月，地震。

五年，丙午，八月十三日，城北上郭，二虎忽至，遊擊紀登雲統兵擒之。十月十二日，雷電大作。十二月十九日，雷鳴。知縣李光先任。

六年，丁未，自六月十三霪雨至九月，禾稼盡淹。

七年，戊申正月，海公魚入港。是月廿四日初昏，西方白氣如練，長數丈，形如劍，數日始散。知縣黃若香任。

八年，己酉，大有。重修邑志。

九年，庚戌，大有。

十年，辛亥，大有。

十一年，壬子，九月，颶風壞城垣、民舍、營房。

十三年，甲寅，大有。

十四年，乙卯，三月初四日，天中白暈四圍，侵日自巳至午不散。至六月，高雷廉總兵祖澤清叛，勾西逆馬雄，糾党李、董、郭，稱將軍，雄踞高郡，厚歛横徵解糧米供夫役，死者無算。知縣陳宏章任。

十六年，丁巳，四月，海寇謝厥扶率船百餘隻，突港索民獻米，民盡驚逃。後祖澤清計誘至高，擒之。其子謝昌聞風遠遁。知縣王如恒任。

十七年，戊午，三月，祖澤清復叛，額將軍與平南王率滿漢官兵恢復高州。秋九月初一日，那良土棍陳懿，那囉李大頭，六黄坡李天、揹二等勾引海賊冼彪，船數百號如内地擄掠。時吴川營千總率兵出芷芓禦敵，被創陣亡。城西沿河一帶盡爲寇踞，土地荒蕪，田賦積逋自此始。

十八年，己未，三月，縣令王如恒以賊艘不退，孤城危急，軍騎赴郡，請高雷廉馬總鎮調兵防守，遣南雄守備宋璘及鎮標左營遊擊楊國泰等分佈堵禦海寇，衝三江營殺提標趙把總。自是，賊勢愈熾，入擄冼村水潭，那鄧那良大岸爲巢穴，沿村焚掠，擄男婦，屠耕牛，慘不堪言。十月，署縣令陳萬言遣典史謝宗太招練鄉勇百餘人，付吴川營，委把總陳華督之渡河，華本邑人也，素知水道，不避艱險，奮勇身先，士卒力攻水潭賊寨，城内官兵繼之，楊遊擊、宋守備協攻冼村。那鄧二巢賊大敗，妻子溺水，而死者無數，余艘仍泊于二十埇鬱律、硇洲、新門諸處。時吴川營遊擊王德壽、南雄守備宋璘固守城池，吳川營中軍守備王先守東砲臺，鎮標左營遊擊楊國泰守西砲臺，鎮標陳千總、張把總分守坡頭地方，以備應援。

十九年，庚申，知縣秦松如任。四月，時疫流行。海寇謝昌、李積鳳船數百號連艅嘯聚，于六月初二初三日，由三合窩入滘，直攻西砲臺營。時協守城池守備王先連兵渡江應接，晝夜交攻。初四早，賊艘分艅一路，對敵一路，乘潮駛入梅菉焚掠，擄婦女，仍聚十二埇勒贖。九月，彗星見西方，有氣如練，長五六丈。領西道時，公國棟目擊荒殘，發穀二百石，發牛二十頭賑濟。廣東督糧道蔣公伊憫其困苦，代納本年倉米三千餘石，闔邑殘黎得生。蔣公江南熟人，順治進士，浙江布政。

二十年，辛酉，奉頒上諭十六條。疫更烈，邑人多死，戶絕者幾半。三月，順德蔡總兵、虎頭門水師張總兵統率舟師，調吳營戰艦爲前導，沿海蕩勦。賊首謝昌、冼彪等聞風漂突瓊南，後爲舟師追至撲滅，殘黨不知所之。廣東署布政司耿公文明，捐俸銀七百兩，代買牛種，發難民荒田，賴以開墾。督糧道蔣公伊，又代納本年倉米三千餘石，恩同再造。

二十二年，癸亥，差石公柱、杜公臻，浙江秀水人，吏部侍郎，戊戌進士，同會總督吳撫院李開界准民採捕，重修學宮。

二十三年，甲子，知縣于隆吉任。御書『萬世師表』四字，頒懸文廟。風雨時，禾稼稍登，夏復廩膳三分之一。

二十五年，丙寅，知縣李球隋任，重修邑志。

二十六年，丁卯，詔免歲貢廷試。風雨時，禾稼豐登。二月，縣令李球隋目擊民逃田荒，積欠累萬，單騎詣兩臺，痛陳民隱，准停徵十八年至二十四年未完田賦，民困始甦。知縣楊希震任。

二十七年，戊辰，大有。十一月，詔天下軍民七十以上免一子雜派差役，侍養。八十以上，給帛一疋，一觔肉，十觔米，九十以上倍之。

二十九年，庚午，大有。

三十年，辛未，奉頒御製四配贊。亢旱。知縣朱世遠任，建義學。

三十一年，壬申，水傷禾。十月，奉旨豁免吴川荒逃税六百四十九頃五十六畝零，並免人丁八百零八丁，婦女三百一十口。

三十五年，丙子，旱。知縣倪楨任。

三十六年，丁丑，大旱。是年，平定沙漠。詔以本年歲貢爲恩貢。

三十七年，戊寅，穀價騰貴。知縣楊名彩任。

三十八年，己卯，十二月初三日丑時，雷大震，至午又震。

三十九年，庚辰，晚禾歉收。

四十一年，壬午，歲凶。御製訓飭士子文頒行天下，朔望宣講。

四十三年，甲申，設硇洲營守備一員，千總一員。四十五年，丙戌，大有。

四十六年，丁亥，自九月十八夜大雨，至二十二日晴，傾壞民房無數，晚禾歉收。

四十七年，戊子，大有。

四十八年，己丑，七月十三、十四兩日，鹹潮泛湧，城西俱被淹。

四十九年，庚寅，知縣何美任，修明倫堂，改建三忠祠。

五十年，辛卯，詔免廣東全省地丁錢糧及積逋。

五十一年，壬辰，瘧癘。詔以宋儒朱熹升祔十哲之次。

五十二年，癸巳，穀大貴，每斗百文。恭逢聖祖皇六旬萬壽，大赦天下，鄉試會試，特賜恩科。恩詔內開自五十年編審丁口數定爲常額，續生人丁永不加賦，仍造盛世滋生戶口冊。

五十五年，丙申，詔以宋臣范仲淹從祀孔子廟兩廡。

五十六年，丁酉，知縣田承謨任。

五十八年，己亥，二月二十八日，早有雲氣，暈若連環排空，久之。知縣劉世沛任。

六十一年，壬寅，亢旱。

雍正元年，癸卯，蝗。知縣甯時文任。恭逢恩詔，大赦天下，以本年歲貢爲恩貢，鄉試、會試特賜恩科。奉旨追封孔子先世木金父公爲肇聖王，祈父公爲裕聖王，防叔公爲詒聖王，伯夏公爲昌聖王，叔梁公爲啟聖王。更啟聖祠爲崇聖祠，設五代木主，春秋致祭。詔天下，舉行社倉，本邑設立社倉四所。

二年，甲辰，奉上諭，有司擇老農之勤勞儉樸，身無過舉〔一〕者，歲舉一人，給以八品頂戴榮身。詔天下州縣，建孝悌忠義祠、節孝祠、節孝坊。欽定文廟祀典，兩廡復祀先賢蘧瑗、林放、秦冉、顏何、縣亶，增祀先賢牧皮、公都子、樂正克、公孫丑、萬章，復祀先儒鄭康成、范甯，增祀先儒諸葛亮、尹焞、黃幹、陳淳、何基、魏了翁、王栢、趙復、金履祥、許謙、陳澔、羅欽順、蔡清、陸龍其，崇聖祠兩配，增祀先儒張迪。

三年，乙巳，御書『生民未有』四字，頒懸文廟。詔天下，設立社學，奉旨追封關帝祖父三代公爵。郡縣擇本地廟之大者，自主供奉後殿，每歲春秋致祭。

四年，丙午，三月十二日雨雹，九月初十日颶風，鹹潮泛漲，傷禾。詔天下，建先農壇。自五年爲始，通行籍田禮。正印官秉耒，佐貳執青箱，播種。

五年，丁未，火災。

六年，戊申，二月初五日，地震。知縣王希洪任。訓導許紹中改建學宮，西向。詔民間不得擅用黃銅器皿，舊存者交官，給價。

七年，己酉。奉旨邊僻士民官音讀書，限八年外舉貢監生員童生，不能官話者，不得與鄉會科試。特恩免廣東省次年地丁錢糧四十萬。每地銀一兩，免銀三錢九分八釐六毫。詔南工匠價銀兩，以庚戌年

〔一〕『舉』字，疑为衍文。

爲始，派入税畝編征。詔天下設立約正，朔望宣講聖諭廣訓。三月，試用知縣徐鐘乾任。閏七月，知縣王維炳任。十二月，試用知縣吳用楫任。本年題定各官養廉銀數，本縣知縣每年六百兩，完糧火耗額定每兩加一錢六分九釐。

八年，庚戌，頒發御製《平定青海告成大學》碑文，勒石學宫。頒發上諭《大義覺迷録》一部，設硇洲巡檢司。九月，試用知縣盛熙祚任。

九年，辛亥，九月，知縣章國禄任。

十三年，乙卯，清丈地畝。署事知縣趙開輝任。

今上皇帝乾隆元年，丙辰，大有年。罷清丈，報溢米加税。知縣陳至陛任。恭逢恩詔，大赦天下，以本年歲貢爲恩貢，加增鄉試、會試名數，特賜恩科。凡軍民七十以上，免一子雜派差役，侍養。八十以上，給帛一疋，綿一觔，肉十觔，米一石。九十以上倍之。

二年，丁巳。歲饑。

三年，戊午。御書『與天地參』四字，頒懸文廟。

九年，甲子，蝗，大傷禾稼。芷蓼船廠改歸省廠辦理。署事知縣汪宗豐任。

十年，已丑，知縣鄭廷烈任。

十一年，丙寅，蠲免地丁錢糧。

十三年，戊辰，知縣郭士奇任。

十五年，庚午，署事知縣秦安鎬任。詔天下軍民，七十、八十、九十以上者，次第加賞。

十六年，辛未，知縣王伯麟任。

十七年，壬辰，知縣楊濂任。恩詔天下，以本年歲貢爲恩貢，鄉試、會試特賜恩科。復設芷蓼船廠，大小修歸芷蓼，拆造歸省，從總兵楊永和之議論也。

十九年，甲戌，李彩任。十月，知縣王廷瑶任。

二十年，乙亥，二月朔，日食。署事知縣陳志儀任。

二十一年，丙子，築南三等處生鹽池漏，從私鹽之議。三月，知縣楊士機[一]任，改建縣署西向，開文明門，塞通川門。恩詔蠲免全省地丁錢糧。

二十二年，丁丑，六月，颶風壞屋拔樹。

二十三年，戊寅，大旱。穀價騰貴，移建大較場於北門外，接官亭之東。十二月朔，日食。

二十五年，庚辰，大有年。建張、慧二公祠，恩詔天下，以歲貢爲恩貢，鄉試、會試特賜恩科。凡軍民七十、八十、九十以上者，次第加賞。

二十六年，辛巳，彗星見西北方。六月，大風急雨。

二十八年，癸未，三月朔，日食，九月朔，又食。署事知縣朱朝棟任。

[一] 楊士機，卷之五《職官·知縣》爲『楊士璣』，不知孰是，故徑録不改。

二十九年，甲申，疫大行，邑人多死。九月朔，日食。九日，颶風，大雨，蝗虫損禾，知縣李元本任。

三十二年，丁亥，五月十七日，颶風。

三十三年，戊子，十二月朔，日食。

三十四年，己丑，五月朔，日食。七月十一日，颶風，大雨，地震。

三十五年，庚寅，五月朔，日有食之。恩詔天下，以歲貢爲恩貢，鄉試、會試特賜恩科。凡軍民七十、八十、九十以上者，次第加賞。

三十六年，辛卯，六月，暴風急雨。恭逢皇太后八旬萬壽，恩詔蠲免全省地丁錢糧。

三十八年，癸巳，三月朔，日食。六月十二日，大水浸入城門，至縣署照牆內。民居多淹，貧者流離失所，滿道悲號。是日，縣令李元本支粥濟饑。並三江堤崩，晚禾大被水患。八月，署事知縣趙學剛任。十二月，知縣張恂任。

三十九年，甲午，二月朔，日食。八月初八日疾風稠雨。

四十年，乙未，八月朔，日食。十二月朔，又食。

四十二年，丁酉，大旱。皇上封關帝，謚法『忠義神武』四字，恩詔天下，加恤養濟院，鰥寡孤獨，無告平民。

四十三年，戊戌，歲饑，穀價騰貴。九月九日，酉時，地大震，有聲如雷，瓦屋幾傾。

四十四年，己亥，五月朔，日有食之。署事知縣黃宗傑任。恩詔天下，以歲貢爲恩貢，鄉試、會試特賜恩科。

四十五年，庚子，四月，知縣周克遵任。詔免天下地丁錢糧。軍民七十、八十、九十以上者，次第加賞。

四十六年，辛丑，閏五月，署事知縣張暉任。十二月，知縣王椿年任。

四十八年，癸卯，六月二十四日，颶風大雨，房屋署廟盡壞，邑人之失所者無算，城亦傾圮。

四十九年，甲辰，七月朔，日食。八月十三日，疾風暴雨。

五十年，乙巳，七月十五日，日有食之。詔天下，歲貢爲恩貢，軍民七十、八十、九十以上者，次第加賞。

五十一年，丙午，正月朔，日食甚。知縣王椿年仝各紳士捐題重修學宫。十二月，署事知縣李情任。

五十二年，丁未，六月，知縣沈峻任。

五十三年，戊申，五月朔，日有食之。

五十四年，乙酉，五月朔，日食。七月十七日，颶風急雨，海船溺水甚多，死者無算。旱禾欠收，癘疫大行，縣令沈峻仝紳士捐題修城。十一月，雷鳴。

五十五年，庚戌，風雨，時禾稼登。縣令沈峻重建明倫堂，並重修邑志。恭逢皇上八旬萬壽，大詔天下，恩詔天下，以歲貢爲恩貢，鄉試、會試特賜恩科，軍民七十、八十、九十以上者，次第加賞。

五十六年，二月二十一日，地震，有聲。

五十七年，壬子，知縣周嘉會任。

五十八年，癸丑，洋匪陳德勝起海上，劫商艘。

五十九年，甲寅，詔天下，以本年歲貢爲恩貢，鄉、會試特賜恩科。

嘉慶元年，丙辰，亢旱。知縣丁大松任，具文請修縣署，六月興工，至七月工竣。

三年，戊午，大水。詔天下，以本年歲貢爲恩貢，加增鄉试、會試名数。

五年，庚申，詔天下，以本年歲貢爲恩貢，鄉、會試特賜恩科。

六年，辛酉，洋匪入油黄坡，水鄉戒嚴。八月，攻麻斜礮臺，把總房士陞抬礮下沙灘，築圍攻打。賊詐作村民上岸，潛後，斫之，磔其屍。九月，颶風大作，知縣曾光紱任。

七年，壬戌，勒竹生米，似麥，可食。是年，小饑，小疫。

八年，癸亥，奉文在縣，均平銀二十六兩六錢，於春秋祭文昌宫。

九年，甲子，洋匪鄭七等踞泊廣州灣，肆劫商艘，焚掠近海鄉村，擄婦女，勒銀取贖。是年，知縣朱振聲任。

十年，乙丑，六月，洋匪入劫黄坡墟，焚燒竹欄一帶，千總蔡芝秀率營兵二十名，堵禦迎戰，不敵。與兵丁李遺、陳國龍、吴鎬川俱鬬死。大岸村黄金簡率子君佐、姪周華、家丁阿二、工人林可德，奮勇犯圍，救出秀與餘衆，華被殺死。

十一年，丙寅，奉文縣捐廉銀四兩三錢，於春秋癸日祭天后宫。

十三年，戊辰，詔天下，以本年歲貢爲恩貢，鄉、會試特賜恩科。

十五年，庚午，亢旱，歲饑。

十七年，壬申，知縣高翥署各率闔邑紳民捐修文廟，用石爲臺基，開通青雲路，至次年工竣，有記載藝文。是年，洋匪張寶仔、金古養等受百制軍招安，海面清平。

十八年，癸酉，知縣劉大魁署。

二十一年，丙子，知縣許聯陞署。

二十三年，戊寅，知縣胡巖署。詔天下，以本年歲貢爲恩貢，鄉、會試特賜恩科。蠲免二十二年以上積欠錢糧。

二十四年，己卯，恩賞軍民七十以上肉、帛有差。知縣黄鳳詔署。

二十五年，庚辰，知縣黄鳳詔因修省志，與邑人小修邑志。知縣岳鎮東任，具文請修衙署，八月興工，十月工竣。九月十八夜，颶風，大雷雨，平地水深數尺，壞房屋、舟楫，溺死人畜無算。

道光元年，辛巳，恩賞軍民七十以上肉帛冠帶，次第有差。知縣鄭鑾署，以磚石鋪成内外大街。

二年，壬午，御書『聖協時中』四字，頒懸文廟。知縣邵世培任，率闔邑紳民捐修文昌宫與義學，改易學爲聽濤書院。

三年，癸未，邑人林召棠殿試欽點一甲第一名狀元及第。春雨雹，夏旱，米價驟貴。疫大行，民多奇疾，死於頃刻，海水翻底，魚多死。晚禾有收。知縣李高魁任。

四年，甲申，以先儒湯斌從祀文廟，恩准童試歲科加額吳川五名。大有年，秋星入月中，地震動。

五年，乙酉，設立宣講生於各墟市，每月朔望日，宣講聖諭廣訓十八條。知縣李高魁因修郡志，與邑人同修邑志。

吳川縣志卷之九終

吴川縣志卷之十

吴川縣知縣滇南李高魁杏園纂

藝文

概自六經以降，世無全文，作者不一，體式亦異，《離騷》作而詩賦興，《史記》作而傳記起，吴邑雖隷南服之一隅，而文運日啟，文章亦蔚然可觀，且羣山秀麗，海水汪洋，有風雅之士宦遊此地者，題詠亦復不少，兹輯其有關邑事者登之，以備諷覽焉。

吴川縣城記

明翰林檢討，新會人陳獻章

書城濮城郢之旨，得之春秋，然後知長府之役可罷於魯人，而譏鄭子產惠而不知爲政，非孟氏之故也。昔寇盜充斥於高涼，百姓凜凜委性命於豺虎之林，臬司陶公被命來專是方經畧，大著討賊之聲，高涼之民倚公以爲命。寇既平，公於是城。吴川縣城厚一丈，高二丈，周五百八十丈，亦勞矣。自師旅興，而民滋弊。是役也，公實圖之，豈得已哉！經始於成化戊戌之秋，越明年冬，城始克成。民喜曰：『衛我者生我，勞我者惜我，公大惠我，何可忘！』父老相與言於官，遣生員李凌雲以狀走白沙，謁文記之，適予與二三友登碧玉樓，望厓山慈元廟與大忠祠，照映上下，顧謂凌雲曰：『是公与僉都御史東山劉先生名大夏，湖廣华容人，成化進士，兵部尚書之偉績也。無費於民，民爭趨之，大有功於名教，是之謂達，爲政之首務，皆可書，凡公之功在民，不違春秋義例，可書者時焉爾矣，施於無事之日，如是而弗已焉，其效不亦遠乎。』老子曰：『治大國如烹小鮮。』

通川門啟運樓碑記

海防同知署縣事陳所立長樂人

邑地脈由大陵以東諸山，兩山夾輔，自梅麓南來，至芷苧而西抱，背負大海，面吸二川，鑑羅三江之水，吞吐於限門。特思唐麗諸山，羅列而東，拱蓋扶輿，秀氣局結於西，形家言之詳矣。舊城西一門，僅通寧川，所達海防公署，近築延華館，浚延華池，溝西入之潮而注之。縣治學宮既不得改而西向，加以委巷鬱塞，不能發越地靈，吞納奇秀，所立寤寐思，維謀辟一門，疏廣衢，達於學宮，通山澤之氣，食兩方之美。縣令段君冠，學博王君儁、葉君高咸以爲善，乃請於守道戴公、太守王公，皆報可，且給緩助焉。無何，所立攝吳篆悉索其俸薪，以成厥事，費不損帑，工不擾民，自經始以至落成，晏如也。且購得錢氏城外地，撤去其屋，俾見川流之勝，名是門曰通州舊門，曰延華樓。曰啟運，則司理曾公所命也。樓不加於當制，惟是北牕軒豁，四墉繚密，景足以眺，宴足以歡，形足以守，疏暢足以致殷阜，氣運足以與人文，則山川之自爲勝，非以斯樓勝也。是爲記。

重修儒學碑記

縣教諭，吉安人鄧宜

嘗謂國家致治，在於賢才。賢才之成，本於學校。帝王相承，率由茲道。洪惟聖朝，內設國子監，以來天下之英髦。外立郡縣學，以育民間之俊秀。豐其廩餼，免其差徭，遴選師儒，以司教鐸，無非欲得正材，以資任用而已。皇上臨御以來，惓惓於此，尤慮所在有司罔體是心，而又慎簡賢良，分理學政。翰林編修安成彭公，琉以文學，才行兼備，宜爲後學儀表，欽承敕諭，僉憲廣東。正統丁巳，按臨吳川，視學舍皆壞陋弗支，而聖殿爲尤甚。命大尹劉公震、掌史馮公完修理。越明年，戊午夏，掌史謀於大尹，重建大成殿，用木刻四配十哲像。己未秋，貳尹徐公崇善至邑，謁先師，見學校多廢墜不修，而堂屋將傾頹，且聞僉憲公命。又明年，庚申夏，遂同掌史重建明倫堂，用磚砌堂基大成殿。既而貳尹徵收預備穀碩，掌史督夫役築石城，而門廡齋舍未克完美焉。辛酉秋，徐公穀完視篆縣治無事，乃以農隙，命工起櫺星門，東西齋廡，新饌堂厨屋，神庫卷房，闢月臺，修沙墀，與凡出入道路，俱砌以磚，周圍牆垣，悉葢以爲瓦，卑者培之，曲者直之，大其規模，增其欸制。若夫泮池，雖有其名而無其實，於是用石甃基，以木爲橋，而又加以闌干，以至文昌祠先賢牌神，厨宰牲房，公廨凉亭悉更新之，又開東疏圃爲號房二十餘間，軒窓典雅，制度精經，諸生講息，咸有其所矣。抑觀徐公之理其事有如家事焉，或日至數次，或終日在學，教其用工，慰勞民力，木植採之于山林，磚瓦教人爲陶埴，是以众樂趨事，其成功爲易耳。壬戌暮春，厥工既畢，丹青相映，黝堊交輝，學校煥然而一新。又選俊秀子弟四十人，送學讀書，聽考補弟子員，由是生徒濟濟其盛。吾伊之聲，晝夜無間矣。雖然，是固本於掌史馮公祇承僉憲公命以倡其始，而實由於貳尹徐公克成厥終焉，何則吳川瀕海民頑，素稱難治，自非徐馮二公德足以使人才足以幹事，其不至於方命者幾希，今二公惟以作興學校，爲事可謂能體皇上之心，善繼僉憲之志，而知爲政之先務者，始見吳川之士風益振，而民德歸厚矣，其於治化，豈小補哉！予忝教是邑，躬逢盛事，遂記其實，勒諸石、庶垂于不朽焉。

重修儒學碑記

明本府司理，漳浦人黃斌

吳之有學舊矣。迨我朝肇造，區夏崇重儒學，治教休明，髫髦輩出，視昔葢有加焉。第邑殊濵海，氣候不時，颶風歲作，以故堂宇傾頽，齋舍將爲榛莽。先是，正統丁巳，安成彭公以翰林編修督學按部，視正殿齋舍圮甚，命縣經營大修，規模比舊益竑。歲久又頽，飄於風雨，將不可仍也。正統癸酉，郡守陳公嘉表目擊而嘆曰：『學校者，教訓之地，禮義所自出，凌敗若是，何由正教而淑人耶？』慨然捐資，令有司徹舊而增修之，維時邑宰更代者不常，雖或志於經畫，而緒竟未就。越明年甲戌，莆田方公奉命來牧，下車之初，謂是役終不可綏，毅然以興復爲任，乃命工傭役取木於山，甃甓於陶，而宗棟櫨桷楹礎之類悉備，且首建明倫堂，偶列東西二齋，以至兩廡，師舍一新。視政之暇，躬敦其事，經葺修砌丹雘黝堊，皆躬自區畫，門庭堂宇各樹之類，皆其手書締構，麗弘不五，踰月而工告成。居無何，君以美調就道，雖不獲親睹其成效，然而文風丕振，士氣爭自濯磨，行將陟華躋要，取青紫如拾芥者，皆君之所陶鑄也。其功詎小補哉！今雖移賢他邑，遺愛在人，善不容没，是宜壽厥續于石，用垂永久。君名宜賢，字恒達，方伯某公猶子韶州公冢孫也。

重修儒學碑記　邑令秦松如

聖王御宇，莫不以整風俗、振人才爲要務。學校者，風化所從始，人才所自奮也，辟雍鼓鐘泮水，鸞旂釋奠，臨雍園橋，聽講詩歌，而外史不勝紀。今天子尤加意文教，凡四方之學校罔不修舉，而於秉鐸之設必簡慎乎，其人所以整風化、振人才至亟也，越在海隅而子衿貽刺茂草，心傷教化不行，或連百里無弦誦聲，不特非所以爲風化人才計，而與聖天子崇文廣教之至意大相背謬，其可哉？松如以康熙庚申視事，茲土方寇氛之肆盡城社，而荆榛車服禮器之堂鞠爲牧馬横戈之地，豈惟宫牆瓦礫，堂蕪邱墟，求所謂先聖先賢之式憑者而不可得，余愴心者久，然鯨鯢甫息，鴻雁莫旋，未能以集蓼茹荼之吏而勉於庀材，亦未能以形鳩面鵠之人而使之趨役劳，勢則然也。閲二載，而中澤漸寧，人心稍輯，既念朝廷之至意，不可以遐陬僻壤，令文教之不覃敷，未墜之斯文，不可以使廟貌久湮而不於建學明倫之亟亟。是役也，經始於壬戌之冬，而落成於癸亥之夏，襄厥事者，爲陳廣文龍光經理，董率者爲明經吴夢伯、林間挺、林震煜，以及諸生吴士佳，蓋殫五越月之經營，而頽者舉，廢者興，前此之麥秀而黍離者頓然，翬飛而鳥革，堂啟大成，兩廡秩諸賢之祀，欞星拱戶，泮池环荇藻之香。及於敷教有堂，啟聖有殿，鄉賢、名宦有祠，豈惟美輪美奂，巍然海表之靈光，庶幾宗廟百官想見尼山之禮樂，其費則余捐薄俸者百餘金，而都人士之相助以有成者，約更集其十之七，葢襄事之功與經理董率之勞，其勿可泯也，而余則又安敢自以爲力乎哉！雖然，余以地方受過行罷職而去矣，獨念此邦之風俗，將率是而進於淳其教化之行浸淫而返於古，以幾於三代之治，則所謂風化之興，胥於是乎！在其士人之文章學術，咸沐浴於振德之有自翕然丕變，其所積之習而蔚乎！以興焕人文於天下，爲皇國之羽儀，則所謂振人才者，亦於是焉。始之是學校之修舉，未必非極浦、延華地靈之一助也，故不可以不爲之記。

翔龍小學記

明本府知府，泰和人歐陽烈

學在吳川縣南硇洲馬鞍岡下。宋景炎，幼主駐硇洲，海中黄龍見，改元祥興。丞相陸秀夫因建翔龍書院。至是，知府歐陽烈憫其民遠居海島，顓蒙不事詩書，又爲城市豪民、異地黠商所欺，搜選子弟可教者六七人，請於督學蔡公，與之衣巾而作新之，修復書院，擇師教育，父老咸欣喜趨事。訪求舊址不獲，遂圖洲之形勢以進，請裁度表位，余乃按圖營基，據馬鞍之勝，挹牛山之秀，命寧川千戶王如澄董其工，後爲堂三楹，奉先師，扁曰『敷文堂』。堂左右各一室，爲塾師教讀之所，東西翼以書舍各五，爲諸生肄業，東曰『仁義禮智信』，西曰『視聽言貌思』，前爲門扁曰『翔龍小學』，繚以垣，堂之後磐石崒嶻，建閣其上，曰『皇極循脊』，分左右龍虎，四圍隙地俱屬焉，以備繕修。是役也，費不斂，而民自趨力，不勞而工自成，誠海外一大觀也。

重修演武亭記

萬曆壬午舉人，茂名人李元暢

昔在大司馬法中，春教振旅辨鐸鐲鐃鉦之用，夏教夜戰，秋教晝戰，冬乃大閲，通三時之教而並舉焉。武事乃自古重之矣，我朝遵古定制，由兩畿達天下郡邑皆修武備，宜其列屯坐食皆精鋭矣，乃緩急則盡不爲用，此何以故。豈非有治法而無治人哉！若吴令王公，蓋所謂以治人行治法者。夫吴錯大海，爲五嶺咽喉，西南近諸島屿，一不守則沿海諸城盡流血矣。故負郭有校士場演武亭，其制卑隘，歲久且就圮，鼯鼠白日走梁间，吹蠹塵射人，殊非所以壯軍威鼓士氣也，王公觀旋之。明年政熙物洽，乃謀諸武弁曰：『夫軍禮尚容，奈何坐令其敝。』即日下更新之令，推贖鍰以佐費。無何，版幹具，畚築興，山虞納材，梓人削墨，卑者拔而峻隘者廓，而閎圮者易而堅。前施楹者三，其後一楹，則舊所無翼翼改觀矣。亭既落成，因而講武。是日，幢節爲亭生色，劍戟爲亭有聲，海上長風怒濤，魚龍草木各隱隱爲亭助勝。已而號令由此亭出，賞罰由此亭明，則熊虎貔貅之士無不一當百千戶，甯君起而揖王公曰：『微公之力有是哉！』乃走幣屬李子記之，李子曰：『吾鄉人也，烏足爲君重，雖然，吾嘗適吴，與公談名理，其遒勁森嚴如武庫，且動曰，吾聞之師曰，公所師者爲念菴、東郭二先生，皆當代大儒，吾始以公爲工於儒耳，而不嘉其通於將，及退而問其政，則學官之修也。自公繇輕，自公賦斂薄，自公山海無援枹鳴鏑之虞，自公以脱巾枵腹之卒，一轉而醉醪挾纊者，自公是公之政，又如淮陰將兵，多多益善者，然則公之功在吴，獨一亭也乎哉！昔魯侯修泮，史克記之曰：「既作泮宫，魯侯之功。」是因文事而及武備，君子謂其善頌，今以公之武備如彼，而文事又若斯之修也，蓋合德魯侯矣，請效史克之頌頌之。』甯君曰：『善』。

雙峰塔記 御史，進士，東莞人徐兆魁

粵吳川周邑侯者，以高第初令丹陽，宏抱偉畧，不逾年而政成誠和，當事奇其才，調繁蘇吳。及報績，以治行第一晉勳部，未幾爲宵小唧，復出宰吳川。盖吳川僻處海澨，不當丹與吳之什一，乃侯不鄙其民人，甫下車，則講禮讓，課農桑，躬爲率先，匝歲而綱舉目張，百廢俱興。尤於造士作人首惓惓焉，維時兆魁正奉璽書，按部閩中，閩之士大夫且交口艷稱，吳川侯波及於商船者，稅視昔殺至什也，益徵侯之皭然不滓不滅。姑蘇時而所傳，羨鏹之絶，淫供之杜，城社與虎豺之嘯伏于草莽者，盡殲不訌。三年間闓澤凝爲膏露，教思溢爲甘雨，鯨海不波，犬夜無吠，穀登民熙，老穉賡舒長之日，而思創鉅鎮于浮屠也，翕然而有請矣。侯方謂用民而盡其力者，府怨又進諸士耆誥之，則羣懽呼于庭曰：向也，士慒于師之無良民悴于政之如焚。今比及三年，化行俗美，時和歲豐，得所沾溉，于杜淫絶弊之惠者無算，敢不唯唯，于是相率而樂輸其贏，益以各長貳所捐俸，括而計之，可無煩公帑。侯乃諏日興工，甫三月而七級峻，特思兩山若揖其前，殆天造而地設然，此雙峰塔之所由名也。塔前爲書院，有樓有堂，左右有僧房書舍，環堵植以榕篘而苞桑之，固已具其所爲翼。是塔者，計在千百年外，然皆侯之經營規畫，而其精神且徹上穹，而綰羣情，故能無飄風震林之驚，而有子來不日之成。侯之所爲令聞長世也，不與浮屠並永埒崇哉！而適以記問兆魁，方值衰疚中，弗宜以唧恤姓名廁于高賢之間，辱在同志，其何以辭

且聞，首事之時，神龍見海，工成之日，瑞藻獻珍，四方之環而觀者已若聲振大千。他日雲濃露潤之倫，豹變龍興之士，題名雁塔，且彬彬後先與中州比隆，茲歌夫寧有期耶。昔楚臣伍舉，誦其先君莊王爲匏居之臺，以望國氛，然本不妨守備，用不煩官府，民不廢時務，遐邇各無相螯，不佞謂是役有焉。又況計在爲國樹人，匪直炫一時觀美，而匹以數年成之不足者，侯以三月樹之有餘，且也牧八荒爲我，闥截萬頃之波，瀾潤蹲虎豹而走蛟龍，巋然舉吳川載造而金湯之。暇日，侯攝衣而登，諸士曳履而從，相與挹斗牛之墟，海天一色，身世兩忘，千百祀之前而若侯俟千百祀之下，而若侯爲之符語曰：『建無窮之基，亦有無窮之聞。』以是卜侯之食，報益無量已。侯名應鰲，周姓，字如春，別號章南，江右吉州之泰和人，丙戌進士，兆魁爲同年兄弟云。

重修雙峯塔記

國朝邑令，上虞人黃應乾

粵之東嶺以西爲高凉郡，吳川其屬也。山川秀媚，萬頃汪洋，支流屈曲，故人文傑起，其君子先禮讓而小人樂桑麻，海濵鄒魯舊矣。不佞承乏是邦，歷覽山川勝槩，不覺心曠神怡。層巒遠翠者，麗山也。曲折鎖鑰者，限門也。爲翰爲屏者，文翁也。雖通泗之橋久斷，而極浦遺碑猶存。至硇洲一塔，世遠人湮，弔其故址，不可攷矣，僅得元代劉耿陽之詩云：『卓聳奇觀障碧川，勢吞寶麗與雲連。幾來高處擡頭望，撐起高凉半壁天。』由此觀之，限門去硇不遠。雙峰塔之建，匪獨吳邑之砥柱，實高凉之屏障云。自明萬曆間，應鰲周先生宰是邑，政成化洽，肇建此塔，孤峰獨聳，列峙層輝，其外則萬壑朝宗，層濤卷雲而已。於今六十年日月迁流，風雨漂薄，雖有基無壞，而土木不免朽蝕，居此地者，所宜亟圖也，每於公餘，輒有繫思，何幸明經吴鼎羹、孝廉吴士望及二三友生，雅有同心，羣謀于予，願董厥成。余曰：『長史事也，可使前美弗繼乎？』亟捐資鳩工焉，而邑之賢士大夫翕然從之。是舉也，豈特山川生色，人文獨鍾，占甲第之鼎盛已哉，將高凉一郡袵斯民而席之，永如磐石矣。屬予爲序，予不敏，獨欣然不辭者，亦冀後之君子有感于斯言云爾。

水月樓記

萬曆癸未進士，前御史，黄岡人樊玉衡

吴川原自西粤至信宜，而派經郡城，歷石龍，直放乎縣之限門入海，則風氣宣洩，人文用湮，堪輿家以爲是於塔宜。泰和周侯由治邑高第晉勳部，已復出宰吴川。三年，政成化洽，則以邑士民之請，爲建浮圖七級，曰雙峯塔。塔之前爲江陽書院，颜其堂曰會源，左右僧房曰棲正，曰雲間洞天，又前左右爲横舍者十，而撮其勝于巀嶪之樓曰水月，自去年九月，經始至今年正月落成，人咸嘉侯之神于創，而侯則以塔記屬其同年徐侍御海石，院記作于楊太守景渚，堂記作於謝司理侍東，皆一時名人鉅筆，而間走一介雷陽，以茲樓問記于不佞。玉衡，流人也，姓名足掩人耳，其何敢以辱茲樓，又何敢以不文辱于二三賢豪之側。雖然，侯與吴之人則既命之矣，按西方書，一月普現一切水，一切水月，一切攝天地之間。月妃日，水妃火，若作之合然，然日與火遇，非惟不相攝，而適相競，惟夫弦之朝，望之夕，水魄銀濤，輝映滲汍，巨爲河海，細爲沼池，月一而水莫不受之，水非一而月莫不入之，交相爲攝而莫知其所以爲然。故太極統體人心，人心各具太極，說者擬之月落萬川，蓋天下之善言道體者，莫水與月若也。茲樓前倚長江，奔潰澎湃之勢来自千里，後枕山海，滉瀁浩瀚，粘天浴日而不可極視，時其萬宇一徹，明月徐來。侯與賓從仰而登，頫而眺，于以反觀義理之昭融，盡撤外物之障蔽，天高地迥，心曠神怡，寧知水爲月耶，月爲水耶？水月爲樓，樓爲水月耶？然則天下之爲水月者，孰與茲樓，又孰與侯多耶？抑聞吳故巖邑，咫尺海壖，寇盜奸宄，往往蜍蝕鯨訌其間，士不乏頴秀，然科第闕如，風氣無論于洩，而疑若未盡開。自侯下車，一不鄙彝其民之所爲，一切爬梳蕩滌，更始改觀，而于多士則爲之戒期會課，躬自校閱指授，俊髦咸集，臯比刻正疑，引繩諸編，以凖的之，凡內外書院各一。而茲塔則成不三月，標勝一方，孕靈全郡，尤其彰彰較著者也，侯之心蓋自具一水月觀而已，異日，是樓巍然，與黃鶴、岳陽爭雄，並峙于雲霄，寧獨以其山川之勝而已也，自昔名樓如齊雲、落星并幹百尺，非不號稱臣麗，然祇以貯聲技供燕遊，曾不數十閏而澌滅無餘，惟吳興明月樓有『溪上玉樓樓上月，清光合作水晶宮』之句，疑于近之，然亦未有倡明此道。若韓昌黎之振德于潮，雖其遺椽棄甓，去之千年，猶寶若靈光，況乎侯政學何必遜韓。茲樓之傳，吳川又一潮陽也已。侯諱應鰲，字如春，號章南，吉州之泰和人也，中丙戌進士，兩宰劇邑，擢司動吏部，以忌補外，今忌者敗廢，而侯政再成，膺特薦行，登庸于朝，先是海中龍見，塔與樓成，而地產異藻，說者謂侯蔚起，及人文蒸變之符云，乃作頌曰：『零綠雄都，鑑羅源水。一瀉千洋，合郡作尾。堪輿家言，洩極貴止。窣堵挽回，人文之以。爰始爰謀，工力浩止。周侯惠來，式歌且喜。載院江陽，載塔雙屺。中有岑樓，俯瞰蒼涘。是名水月，環峙奇詭。空明流光，顯見心體。梧桐邵月，濂溪周沚。江門而三，自侯紹媲。潮陽木鐸，至今振耳。日月文章，誰實嗣美。美錦既成，鋒車莫軔。海龍徵應，爲侯特起。層霞在望，衮繡帝卍。億萬斯年，名樓是記。』

嶺西守道盛公生祠碑

王學會 南海人，進士，直隸下江巡按御史，光祿寺丞

記有之至誠而不動者，未之有也。以彼銳名者，急自標異若見，以爲非常可喜，然內與其心之誠違，而外與天下之事幾遠，即使煒然于世，以奠國基、浹人心，斷不期然，惟夫宗工鉅人，本一誠以爲張弛，斯今人久而歌思，如周人之不忘召公也。檇李盛公建節嶺西，在歲之己亥，時粵中眷眷多事，采金於山，采珠於海，一時虐焰薰灼，輕扞厲禁，往往內交亡命，扼關津之喉，察舟車之載，攫攫無所極。公乃毅然以國事爲己任，調其宜而𠻳之上，復決其宜而行之下，獨見之鑒與衆慮絶，雖渀氣雲湧而神情自定，即崎嶇交錯而陰規厥成，要以思通於元解，不鏡而常明；慮發於圖機，無轂而善運已。維時僂夷寇我吳川，發軍授策，挫其鋭，擒其桀黠，與所以謀賊者，賊褫魄解圍，彈丸安堵，生靈全活無算，諜其泊放鷄山，猶思奮螳臂，公遂濳師爲雷陽犄角，錦囊搏戰，大破賊，斬其梟帥，追奔逐北，比至欽州，折馘執俘，靡有孑遺。當事者上其功，纚纚與胡太保劉廣寧相伯仲，而以寡擊衆，則過之。公曰：『與其當事而竭蹶，孰與未事而預防？』于是增北津限門寨，與蓮頭分地畫守，俾雙魚、白鴿間烽燧相屬，訓吳川新募士，使之分番戍守，益水陸兵，拊循狼猺，藉其力爲鞏固高凉，山海計樓櫓，營壘絡如繹如，雉堞廓，而高湯池濬而深斥堠，嚴賞罰，著水陸條約給行間，使將習士，士習器，坐作進退擊刺之法，葢

練於搜苗，猕狩之中。他如化州之讙譁，雹白之危，疑公出片紙馳諭帖伏，又如鑿山通道之説，興民苦于供億，疲於奔命，以公抗顔中止。又穿山引泉，灌附郭旱田爲沃壤，當兵荒後，枯骨蔽野，則捐俸掩埋之，善政善教，未易更僕數，以故嶺西之人，倚公若慈母，兩臺廉得其實，交章薦于朝，遷公秩而仍其事，以從民望。壬寅專臬復權視嶺西，先是公入握藩篆，適榷璫欲借司帑，排闥而入，公力爭之，惟示以應解應留狀，且曰：『筦篇館之司，東南命脉係焉，安得竭澤承風旨？』璫不能奪，尋檄有司，毋聽，宵人縲絏吾蒼赤，毋杭敝我市賈，而吸其膏脂，毋指我民間廬墓爲金穴，一如嶺西約法，至抑運官之苛虐，毋使東瘠西肥察署官之徵輸，毋使借符爲暴。是皆才以誠運，而靡有倦勤，無論嶺西之人不忘，即粤以南口碑載道，其何以不塞讒慝者之口。余謂貴竹之社稷有靈，是以借公而嘉惠之，不然豈其可以施之貴竹者，顧不可究竟于粤也。今宇内多艱，廊廟求賢若渴，鼎望如公，吾知大拜在旦夕間，彼區區貴竹，豈能久羈星軺哉，嶺西薦紳林君友夔邵武府教授，友松教諭江君山太平府教授，陽雹參戎張君榜，明經朱振周桂陽州州判暨其民士材官以及閭左戍德公，深去而思之不已，相與祠公于雹白城，生事公，如公在粤。祠成，介紹吾郡博士弟子員陳儼徵言于余，以圖不朽。余謂盛吉視事二十年，天下稱有恩無怨，公之勳名德望無愧焉，宜民之春秋歌舞不斁，夫祠在邑治之東，爲堂爲廡若干楹，董其事而任勞者，中堅徐以思，揮使馬達勳，把總鄭應熊、李建勳、張朝棟也。公名萬年，字恭伯，號若華，秀水人，萬曆癸未進士。時萬曆歲次庚戌季秋吉旦立石。太僕寺少卿古岡何熊祥篆額　廣西平樂府富川縣知縣雹白張文耀書丹

盛公祠堂記　广东布政，陞湖北巡撫，辛丑進士王士俊

公諱萬年，字若華，浙江秀水人，前明萬曆以名進士官嶺西，參政有功于高雷廉電白縣，建祠祀之，因其所駐節之地也。今雍正八年，文孫熙祚，復令吳川來請余文刻之牲石，余讀其家傳，因嘆粤東之慮莫大于海防，而海患之烈，莫甚于明季，非守土君子爲之悉心籌畫不可也。方公官粤時，倭寇吳川，焚燒賈舶，日本之旗徧植城下，公以守城兵單弱，招狼兵策應，先斬其内應，倭遂宵遁，是公之大有功于高也。未幾，復訌于雷，踞錦囊所，制府檄公攝嶺北道禦之。公募舟由間道從天而下，出賊不意，多鼓鈞聲，搗其巢。賊窮蹙，計無所出，殺所掠婦女首擲于外，公乘高以長矛刺之，賊盡殲焉，是公之大有功于雷也。又有海外之倭復刦廉郡，公調兵追，斬五十餘級，沉其船，溺死無算。是公之大有功於廉也。復以嶺西沿海七百餘里，兵少汛遠，城池無備，因添設吳川營限門寨，分守水陸要害，增築高州电白吳川城，濬其濠，旋刻《嶺西水陸兵紀》一编。自雙魚至白鴿，兵船劄守遊巡，陸設塘汛，如棊之有罫，布之有幅，紀載井井。公悉心籌畫，不但尽瘁于居官之時，而且慮周于去官之後，其爲嶺西福曜何如哉。生平風節矯矯，挫稅監，安良民，不但備倭功烈也。嗚呼！若公者豈非社稷臣歟！余嘗考之于古，如欒公之配食於社，蜀相文翁齊相，石慶之立祠郡邑，以至南陽桐鄉渭城之繼起，皆人心之不可終泯者。盛公之祠亦猶行古之道也，雖然，公之功于高雷廉無何不在，則公之神靈當亦無何不在，而吳川尤公之功所由助也，則祀之于電也可，祀之于吳也可，即並祀之于高雷廉也亦無不可。熙祚壯年有志，苟能繩其祖武，則益光前烈。余將拭目俟之矣。遂記之。

景徽堂跋　邑令盛熙祚

熙祚捧檄兹土，披閲圖志，因憶先資政公建節嶺西，平高雷廉倭寇，功在吳川居多。其善後之策，亦于吳川尤備。境内之硇洲，又宋末遠祖進義校尉公偕張太尉扈從航海，祥興建號之地。厥後，遂志厓山，兩世宦績咸在。熙祚猥以草茅之賤，幸際聖明，得承乏是邦，即非才譾劣，亦當勉思報稱，無墜家聲，爰追書祖德，志其大畧，懸之聽事，庶幾景念前徽，仰酬國恩于萬一云爾。

吳陽義學田租碑記　高州分府署縣事李彩

今聖天子崇儒重道，壽考作人，菁莪棫樸之化，涵濡百有餘年，山陬海澨，莫不連茹彙進，賓王國而觀光揆，厥由來學校實人文之淵藪也。吳陽義學之興，自邑令宋公始，當日捐廉俸、置學田，以爲師生脩膏之費，駸駸乎文風日上，科目連翩鵲起，宋公大有造於多士，而多士亦往往頌公之德不衰。迩來租係官收未免，胥役中飽，遂致脩金膏火，日給不足，今年春余，奉檄攝是邦，紳士林春澤、吳樹錦等首以懇培學校具告，余查閲前規，租值從廉，侵漁不少，義學之有虚名而無實效者，職是故也。因思士爲齊民坊表，宜加培植，以成棟梁，爰重修學舍，命諸君督理之，允其所請，將宋公學田歸殷實紳士輪管，每年議租錢壹百千文，務宜有增毋減，以供脩金，以給膏火。其收支數目設簿登記，一簿繳官，一存司事，歲底會司稽覈，以杜侵蝕，外此有斷歸義學田畝，現係陳一高等承耕，亦議准逢恩拔歲貢之生員輪管，給銀拾兩，資其盤費。尚有餘租，並不逢考貢之年，仍充義學資斧，由是脩金頗厚，膏火日充，師若弟爭自濯磨，共相砥礪。上克副朝廷作人之雅化，下不辜宋公造士之深心。行見人文蔚起，士習丕變。而義學實效，匪今斯今矣，諸君勉乎哉！恪守今日之議，毫無染指，歷久不渝，是余所厚望也，爰弁数言並開規欵，勒石以志不朽。

重修吴陽義學增置田租記 邑令 張恂

氣運關乎人才，人才興於學校。古之黨庠術序皆雅化作人，而治道所由隆也。我國家重熙累洽，政教休明，都會郡縣莫不有學，又命有司隨地設立義學，以廣其教，俾窮鄉僻壤皆被以敦詩說禮之風，猗歟何其盛也。吴陽瀕臨大海，固蕞爾邑也，而文風丕振，甲于高郡，豈獨海諸侯之國，其人智而多文歟。抑其教化使然也。癸巳冬，余膺簡命來治于兹。甫下車，與其士大夫相接，咸彬彬有禮樂風。巡行鄉邑，則弦誦之聲達於邱墟籬落間，遂欣然樂之，謂有以得乎。性之所適，而思與士民相安於余之拙也。迨閱視吴陽義學，見其基趾湫隘而歷年既久，不免風雨之剝蝕，不禁慨然曰：『是余之責也。』夫乃捐廉興修，因其舊而擴充之，兩閱月而厥功告成，然後講習有所，寢息有地，齋厨之屬罔不修具，計其費二百餘金，而規模較遠矣。又慮師生脩餼編之資，時嘆支絀，爰取前歷任撥值田租，去浮核實，次第清釐，而附以視事後經斷歸公田數處，資斧亦於是少優矣。顧余承乏六載，竊愧德薄才疎，未能大有裨益，所望吴之人士，敬業樂羣，愈加奮勵，則人才蔚起，科甲連翩，駸駸然有向上之勢，庶克副作人之盛也哉。

若乃增美式廓，歷諸久遠，更有俟乎後之君子焉。是爲記。

重修吳陽義學增置田租記

邑令王椿年

吳陽義學之設，自邑令宋公始。當日捐廉置田，爲師生脩膏費，以興一方文教，實大有造於吳，論者比之文翁之在西蜀焉。厥後攝篆李公、明府張公皆以興起教化爲己任，重修學舍，廣延生徒，聽政之暇，親詣塾館，進諸生而教之，此邦之人亦仰體雅意，爭自濯磨，至今戸誦家絃，幾于海濵鄒魯矣。予丁丑歲奉簡命得宰是邦，星馳數千里，抵任後與都人士相接見，首詢義館脩金膏火之數，並實核李、張二公存留底簿，因嘆二公美意固有餘，而師徒之實被者仍嫌不足。爰與同城學博曾公、黎公選擇諸生中文行並優、才堪勝任者，得吳君雄川、駿基，林君潔文、紀藴四人，立爲齋長。將存留底數交四人經紀，並浼學博二公爲總攬，移案儒學。爲久遠計，從前各佃所入歲僅百千，今細核田畝，聽民批耕，可得二百千，無傷於民，有禆於士，此予區區之苦心，願與學博及齋長諸君實心實意，垂諸永久者也。夫學校乃培植人材之地，而人材乃國家所资以爲用者，典綦重矣。况讀書談道爲吾輩淵源，一脉心相印。予年老矣，然每遇一二佳文，擊節嘆賞，縱案牘頻繁，未嘗不撥冗以追尋宿好，諸生果能于雪案螢窗嘉脩贈我，我又寧不於虱飛月出辛苦憐君乎。諸生勉乎哉，上以副朝廷作人之隆，下不負夙心相期之雅，是則予之所厚望也夫。

重修吳川學明倫堂記　邑令沈峻

余以明經謁選居京師，因得縱觀太學、辟雍、石鼓、古檜諸蹟，給筆札試彝倫堂者數四。其規模宏壯，威儀肅穆，非郡邑學所能髣髴。今天子釋奠禮成，必御焉，圜橋觀聽者以萬計，懿爍顯隆，垂教久遠，其諸三代同風者歟。丁未夏，來令吳陽，展謁聖廟，詢邑學之明倫堂，則鞠爲茂草，葢颶風傾圮已五載矣。喟然久之，與學博黎君亟謀興復，會海氛未靖，守令屬櫜鞬馳逐不暇，安問詩書？今年盜平，歲大稔，余又謀之。黎君曰：『其庶幾乎？』因會計官租所入可百金，飭材鳩工，凡宋桷埏埴之類，皆心忖躬度。纔五旬，落成，費亦廉矣。志載此堂廢興不一，今雖奮焉恢復，而前此之因循罔卹，與後此之嗣葺勿衰恒視乎其人。夫士君子讀聖賢書，凡以修身應物而已，倫常必飭，若閑焉不可踰也，能務此則居爲良士，出爲循吏，應規中矩，以仰副國家興賢育才至意，若徒揚扢風雅，侈然爲謂名教中人，吾懼其本實先撥非，所以維人道，存良心也。孟子曰：『人倫明於上，小民親於下。』嗚呼，可以思矣。董是役者，學博黎公秀，歐陽公梧，例得備書。

建張、惠二公祠碑記　邑人，連捷進士林蘭階

先王之制祀典也，捍患禦災則祀之，能賞均法則祀之，明民供財則祀之。非此族也，不在祀典。所以崇德報功，而黜淫祀之妄舉。吳川自康熙十七年，越三載，土寇冼彪勾引海寇謝昌等，盤踞內地城西一帶，蹂躪荒殘。勦滅之後，按戶比徵，流亡未復，波及親隣，貪墨之吏復肆，酷凶繫累相望，田卒汙

萊積連一十餘年，父老所傳，一走土寇冼大鼻，再走署縣老彭，談虎色變，何况當時幸神君秦諱松如，承侘傺之餘，勞心撫字，未獲安寧，力請憲臺，會題蠲免，時張公諱奇英，以兵部進士第一人，總戎高雷廉，目覩吴電二邑凋疲，繪圖入覲，伏承聖祖仁皇帝親洛民瘼，公委曲言狀，涕洟交流，精誠所格，感動宸衷，敕部蠲免吴電逋糧二千餘石。由是雞犬不驚，井里復業，時康熙三十有一年也。衣食足而禮義興，農耕于野，士肄于庠，暮夜絶追呼之擾泮水，揚芹藻之風，家有弦，户有誦，葢吾人沐浴於太平之澤者深矣。康熙六十一年，學院惠公諱士奇，由翰林侍讀提督全粤學政，首以古學倡率士子，棲臨高郡，知吴士俊髦濟濟而額溢孫山，奏廣吴學生員四名，又諄諄以經史相勸勉，謂前粤士習操觚事，帖括而鮮淹通。公點定勸學二編，以爲程式，葢作文不知《左》《国》，猶瞽之無相倀倀其何之。更以《三禮》煩碎，士子罕讀，特自訂定通解，以便士子講閲。於是粤士咸知經史而吴邑科名日盛。流風餘韻，文教日新，是吴之人生於張而教於惠，衣被者不止在吴，而吴尤其切至者也，吴人食二公之德，歆二公之和，報答無由。雍正初敬設張公尊主，供奉于文閣下。乾隆八年，又敬設惠公神主，仝龕合享而未有專廟。庚辰冬，貢生麥爲仪、生員林玉澤，首倡大義，力勸捐題，建二公祠宇，首事貢生薛裕、陳道源、楊藩、吴文蔚等，踴躍捐題，而若不給伯澤，乃朝夕竭力經營，艱難告峻，合捐題銀若干，溢費若干，建祠附文閣東偏一堂一門，意存餼羊耳。落成之日，合邑懽赴，以剛柔牲儀迎主敬奠用妥公靈衆議享文昌之日，春秋各舉一祭，紳士咸在，必敬必誠，庶以報公于萬一，而精爽於此式憑乎。夫出水火而登衽席者，張公也。是捍患禦災而供財者也，宏汲引而澤彬雅者，惠公也。是能賞均法而明民者也，皆祀典所載毋容議者，乃吾人猶以規模隘小，血食無資爲病，則又在有力好義者之善其後云。

陳氏宗祠碑記

明進士，戶部右侍郎毛毓祥

陳氏居吴川之流泗岸。自判路公卜築以來，人文蔚起，科名踵盛，饒有世德，迄今高凉著族，必推潁川之遺語，云積厚者其發長，殆信然哉。先是陳之始祖諱朝泰，字三山者，于宋景德年由閩之羅源入粵，官高凉刺史，因以爲家。其先居吴川之博棹鄉，至元泰定初，凡七世，而再遷流泗岸，巋然稱善地，誠千百世無窮之業也，厥後傳九世若璆、若鵬，以洪武之庚午、癸酉，次第舉于鄉。璆初授南康教授，有繼室，所遺二子在康，其遠條亦且蕃衍。鵬則官梧州太守，治尚廉明，政聲特著，梧人至今口碑不絶。與刺史三山公後先，一揆再傳十世，瑗亦以正統辛酉魁東粵，人謂潁川爲科名世踵所由來矣。自是明經迭出，自邑令而廣文如朝元輩，則又班班可考也！余吴人偶以謝事托信宿于斯，見其家之勤者毋或輟于業，儉者毋或詭于方，忠厚者任悃幅之自然，華懋者志風雅而可則，緣茲俗習，溯厥貽謀，豈其初有殊教歟，何風之隆也！抑百尺之枝而知其根本，觀萬折之水而信其淵源，陳猶行古之道哉。故家不一人，人不一類，類不一事，皆能以高會之矩薙行諸日用而無失，惟恐或有隕越，以戾其初者要之感霜露，而盡志物仰榱桷而念功德。余深幸陳之有漸，而不憂其既也。宗祀雖云舊矣，莫當其未遂。立廟之日，陳之孫子誠早夜負罪，而未敢即安，向或格于議，艱于地。迨丁丑，邀乃祖之靈，大啟孫子福慧。既卜，吉。越明年夏，即鳩工鼎建，方告成，而己卯詔顏、壬午聯第兩君後先获雋。邑人益以此振飭，精誠毖修祀事，顧兩君與余有夙交，不失文章道義，亦復十二年于斯矣，余今日者，以羈族而式瞻廟貌又辱，爲之記，良有遇合故務，核其世美而不徒效鋪揚。庶幾，陳之先人善其後，以久遠昌大之报，其世澤爲不可量云。

重修吴陽學宫記　高翥

昔班孟堅云：『海流道德，軼乎昆明。』所以紀辟雍也。陳思王云：『性與天成，該聖備藝，所以頌膠宫也。』爍哉斯言，陶鎔衿韋之盛括諸此矣。余以壬由冬攝篆此邦，展謁聖廟，載瞻庭廡半就傾頹，葢爲颶風所圮者，幾歲餘矣，喟然久之。與屬中紳逢亟謀修繕，初猶以厥费浩繁，竊竊慮也。乃數浣之内，釀金累千，欣忭之誠周乎畛庶，凡十閲月而芹宫巍焕，即他處之久經剝落者，胥藉手以告成焉。以此見至人之鼓舞甚神且速也。因思吴陽斗大區耳，土磽產簿，復枕東滇，廿餘稔來，蛔鋒螳斧，嘯聚洪流，民幾頓矣。越庚午後，皇威遠鬯，雷厲風飛，吞舟之鯨，當蹊之獸，瘢耆倦矹，澄境十洲，風雨協時，議以大稔。士庶殷拳慕義，踴躍輸忱，以致黌序改觀，遠超前轍，斯非不易得之嘉會，與夫學校固茂才允殖，賢俊奮興之地也。三川文物夙甲他邦，兹又以濱水之新益深淬掌沈濳者，本幽思以绚道德高明者，騰茂實而蜚英聲，將見九變之選，八能之才，翼翼峩峩，鸞翔鳳翽。官斯土者，不與有榮幸乎。昔鮑昱之守南陽也，修横舍，備俎豆，興舉禮樂，於今猶豔稱之。余以三楚軨材，濫竿百里，抚心内愳奚以希風，而竊見此鄉之士茂民龐，蒸然向義。其於孟堅所述，陳思所言，咸凜凜乎共體焉。則夫桃浪春融，藜光夜照，聯翩接踵，直指顧問也。遂書片言爲是邦倣噶矢云。时嘉慶十八年秋，八月初吉署吴川縣知縣加五級，義水高翥敬撰。

增置義學田碑記　邑舉人李士忠

少尉鍾公掌吾邑史之明年，以丁内艱解任去，行有日矣，檢宦囊，得百余金，出以授義学齋長，欲增置田租，爲諸生膏火费，斋長以公宦况清苦，辭不受。少尉曰儲兹薄俸，欲以遺母，既不獲将菽水，請以移贈斯文，非敢沾名體母忘也，願勿却。縉绅聞之喜曰：

少尉純孝也，愛其母，施及吾邑人士，其儲育英才，颖封人之錫類者與！世不乏主持文教之人，率皆等學校如弁髦，甚且借養親之名，以恣其貪饕，視公廣孝思以宏樂育，蓋愧甚矣。昔子程子言：『古之仕者爲人，今之仕者爲已。』公之敬體慈志，疑於爲己事也，然自吾邑人士受之於以益加砥礪，俾人文蔚起，仰副嘉惠至意，則所以爲人者，其澤豈有涯哉。齋長咸稱善，爰將所受金買得三角上下四圍等垌載米四斗一升，額租三十六石九斗，呈縣立案，並書於石，邑垂永久。公名麟，字肇登，號如心，閩之汀州府長汀人，初署陽山縣捕廳，授吴川少尉，品端而才雋，息訟除奸，多善政，載在口碑，增置義學田一事，其尤著雲。时嘉慶十二年陬月勒石。

孝子陳君以類詩序

吏科給事中李學曾

德莫大于孝。雖本人性之常，而古今以孝稱者，曾不多見，宜乎感乎人心，而嘆羨於無已也。夫豈我有所爲而爲，以要人何？其乾塘陈君以類，早失所恃，事继母王孺人如所生，晨夕承歡左右就養。凡職所當供與力所可竭者，無少靳爱，始终如一，未嘗如世俗，以妻子貨畜分其心，鄉人賢之。一日，孺人嬰疾，藥弗奏功，勢且日篤，君彷徨無措，乃奔赴厥先君墓號泣，竟曰願以身代。至夕，倦息，夢中恍若面承先君諭，謂母疾必得烏魚羹而後可。既覺，識之，達旦入海，遍求之漁人，非時弗得，遵海而南號泣于天，俄而有白鷗啣二魚飛而徘徊，遺之于前，即持歸，親劃爲羹以奉，孺人疾尋愈。他日，孺人又疾，思嗜鮮蠔，時天大寒，雖服重衲、處邃廬，猶不免于怯。君乃解衣，衝寒入水，略無难色，採取盈筐，歸而烹，奉以慰，孺人疾遂已。内而宗族，外而鄉黨，靡不交口讚揚，以爲今之王祥、孟宗也。事聞於郡，郡守陳公弘載奇之，命郡邑諸庠師生制幛屬文，携以踵門稱賞，時特舉其泣魚之大者，而採蠔之小者，在所畧方，擬薦于朝，而陈公遽解任去，代是守令皆非陳公志，事遂寢，幾于湮晦。鄉人至今以爲闕典。兹親友林顯宗十數輩，復有所感，相率裝軸，各賦一詩，爭頌其美，徵余言以序。余竊謂以斗類行跡，酷与古王祥、孟宗相似，然二子在當日脫無表章之者，則必泯没，何以垂名遺編，流芳终古若是哉！且二子之世既遠，今聞其風、想其德，尚能使人興起矧以類，在閭閈中爲人人所接见而觀式者，豈容于漠然弗加之意哉。以類之孝盡其在我初非有所爲而爲，名之顯與晦弗恤也，親友此舉蓋出於秉彝好德之心，不能自已者，誠非阿其所好也。予亦徒能言而力弗逮於薦，敬述以爲司風化者告。

祭烈女林玉愛文　明本府知府，進士吳國倫

隆慶己巳十二月，高州府知府吳國倫遣官，致祭於烈婦李氏烈女林王愛之靈曰：嗚呼！汝母子胡弗造于天，而羅慜鋒若兹哉！汝母子胡獨全其天，而得死所若兹哉！方其闻寇也，龍母震驚，海若怒號，虎士棄垒，戈船不操，汝母子非有符召可待也，胡不畏而走耶？及其被執，比屋一炬，千天血刃，乞息偷生，載途累卵，汝母子羽翼可舉也，其能幸而死耶？嗚呼！天可墜，陸可沉，非汝閫不可履。血可漂，肉可飛，非汝宗不歸。胡罵賊之舌勁于天兵，而抗節之身屹如長城。嗚呼！爲汝母子葢烈丈夫之所難也，豈其挾三山爲砥柱，以挽巨壑而浴扶桑耶！胡誓之激烈而就之從容若是哉！嗚呼！抵爲瓦之甓，汝憤難平；礱曹娥之碑，汝哀難鳴。爰敦我師，鞏醜告俘。爰表汝宅，唱兹好修。斷路弗跡，爰秉若初。遊魂弗返，來方孔都。汝母子有灵其少慰耶！今遣官陳詞，而以少牢之禮祀汝，其聽而饗之。

祭張總鎮文　代宋邑令作　邑拔貢吳冲雲

嗚呼！天下有生千萬人之身，而不能自生其身者乎？聞之天地之大德曰生，而咸得之以爲生。於時有惡，於人有仁，故天地行春之令，其化日舒以長。君子能盡人之性，其享年悠以久，此先聖所以訓仁壽也，曷爲至仁如公而天不爲永其壽耶！公燕山豪傑，庚戌攝大魁，歷涉侍從時薄，海內外莫不謂圣朝得人，爲苍生慶。未幾，出镇邊疆九谿諸路，勳業爛然。皇上念公累著勤勞，特擢高雷廉總戎，爲天

南长城寄。公自下车來，息烽燧，靖鯳鯢，育蒼赤，德威所至，莫不傾心。窃念三郡之戴德，在高凉較深；而高凉之被澤，惟吴爲最，何也？吴川海邑，寇踞連年，災祲继至，荒烟蔓草間几無人矣。間有孑遺而俯仰無依，又鳥獸散。嗚呼！吴民日漸以少，吴糧日積以多，吴之逋賦不蠲，吴之殘黎皆斃。雖有民牧，末如之何。誰爲鄭俠爲吴民垂泪洒丹青也。公惻然久之，會入覲大廷，錫藩晝接，公則以吴地荒糧，俯堦痛陳，伏遇宸衷愷切，特諭豁蠲。此因皇上如天之仁，在公未必自居乃績，然公嘉謨入告，實發於中之大不忍，非有所爲而爲也。今者吴之民悲者喜，病者愈，而徙者旋矣，即令損吴民之生以生公於千百歲，俾得分茅胙土，與國同永，吴民亦所心願，詎計公竟飄然而長逝也，倘亦仁者不可知，而壽不可必耶？昔魯公殉希烈之難，後數年顯於羅浮；張留侯輔漢成功，願棄世事從赤松子。公殆太羅之真人，天特遺之救此一方，而不得久食人間煙火也。嗚呼！公騎箕尾矣，上而九重爲之攝朝，下而僚友爲之涓涕，以至三郡之深山窮谷，牧竪樵夫，莫不悲號如喪考妣。語云：『其生也榮，其死也哀。』惟公有焉，以視乎獵高官，取印如斗，而澤不被於羣黎者，當時則榮，没則已焉，其相去爲何如耶？然則仁雖不壽，其年數曷嘗不壽於其理也。且公鳳毛濟美矣，介弟孝廉類皆花萼相輝，行將翼贊王朝，雨霖海内，自有以廣公未竟之仁於天下後世，公雖死猶生也，又何憾乎哉！某承乏兹土，向被帡幪，此荷奏蠲更沾高厚滿，擬率吴士庶，躋彼公堂，敬效封人之祝，孰意斗山未仰，訃告倏闻，其所以躃踊號泣，而感激於公之仁澤者，又何日已也。嗚呼！公其有知吴之宰在是矣，吴之紳士在是矣，吴之農工商賈亦在是矣，曩以若輩幾死而公生之，兹若輩既生而公死，則是能生千萬人之身，而不能自生其身者也。公聞斯言，毋亦惻然傷感，惜若輩之啣結末由耶！對靈輀而泣奠，祈來格以嘗。嗚呼哀哉！尚饗！

陳宜亭傳

翰林院侍講廣東學院顧仔

翁諱天覺，字方卿，號宜亭。其先閩人也，始祖朝鳳公，以宋進士刺高凉，宦滿，遂家焉。族姓蕃衍，代有聞人。大父紹曾餼郡庠，父光省攻舉子業，遭明末兵燹，弗竟。翁之生，時順治十有七年也，幼穎慧，頭角嶄然，不与羣兒伍。甫授書，輒渾然脫口，衆謂陳氏有子矣。無何，海寇猖獗，吳川固瀕海，蹂躪殆劇，翁避居廉江。已而丁內艱，產業蕩然，困蹙特甚。乃翁老，不復持家政，翁始分舉業功，爲頤养计。丁丑，旋吳，年已壯矣，区区以諸生老，豈其志哉。翁性至孝，乃翁疾，憂形於色，夕則望北叩，籲請減算，延乃翁壽。既捐館，每遇生諱，旦雖遠出，必疾歸設奠，戚戚然哀號如初喪也。翁歸吳後，經理故業，家道漸饒，族間有貧不能娶、死不能葬者，傾囊助之。州閭鄉黨中，時濟人之急，無少吝。癸巳，歲大饑，吳民鬻子自給，翁往往代之贖。時有老翁突至其家，素未謀面，問之，但以親戚對，遽曰：『願濟穀若干石。』翁如數與之，不復問姓字。嗚呼！若翁者，殆所謂積而能散者耶！有以留餘爲翁勸者，翁曰：『多藏厚亡，吾之遺子孫者，當別有在也』。常得陰騭文釋義，酷愛之，晨夕間常舉以語其子道源，道源曰：『爲善思，報聖賢所不取。』翁曰：『三代以下有所爲而爲善，不猶愈于不爲者耶？』客至，則彈棋笑語，終日不倦。好學砥行之士，禮意彌虔，其力學無資者，必多方扶植，務成其材。易簀時，猶切語後人曰：『吾常欲置學田、建書舍，教吾族之貧而俊者，今無及矣。汝曹能繼吾志，吾雖死無憾也。』其好義如此。詩曰：『孝子不匱。』又曰：『凡民有喪，匍匐救之。』翁之謂歟！

限門賦　李元暢

吴川濵海而縣，其南三十里，有限門焉。納鑑江零洞譚峩之水放于海門。廣盈丈，夾磧對峙，如虎牙錯，淺流中逶迤蜿蜒而入，即瞿塘灩滪之險不能過。每風濤搏激，雪浪山立，其響如輕雷，聞百里。是門也，北達燕齊，旁通閩廣，西南走諸岛屿，望琼雷硇洲，仅隔衣帶水，風勁可一瞬航之。海上多故，此門設半旅，可當劍閣一夫也。商船至，非購篙師定檣，烏不敢入。稍失，觸淺流中夾磧，舟立碎，蓋亦海濵之雄鎮也。因賦之，俾履險者慎焉。其詞曰：

登文翁之崔巍，望南溟其一杯。面巨靈之擘石，豁重門而洞開。納三川之積水，轟萬古之奔雷。挺螺峰以成戟，斷鰲極以爲棖。限天險以南北，通潮汐而往來。故能咽喉水府，闔闢乾坤。陽侯抱關而擊柝，馮夸效職以守閽。長鯨透而恍呈魚鑰，濃煙合而俄列藩垣。呀百越而呷八閩，總舸艦出入之戶；控牂牁而引碣石，立華彝保障之根。其爲狀也，斷磧横絶，如環半缺，對錯猛牙，雙沉積鐵，合形内虛，盤紆曲折，險雲結駟而長驅，高浪翻車而無轍。或命火鰌而建羽旗，或吐晴虹而安棹楔。其爲怪也，大塊噫氣，海怒波揚，飛濤起沫，雪照炎鄉，響振地軸，勢動天閶。類鉅鹿之戰，人馬咆哮而落魄。似漁陽之役，鼓鼙嗚咽而斷腸。當其金樞吐月，扶桑出日，風靜蜃樓，浪恬鮫室，羣靈雜遝而曳裾，層波彭拜而鼓瑟。指安期於蓬萊，恨登龍之無術。憶博望之仙槎，觸支璣而蕩潏。及其出斯門也，貢琛甘泉，輪粟幽燕，巨艦連屋，危檣棘天，候風掛席，占星涉川。迅若鯤鵬之展翮，疾如騏驥之加鞭。一息千里，所不待於經年。若乃雕題鑿齒，寇我門庭，青天黯淡，白日沉冥，龍爭虎鬥，山搖海傾，血流百谷，燧暗千城。樊噲荷戈以排闥，終軍無路以請纓。故治不可以忘亂，而國惟在於足兵。至於商楫當門，津迷水涸，天道惡盈，風濤交惡，暗石穿舟，利同干莫，貨隕深淵，人填巨壑，骨纏恨而難銷，魂依贪而靡泊。故宗元有招賈之文，而蔡襄戒弄潮之樂。亂曰：『闢不在高，所重禦戎。閾不在深，所貴能容。蜀閣高矣，揖盜而入。龍門深矣，掃軌而急。惟茲限也，通一箭也，藏汙濊也，鎖宇縣也。閉而席毋折而屐，敢告執戟。寂如水母囂如市，敢告行李。』

望海賦 邑令黃若香

吳陽三面瀕海，惟西北一隅，可達郡城。遊斯地者，靡不登高遙眄，發濠上之思。因望海而賦之，其詞曰：

緊巨浸之氣惟海，爲廣漠兮莽乎無垠。渺洞庭而芥青草兮，睇百川於一尘。吞淮瀆而吸汝漢兮，殫朝宗其未盈。納彭蠡而引湘沅兮，氣鞭五老而波擁衡雲。彙八表而聚百靈兮，噓吸天地之氤氳。若乃三山作填兮，弱水环其外。金銀爲闕而球瑯作棟兮，珊瑚爲蓋。方壺相望而員嶠與依兮，瀛洲若帶。十洲爲嶼，而列仙徙倚兮，雲裳荔佩，鵬擊三千，渺滄海于一粟兮，还鼓櫂于龍門。若夫馮誇爲患，海若揚波兮，靡堅不格，白羽萬斛。横飛歷亂兮，恍如裂帛，轟轟砰砰。洸潰抵觸兮，鏑若黃鐘，鋩猶矢石。

朝發滄溟，夕斷紫塞兮飆車羽輪，疾于過隙。淼淼浩浩，水天一色兮禹蹟其乂，鮫官是宅。亂曰：西望珠崖，南顧硇洲兮，在水中央。黄龍綠藻，各呈異兮，長發其祥。限門天險，鎖鑰吴陽兮，利有谷王。極萬禩而朝陽，燭八荒而永炤兮，三千文之扶桑，興酣縱目，躡足蓬萊之上兮，又何瀛海之未可徜徉。

吴川八景詩八首

明縣丞汪季清

延華弄月

春容二十花冥冥，露華還逐瑤草生。朱欄錦袿夢蛺蝶，琉璃倒浸寒玉清。誰家午夜開寶鏡，珠光艷艷妝臺靜。娥眉香漬紫綃衣，紅薇帳暖鴛鴦飛。

凭高一覽

危亭迥絶雲間起，豁達東西千萬里。曉來風露清泠泠，快我塵襟耿如洗。乘間杖舄爲誰看，狂歌拍碎青欄杆。夜深北斗跨海去，飛閣照耀疑流丹。

極浦漁歸

孤城半關隔千里，一水接山山接水。小舟兩兩天際來，數聲柔櫓波濤裏。解簑繫纜當市前，賣魚沽酒醉即眠。新城題詩德閣老，厓山風雨埋龍髯。

文翁聳翠

隔海之山何以名，峩峩亘古青復青。山崖一視海底日，洪濤朝夕相喧爭。振衣一嘯凌絶頂，凉風浩浩天地永。蜀川劍閣高嵳峩，文翁之化今若何。

東海朝陽

扶桑萬仞亘天赤，老烏戲呑扶桑側。木公金母坐不言，須臾跳出天中日。我來三年臥海湄，仿佛夜半金雞啼。金雞夢徹碧雲裏，鳳凰梧桐鳴何時。

通駟垂虹

長江流水清如油，霞光五色飛金虬。神人叱虬駕秋水，萬年鐵鎖沉銀鈎。相如抱琴坐橋石，江心水仙招不得。從來四牡何翩翩，長門一賦直千年。

麗山樵唱

大山巉岩多險阻，小山秀麗應可數。平林風月人語稀，隔山日聽樵人斧。斧聲丁丁鳥嚶嚶，臨流欸乃溪谷鳴。觀棋自顧歸去晚，何人五十行負經。

限門飛雪

巨鰲劈破混沌石，萬古幽關隔南北。太陽六月飛雪寒，蛟螭夜舞波濤泣。波光蕩蕩雲皤皤，惡鬼典守不敢呵。我當騎龍奮迅出，天瓢滿注蘇民疴。

八景 邑舉人凌　霞

躍耀朝陽出海東，浮光翠色聳文翁。限門浪蹙輪飛雪，通駟波涵映碧虹。樵唱麗山烟景外，漁歸極浦夕陽中。等闲一览凭高久，月满延華淡靄籠。

八景之四　邑令章國録

延華弄月

连天海色東沉冥，襟抱西江爽氣生。闢户莫教辜秀異，延華便觉涵虛清。蛾眉貪戲天邊麗，鸞鏡爭隨水底明。何日當軒憑坐弄，種花直滿斗方城。

凭高一覽

平蕪四顧欲臨高，一突成巒便自豪。澗海無波眸任放，光天可問首何搔。超然臺上空齊物，莞爾城邊小割刀。我獨菁葱長在望，雲中有詔切民勞。

文翁聳翠

極浦零星數點山，一峰獨秀水雲間，彩霞炫擁虞淵日，麗筆光摇蘇海瀾。鼎煉漫傳勾令隱，化成欲與蜀賢班。潮州自昔何風氣，丕變人文只等閒。

限門飛雪

此間只有鹽暅白，驀地何來雪映寒。當戶劈開雙戟立，卷沙驚作散花看。崚嶒鐵鎖重關曲，委折舟通一線難。猶戒劍門能守險，莫教潮溢度飛翰。

吴川八景詩八首

邑令 沈峻

延華弄月

小沼潆洄半緑苔，明蟾倒影一奩開。何當展盡秋千頃。更引凌波素女来。

凭高一覽

眼中丘壑皆吾有，世外烟霞不可名。留得此山供嘯傲，五雲北望是神京。

極浦漁歸

細魚換酒非謀婦，泛宅浮家且學仙。葉葉風帆斜照外，不知誰是志和船。

文翁聳翠

曾是當年化蜀人，數峰高聳碧嶙峋。試窺滄海難爲水，待看桑田欲起塵。

東海朝陽

萬頃金波弄曉暉，絳宮明滅是耶非。扶桑有客垂綸坐，驚起鯤鵬帶影飛。

通駟垂虹

臥水橋長想霽虹，不須駟馬路常通。當年灞岸衝風雪，宛在溪光樹色中。

麗山樵唱

季子行吟負擔時，爛柯山下草離離。而今麗澤能求友，伐木聲中盡是詩。

限門飛雪

鼙鼓聲中卷怒濤，皚皚如雪與山高。錢塘八月差堪擬，不覺森寒上鬢毛。

八景之四　林蘭階

極浦漁歸

蘆荻溪邊暗酒家，漁人沽酒傍蘆花。朝飛輕艇隨飢鷺，夕棹殘陽向宿鴉。燈火滿江看漸近，榜歌沸水聽逾譁。賣魚夜趂灘頭市，醉倒無扶臥白沙。

文翁聳翠

平蕪落盡蔟高岡，削出嶤嶤峰俯大荒。雨過春煙飛薰碧，月明秋水上葭蒼。海中鰲斷蓬遺股，嶺外天開嶽一方。千載名同人化蜀，笋班羅列在偏傍。

東海朝陽

瞳瞳瑞靄跳金丸，倒映西峰墜曉寒。鷄唱扶桑才一線，蜃成樓市已三竿。烟開鰲背清光黑，雨過龍鱗洲耀丹。徐福卯兮何處去。朝來誰爲洗銅盘。

麗山樵唱

牧笛先聞山上山，樵歌又出翠微間。入韻珠喉已囀，柴擔無弦野調閒。曲向雲林深處度，腔從泉石轉中彎。鵑啼鶴唳相賡和，歸路牛羊聽鳥蠻。

吴川八景詩八首　邑教諭吴者仁

延華弄月

輕織銀波皺碧池，閒來弄月想當時。非從茂叔遊歸晚，定趂天依鑿去遲。掬水有光珠在掌，搖天無際玉生姿。宜人最是清秋夕，欲擷瓊葩寄所思。

凭高一覽

杜陵一覽小羣山，誰以名亭壯此間。特地翠翬飛憑目縱，倚天雲卷稱心閒。東溟掌裏杯浮檻，雙嶺牕前玉琢鬟。高處置身籠百態，江村烟樹點斑斑。

極浦漁歸

極浦亭臨碧漲流，前灣漁艇晚來休。一鈎新月竿間掛，千點繁星火暗浮。蘸蠏倚篷呼熱酒，扣舷逢處鬭清謳。江天樂事南城外，夜靜還喧笑莫愁。

文翁聳翠

一峯高聳插晴空，閱盡滄桑倍鬱葱。綠染海紋翻霽雨，青搖天色振林風。陰陰欲滴嵐初霽，點點疑浮日正融。洞有丹爐苔絢久，蒼顔依舊當名翁。

東海朝陽

萬頃洪濛氣曉蒸，拍天濤捲旭朝昇。圖成太極陽初動，柱出紅盤浪數層。玉燭調來波久靜，金烏飛起漢將凌。欲知百尺容光照，爲語東樓一試凭。

通駟垂虹

綠堤踈柳夾清渠，直跨長虹待使車。未覊賦曾成杜牧，高題人且認相如。波平臥穩休驚馬，練引光浮或躍魚。何事豪吟明遠飲。斜川低影正紆餘。

麗山樵唱

石徑横斜綠樹森，採樵人競唱山陰。大聲谷應嘔啞任，互答林幽續斷尋。影亂夕陽仙罷奕，行遲後侶澗流音。長松歇擔驚棲鶴，猶寄高腔繞隔岑。

限門飛雪

匯得三江到此門，盤空沙嶼激濤翻。因風碎洒天根白，擬雪寒驚海國喧。乍點溪湣仍是玉，高凌鷁首總如騫。閒時柳繫舟横港，應覺絲絲亂絮繁。

八景之四次前韻　邑歲貢林式中

凭高一覽

誰云望遠在高山，一草亭開小阜間。地迴江村含霧湧，天低烟樹列牕閒。晴朝乍睹潮翻雪，殘夜猶看月墜鐶。萬象總歸遊客眼，階前踏破綠苔斑。

極浦漁歸

夕陽影裏浦迴流，爭泊漁舟興未休。點點寒燈洲渚近，聲聲歸棹荻蘆浮。鯈魚換得風前醉，短笛吹殘月下謳。逸響依稀彭蠡岸，幽亭夜聽遣閒愁。

東海朝陽

滄溟萬派氣蒸蒸，一顆靈輝水底昇。乍覺金烏飛數尺，旋驚銀浪爍千層。波涵曙色天無際，槎泛晴光漢可凌。欲對澄清觀化日，好尋東閣畫欄凭。

通駟垂虹

數里清流直到渠，橫空甃石引高車。波侵蝃蝀光還射，馬踏鯨鯢背自如。接武未逢題柱客，倚欄可數在淵魚。謾誇廿四吹簫夜，一片烟浮夕照餘。

八景之六

東海朝陽 邑舉人吳河光

東南積水不可□，□□蒼茫蕩空碧。突如透出一道紅，雲外黄人擁□□。□隅翹首仰當陽，江漢朝宗波不揚。乘槎我欲從羲馭，雲霧薈蔚無鼉梁。

限門飛雪

雙闕屹立照海門，三江日夜走驚湍。沙盤壯轉勢益怒，花飛六月雪山寒。南界蠻夷水國紀，百年清晏魚龍喜。憑高一氣俯空蒼，魏闕江湖空延跂。

文翁聳翠

崇岡大幹勢如龍，陡將城郭控蒼濛。一峯逆走俯大海，空中削出青芙蓉。振衣直上氣披靡，平遠江山書圖裡。何年築就海嶽樓，坐看東海黃塵起。

一覽凭高

岡巒蜿蜒爭氣勢，平中突出青螺髻。古檜參天嘯晚風，草痕匝地流春翠。根觸平生邱壑心，水光山色落塵襟。我欲高乘鹿盧蹻，三山縹緲愁登臨。

極浦漁歸

平蕪十里排西爽，𧓍舍漁莊列如掌。一聲欸乃逐朝歸，蘆花風起月初上。孤亭徙倚傍江隈，垂綸欲擬子陵臺。無端更惹滄桑恨，千年古碣摩蒼苔。

麗山樵唱

四山逶迤勢修曠，秀出孤巒橫海望。谷深林暝負薪歸，石逕離離發高唱。百年樹木歎牛山，爛柯遺蹟難追攀。今日尚留蕉鹿夢，問誰勘破得失關。

極浦 如占城道經吳川 宋丞相陳宜中

顛風急雨過吳川，極浦亭前望遠天。有路可通寰宇外，無山堪並首陽巔。嶺雲起處潮初長，海月高時人未眠。異日北歸須記取，平蕪盡處一峯圓。

追和前韻 邑令黄若香

誰知越徼有吴川，萬里銀濤際遠天。渺渺孤臣投異域，茫茫故國望危巔。鶴歸未必重棲翼，龍去何年起蟄眠。仿佛秦庭聞痛哭，天荒地老月難圓。

題特思山 明邑進士林廷瓛

嶺海撑持有此山，孤高形著兩儀間。煙霞净盡人爭見，風月晴和我正攀。青則芙蓉天不改，員于車蓋世應難。特思時渴雲霓望，便作滂沱雨一番。

特思山 邑舉人吴河光

勢落平蕪盡，飛騰見此山。横空開翠障，排闥供螺鬟。雲雨亘天末，風煙控百蠻。孤高爲物忌，憐爾碧孱顔。

題特呈山温通閣 明學士解縉

峯濯滄溟應斗魁，波瀾繞翠浪頭排。火烟光起鹽田熟，海月初升漁艇回。風送潮聲平落去，雨將山色特呈來。地靈福氣生天外，自有高人出世才。

追和前韻 章國録

岑高未擅嶺南魁，倒海風波獨自排。平落何方擎柱起，特呈此地障瀾廻。山逢名句遐陬顯，跡仰前徽故里來。蘇海韓潮尤百代，江陽碑口憶周才。

特呈山 邑舉人陳景廉

地極東南水拍天，層波還擁翠峯連。星懸北闕承朝露，影到前村起暮烟。颯颯潮風嵐氣靖，崚崚石逕浪花圓。巨靈爲恐狂瀾倒，特敕崇巒障百川。

望海 解縉

吳川望海水溟溟，萬斛龍驤一羽輕。砂磧煮鹽凝皓月，潮痕遺貝麗繁星。硇洲夜露金銀氣，神電晴嵐鸛鶴鳴。玉節南來入北極，安邊歸頌海波平。

次韻 高州知府，陞河南學道王際有

曉上城樓望海溟，濤光浩渺一帆輕。扶桑何處天生日，海宿從來晝有星。萬國歸航修幣貢，百蠻戰

艦息笳鳴。使臣筆採風謠去，海不揚波頌治平。

次韻 邑令李球隨

茫茫無際見瀴溟，急浪飛催市舶輕。萬斛潮來噴粒雪，片帆高去拂天星。螭龍出没隨波舞，鶺鷺蹁躚傍嶼鳴。北闕久歌清晏曲，硇洲四望頌昇平。

登麻斜暇臺 時海氛未靖　邑舉人吴河光

孤臺南枕廣洲灣，一泒崩濤撼遠山。要地原來跨兩郡，偏隅今竟作重關。横池盗弄秋氛裡，銅柱依微落照間。廟算百年嚴斥堠，諸公何以謝戎班。

其二

檣檣照水起波濤，氛祲冥冥秋氣高。臨海十年無静夜，重洋萬里不通艚。履霜有日驚床剥，專閫何人患疥搔。太息將星今已墜，天南風雨正蕭騷。時黄總戎彪初卒

吴川觀海歌 姚岳祥，字宇定，化州人，萬曆丁丑進士，庶吉士。時張居正奪情鄒元標，以抗疏謫戍，岳祥獨左右之，遂謝病歸。

燭龍蒸鬱海若驕，白浪茫茫山欲摇。惡風晝起鳴萬馬，瘴露昏昏噴怒潮。張帆怯見紅旗動，鼓鬣疑

將赤岸飄。更有潢池弄兵者，連艘撾鼓西南下。揚戈頓使洪濤腥，一炬堪憐萬家赭。白骨漂流葬魚腹，夜夜水濵新鬼哭。馬上將軍知不知，猶向華筵厭粱肉。萬里堯天覆幬均，海隅渺渺念吾民。寄語將軍須努力，好教一戰净妖氛。

限門 先公觀察嶺西平倭寇于此 盛熙祚

南溟潮頭如雪山，鵬搏鯤運摧人寰。何時巨靈沉積鐵，兩涯盤互波灣環。艨艟巨艦不得度，儼若海底鎖重關。當年草竊偶闌入，蜂屯豕突須臾間。嚴城百雉屹砥柱，從容裘帶障狂瀾。指揮偏裨殲此賊，霜鋋照日雕弧彎。平沙莽莽横殺氣，落日慘淡朱旗殷。戈船激電掃殘孽，寧遺一舸令生還。星羅置戍壘棋布，籌邊樓上風雲間。海山如黛波如鏡，功在汗簡疇能删。聖朝尚德天廣大，九譯通道來八蠻。王圖無外頌有截，日所出渡消神姦。揭來旬宣故疆在，大鼎一臠豹一斑。昔爲長松今小草，峩峩祖德窮躋攀。

限門 吳冲雲

滄波萬頃水晶宮，雙壁嶙峋夾岸雄。闢闔有機隨化轉，盈虛無界任潮通。逶迤沙影飛寒雪，浩瀚波紋響細風。地到南荒天作塹，恩波漠處總來同。

硇洲弔古 明本府知府，進士，湖廣人吳國倫

一旅南巡瘴海邊，孤洲叢樾繫樓船。從容捲土天難定，急難防元地屢遷。丹鳳未傳行在所，黄龍虛兆改初年。當時血戰潮痕在，長使英雄淚黯然。

硇洲 宋端宗航海駐蹕于此。端宗崩，立衛王。黄龍見海上，因改元祥興，以此地爲翔龍縣。 盛熙祚

草草君臣盡浪中，難將成敗論英雄。當年馬鬣無坏土，此地龍翔有故宫。寡婦孤兒亡國恨，楊太后復立帝昺，才九歲。捐生取義古人風。厥後覆舟厓山，帝後與左丞相樞審副使陸公秀夫、太尉樞密副使張公世傑暨六軍咸没，余遠祖進義校尉公朱張恂亦與難。厓山仿佛英魂在，一體三忠祀典同。厓山三忠祠，祀陸丞相、張太尉、文信公、余遠祖都統制進義公與同時殉難，十三人配享，見厓山志。

硇洲 邑令沈峻

亂石圍孤島，龍翔想故宫。極天鯨浪黑，向日鷽帆紅。朝夕雲烟變，蓬瀛遠近通。已無泉客淚，慎爾蜑船風。

次韻 邑教諭歐陽梧

一洲環若掌，萬戶瞰龍宫。漁舍茅多白，沙田土半紅。扶胥千里接，儋耳片帆通。尺地存炎社，長

懷國士風。

遊雙峯塔　樊玉衡

春日過訪周章南使君招遊江陽書院，登雙峯塔，還飲水月樓，時張學博、錢都閫、吳孝廉在坐，即席賦，萬曆庚子二月也。

駘蕩春風拂荔香，天涯名勝恣徜徉。樓開水月空今古，塔湧雲霄接混茫。賓主東南干氣象，乾坤飄泊任行藏。酒酣繫節千年事，江漢秋陽此一堂。

題雙峯塔　吳士望

創建於今七十年，凌凌風勢直參天。屏連北嶺山爲障，襟帶西江水並漩。海兆神龍應有意，地呈異藻詎無緣。人文自此從風起，是我周公澤未湮。

重陽登雙峯塔　邑貢生黄華信

宇宙茫茫古又今，巍然一塔尚堪尋。幾杯菊酒增高興，千仞秋風散俗襟。獻兆神龍形不再，符祥瑞藻跡俱沉。登臨誰把遺徽繼，莫負前賢一片心。

江陽書院八景之四　樊玉衡

洲渚浮玉

浪痕欲没巨鰲簪，片玉晴浮似遠岑。千古依稀留地肺，四時突兀見天心。誰從灎澦移江峽，若送金焦過海尋。不盡觀濤枚叟意，高歌擊節動吟襟。

江樓待月

江上高樓尺五天，樓前皓月印通川。三三兩兩人來去，萬萬千千月缺圓。坐挹清光瞻顧兔，閒窺真際到飛鳶。些兒識得程周趣，浩唱狂吟繼往賢。

沙嶼飛白

渺渺平沙入望淹，天高地迥散廉纖。中春暑路疑飛雪，漲海遥空似撒鹽。拂檻晴光鋪素練，披襟曉色媚疎簾。玉田瓊圃知非遠，險韻新題漫自拈。

海洋散雪

洪波無際拍天浮，重碧層青極望收。萬頃琉璃生遠色，千年靺鞨散晴眸。夢回深淺蓬壺路，思入飛騰鸞鶴儔。何事望洋頻嘆息，果然奇絶冠茲遊。

題茶亭八首　憨山道人，全椒人釋德清

萬里投荒日，時方大火流。經年頻望雨，三歲不登秋。蔽野驚人骨，悲風動地愁。天高難以問，心

折此淹留。

其二

焚澤非炎徼，行人獨愧醒。瘴烟千嶂黑，草木四時青。颶觸秋濤怒，人斬厲鬼靈。從來皆浪跡，今日更漂萍。

其三

火宅誰堪避，清凉自可求。天低偏近日，樹老不知秋。海月心何寂，空雲思欲浮。却憐無住客，終許寄滄洲。

其四

舊說雷陽道，今過電白西。萬山嵐氣合，一錫瘴邊迷。末路隨蓬累，殘生信馬蹄。那堪深樹裏，處處鷓鴣啼。

其五

遠道經行地，孤雲獨可憑。有家俱是客，無累即爲僧。毒霧薰心醉，炎風透骨烝。翻思高臥處，儼若履層冰。

其六

行脚原吾事，檐簦故所能。心懸萬里月，肩荷一枝藤。旅食愁蠻語，安禪喜俗僧。降魔空說劍，今日始先登。

其七

出世還行役，誰悲道路難。長戈聊當錫，短髮不勝冠。沆瀣餘三島，炎烝厲萬蠻。天南回首處，落日是長安。

其八 按：清萬曆朝爲慈聖太后禮重，居京師，後因事羅織，謫戍雷州，大率緣黨禍波及者。

皇天無不覆，豈獨外遐荒。曲折吾生短，馳驅世俗長。但知心是雪，不覺鬢如霜。隨地堪埋骨，君恩詎可忘。

舟次吴川督餉 明高州知府，興國人曹志遇

臥閣暫抛琴鶴侶，輕舠旋覓水雲居。只緣海上傳烽警，且學關中督輓輸，路哭幾人憐馭馬，機忘有客欲知魚。諸艘鱗次雷飈發，未許朱厓上罷書。

節婦李氏烈女林玉愛詩 吴國倫

美爾孱然質，堅于百煉鋼。自看身是寶，豈顧刃如霜。雪裏挺松柏，禽中見鳳凰。世人皆有死，誰似汝名香。

其二

深閨蠅不到，殘賊夜知尋。便下殺人手，難移烈女心。半生無才纇，一死重千金。只恐芳名泯，含

愁爲苦吟。

寄奉陳白沙先生 林廷瓛

經年不接先生面，此日誰開後學茅。久欲傳詩無净稿，更從何處解新嘲。畫師縱得青山妙，一幅難量萬仞高。會了方圓圖學意，千年終有一人豪。

贈南峯林廷瓛 陳獻章

黄甲科名重一時，病夫何早閉齋闈。洪鈞賦與一如是，問我去來都不知。人畏丹青應自試，道能舒卷更何疑。天機莫道難尋處，山峙川流盡我師。

贈林南峯之永嘉 大學士李東陽

楚客曾經粤地遊，每從杭士説温州。城因海近魚頻入，山爲霜繁稻更稠。民力故知非往歲，甲科今已得名流。登臨不與承宣事，肯放功名過黑頭。

秋八月重過吳川，與諸生小集吳氏廬，賦詩寫懷 明益王子朱慈燭

吳水吳山畫不如，重過先問故人居。林間野色秋心冷，海水風颿客興疎。寄傲無非千日酒，停雲未

荷半行書。相看共結天涯社，遮莫閒愁一嘯餘。

秦邑侯新堂落成賦贈 江南人敖瓛

碧榕秋老一庭陰，案牘清閒耐晚吟。靖却洪濤鯨息浪，飛來中澤雁歸音。鄉思不隔湖山夢，帝眷應憐撫字心。慚愧風塵嘲俗吏，不從今日始鳴琴。

次韻 邑貢生林震煜

庭花鬭錦綠成陰，臥治依然抱膝吟。喜載酒來人問字，聲從金出鳥知音。鴻軒靜寄青霞侶，匡谷遙聯白社心。吾道于今應不遠，好從言室聽鳴琴。

次韻 邑庠林魁彥

芙蓉堤畔已成陰，幾度公餘花下吟。開閣潮生鳴浦夜，臨亭籟發玉篁音。三年酌水懸清節，萬里瞻雲矢素心。自古循良同著績，吳江琴似賓江琴。

東海蓮塘頗堪遊賞，因勘田得縱目焉，意欲搆亭以公同好 邑令何美

路出蓮塘香十里，東連溟海眺層波。不因農事聊停屐，幾使林泉笑擲梭。漁子由來收鷸蚌，碩人何

處樂槃阿。郊原漫聽輿人頌，食德先疇斂不苛。

由廣寧調任吴川署中偶感　章國錄

梟飛千嶂出苕嶢，極浦平沙更寂寥。灌莽不留天白潤，輕舠還戒浪頻摇。冰凝腹底無憂瘴，木淡江源豈畏潮。只擬雨山猶潤海，匡君待我結蓬茅。

贈節孝陳門李氏詩　三水進士右江道陸蒼霖

茹蘖清操遠近聞，誦揚端合有龍文。臨流切痛求魚腹，廬墓真誠感鹿羣。婦可承顏爲孝子，母能專教即嚴君。翹瞻慈竹成高節，自有孫枝上錦雲。

題林世祿之妻麥氏節孝　邑令沈峻

名門貞節重鄉閭，太息當年挽鹿車。夜雨自繅園客璽，金盤常薦錦江魚。膝前令子能承業，史冊雄文爲特書。我欲瓣香陳俎豆，春來丙含草成墟。

林永像贊

派分九牧，監簿流長。振鐸儋耳，胥宇吴陽。桂枝雙馥，蘭蕚頻香。科名藹藹，珂佩鏘鏘。統垂未艾，緒績無疆。珠聯璧合，照耀穿楊。

林廷璋贊 陳珪字禹成，化州人，嘉靖己丑進士，起家縣令，内擢。時嚴嵩當國，絶不與通，謫青州司理，遷南户部，歷楚閩藩憲，遷浙江布政，以忤胡宗憲歸，所著有《羅江集》。

瀰海浴日，翠岫炫文。誕生吉士，畋索漁墳。魁名早掇，鋭志瓊林。公車屢上，弗就縉紳。玉樓倐召，瘞璧埋金。修文地下，顔卜等倫。駿鴻事業，留厥後昆。

林廷瓛贊 明解元進士狀元文敘子，南海人倫以諒

星輝王良，海渺蘅芳。繡虎言就，輖犀擅長。郎星移度，佐我黄堂。功成熊襘，帝錫鸞章。厥父厥母，實惟顯揚。嗣有二秉，式紹書香。兆珍其閭，居國之光。百千萬祀，斯宦斯鄉。

林秉全贊 瓊州定安人，尚书王宏誨

惟公亭亭，束髮受經。已千已百，磨就青萍。有天不負，秋鶚搖翎。登壇三載，食餼十齡。學優而仕，別駕建寧。金籯不滿，書囊惟馨。南峯之訓，一枝來青。而子而孫，亦敬而聽。

吴川縣志卷之十終

圖書在版編目（CIP）數據

道光吳川縣志 /（清）李高魁，葉載文修；（清）林泰雯纂；董國華整理．—廣州：暨南大學出版社，2020.8
（粵西府縣舊志叢書 / 孫長軍主編）
ISBN 978－7－5668－2948－1

Ⅰ．①道…　Ⅱ．①李…②葉…③林…④董…　Ⅲ．①吳川—地方志—清代　Ⅳ．①K296.54

中國版本圖書館 CIP 數據核字（2020）第 153621 號

道光吳川縣志
DAOGUANG WUCHUAN XIANZHI
（清）李高魁　葉載文　修
（清）林泰雯　纂
董國華　整理

出 版 人：張晉升
策劃編輯：杜小陸
責任編輯：潘江曼　亢東昌
責任校對：張學穎　黃曉佳
責任印製：湯慧君　周一丹

出版發行：暨南大學出版社（510630）
電　　話：總編室（8620）85221601
營銷部（8620）85225284　85228291　85228292　85226712
傳　　真：（8620）85221583（辦公室）　85223774（營銷部）
網　　址：http://www.jnupress.com
排　　版：廣州良弓廣告有限公司
印　　刷：深圳市新聯美術印刷有限公司
開　　本：850mm×1168mm　1/32
印　　張：15.375
字　　數：348 千
版　　次：2020 年 8 月第 1 版
印　　次：2020 年 8 月第 1 次
定　　價：138.00 圓